1964

Das Buch
Die Schauspielerin und Regisseurin Adriana Altaras führt ein ganz normales chaotisches und unorthodoxes Leben in Berlin – bis ihre Eltern sterben und sie eine Wohnung erbt, die seit vierzig Jahren nicht mehr ausgemistet wurde.
Fassungslos kämpft sich die Erzählerin durch kuriose Hinterlassenschaften, bewegende Briefe und uralte Fotos. Dabei kommen nicht nur turbulente Familiengeheimnisse ans Tageslicht. Auch die Toten reden von nun an mit und erzählen ihre eigenen Geschichten …
Mit furiosem Witz und großer Wärme erzählt Adriana Altaras von ungleichen Schwestern, von einem Vater, der immer ein Held sein wollte, und von einer Mutter voller Energie und Einsamkeit. Vom Exil, von irrwitzigen jüdischen Festen, einem geplatzten italienischen Esel und einer Stauballergie, die ihr das deutsche Fernsehen einbrockte. Eine unvergessliche Familiengeschichte, die ihren Anfang in Zagreb nimmt und ihre Spuren quer durch Europa und das bewegte 20. Jahrhundert zieht. Unwiderstehlich witzig, anrührend und unvergesslich.

Die Autorin
Adriana Altaras wurde 1960 in Zagreb geboren, lebte ab 1964 in Italien, später in Deutschland. Sie studierte Schauspiel in Berlin und New York, spielte in Film- und Fernsehproduktionen und inszeniert seit den Neunzigerjahren an Schauspiel- und Opernhäusern. Sie erhielt zahlreiche Auszeichnungen, u.a. den Bundesfilmpreis, den Theaterpreis des Landes Nordrhein-Westfalen, den Silbernen Bären für schauspielerische Leistungen und den Deutschen Hörbuchpreis. 2012 erschien ihr Bestseller »Titos Brille«. 2014 folgte »Doitscha – Eine jüdische Mutter packt aus«, 2017 »Das Meer und ich waren im besten Alter«, 2018 »Die jüdische Souffleuse« und 2023 »Besser allein als in schlechter Gesellschaft«. Adriana Altaras lebt in Berlin.

adriana altaras
titos brille

die geschichte
meiner strapaziösen
familie

kiepenheuer & witsch

Zum Schutz von Personen wurden Namen und Orte zum Teil verändert und Handlungen, Ereignisse und Situationen an manchen Stellen modifiziert.

3. Auflage 2026

© 2011, 2024 Verlag Kiepenheuer & Witsch GmbH & Co. KG,
Bahnhofsvorplatz 1, 50667 Köln
Alle Rechte vorbehalten
Die Nutzung dieses Werks für Text- und Data-Mining
im Sinne des § 44b UrhG bleibt explizit vorbehalten.
Covergestaltung Rudolf Linn, Köln
Covermotiv Privatbesitz der Autorin
Gesetzt aus der Berkeley Oldstyle
Druck und Bindung CPI books GmbH, Leck
ISBN 978-3-462-00773-2

Kontaktadresse nach EU-Produktsicherheitsverordnung:
produktsicherheit@kiwi-verlag.de

prolog

Meistens bin ich unbekümmert. Das ist auch besser so. Ich radele am Tiergarten vorbei und pfeife ein Ständchen auf Berlin, das sich an manchen Tagen wirklich gut macht.

Die Buchläden sind überfüllt mit jüdisch-deutscher Literatur. Historiker streiten, Gegner und Befürworter jeder These haben sich verausgabt. Volkshochschulen und Mahnmale erledigen den Rest. Ich brauche mich um nichts zu kümmern. Die Zeit wird die restlichen Wunden heilen.

Doch dann mache ich an diesem sonnigen Tag einen Fehler, ich gehe in eine Ausstellung im Gropius-Bau, und da hängt ein Foto. Es zeigt eine Frau in einem verwaschenen Hemd. Ihr Kopf ist nicht zu sehen, aber auf der Brust lese ich eintätowiert: Feld-Hure NR. 712834.

Mir wird schwindelig. Es ist stickig in dem Raum und dunkel. Ich warte auf den Stufen vor dem Museum, dass es mir besser geht, und weiß genau, dass überhaupt keine Zeit, nie, nie, nie die Wunden heilen wird. Meine Tante hat recht: Die Vergangenheit ist jetzt.

Ich steige wieder aufs Fahrrad und trete in die Pedale.

Ich bin 1 Meter 57 groß. Eigentlich nur 1,55, aber im Einwohnermeldeamt habe ich 1,57 angegeben. Ich freue mich riesig, den deutschen Staat um zwei Zentimeter betrogen zu haben.

Also, ich bin nicht sonderlich groß, habe schöne, kräftige Waden, weil ich mit den Hacken auftrete beim Gehen, wie früher meine Mutter. Das Fahrradfahren tut das seinige dazu.

Ich rede gerne. Höre gerne zu. Das ist eine runde Sache.

Ich lebe in Berlin, im Westen, in Schöneberg, dort, wo nie etwas passiert.

Ich wohnte in Kreuzberg 61, als nach dem Mauerfall die Milch in der Markthalle ab 12:00 Uhr mittags ausverkauft war. Im Tiergarten führte ich meinen riesigen Hund (inzwischen tot) spazieren, als die damalige Kongresshalle, die »Schwangere Auster«, in sich zusammenbrach und daraufhin in »Haus der Kulturen der Welt« umbenannt wurde. Ich besuchte die Max-Reinhardt-Schauspielschule, die in »Hochschule der Künste« umbenannt wurde und heute »Universität der Künste« heißt. Ich lernte dort Schauspiel. Zum Abschluss erhielt ich den Titel »Dipl.-Schau.«. Man könnte mich Diplom-Schauspielerin nennen, aber wem würde das nützen?

Ich trank Kaffee im »Schwarzen Café« oder im »Terzo Mondo«, feierte im »Zwiebelfisch« oder tanzte die Nacht durch im »Dschungel«. All das gehört zu einem längst versunkenen Westen. Überhaupt verschwand der Westen, vor allem dieses Westberlin, schneller als die ganze viel beklagte DDR. Beinahe über Nacht. Es hinterließ nur ein paar Details.

Ja, so lange bin ich schon da.

Ich habe eigentlich nur J. F. Kennedy verpasst und den Zweiten Weltkrieg.

Ich bin Jüdin. Jahrgang 1960. So, jetzt ist es heraus.

Ich wurde in Titos Jugoslawien geboren. Daran kann ich mich noch sehr gut erinnern, es muss die Blütezeit seiner Herrschaft gewesen sein, denn sein Porträt hing groß und imposant überall. Auch in unserem Kindergarten. Dort sogar in Farbe. Vor dem Frühstück begrüßten wir Kinder ihn mit

»Dobar dan Druže Tito« (»Guten Tag, Genosse Tito«). Er antwortete nie, wir fanden ihn unhöflich.

Als ich drei Jahre alt war, wurde ich zu einem Casting eingeladen. Das Leben des Nikoletina Bursać, einer heldenhaften Partisanenfigur aus einer Erzählung von Branko Ćopić, sollte verfilmt werden. In der Endauswahl schlugen sich eine kleine Blondine und ich um die Rolle der Erna. Der Held Nikoletina findet in den letzten Kriegstagen ein kleines jüdisches Mädchen in einem niedergebrannten Dorf. Das Mädchen wird zutraulich und erzählt ihm die Geschichte von der Verfolgung und Ermordung ihrer Familie durch die kroatischen Faschisten, die Ustascha. Das jüdische Mädchen sollte ich sein. Ich hatte mir vorgenommen, zu gewinnen und später Schauspielerin zu werden. Beides gelang mir.

Die Dreharbeiten waren nicht sonderlich spektakulär, ich trug dicke Wollsocken, die kratzten, musste eklig schmeckende Ziegenmilch trinken und an ausgesuchten Stellen weinen.

Weinen, wenn der Held Nikoletina mich findet, in einem Bergdorf, in dem die Ustascha alle Juden getötet haben, nur mich, die kleine Erna, haben sie nicht gefunden.

Die Ustascha, erklärte man mir bei den Dreharbeiten, seien kroatische Nationalisten gewesen, angeführt von Ante Pavelić, die nach dem Vorbild der SS ihre Rassengesetze mit brutalem Terror durchgesetzt hätten. Sie wären eine radikale Minderheit geblieben, wenn sie nicht von Hitler und Mussolini in den Rang einer Staatsgewalt gehoben worden wären. Ihr Ziel sei es gewesen, die Endlösung möglichst noch vor den Nazis zu vollbringen. Die Ustascha-Miliz hätte Serben, Roma, Juden und Partisanen ermordet. Ich verstand fast nichts, nur so viel: Hier musste bedingungslos geheult werden.

Im Juni 1964 drehte ich also den ersten Film meines Lebens in den dalmatischen Bergen. Meine Mutter, eine glühende Kommunistin, war begeistert von Inhalt und Form dieses Films. Die Uraufführung fand zu Titos Geburtstag statt, im

Sommer des darauffolgenden Jahres. Zu diesem Zeitpunkt aber war ich bereits auf der Flucht und konnte nicht zur Premiere kommen.

Mit 44 Jahren wurde ich Vollwaise. Das ist gar nicht so früh, ich fühle mich seitdem auch nicht speziell anders. Ich würde mich wahrscheinlich niemals selbst so bezeichnen, hätte mich das Erbschaftsamt nicht so angeschrieben. Ich erbte einige Tausend Euro, mit denen ich sofort meine Steuerschuld vom Vorjahr beglich, außerdem einen 26 Jahre alten Mercedes, das Statussymbol meines Vaters, eine Wohnung, die seit 40 Jahren nicht mehr ausgemistet worden war, und ein laufendes Restitutions-Verfahren gegen die kroatische Regierung.

Vor allem aber rutschte ich in die erste Reihe. Vor mir war niemand mehr, der sich schützend vor mich stellte. Meine Eltern waren einfach gestorben. Alle möglichen Dinge kamen zum Vorschein und tun es noch: Geheimnisse, Neurosen, Müll.

Ich fahre nicht besonders gut Fahrrad, vor allem nicht, wenn ich mit mir selber rede.

Und ich hasse Geheimnisse. Ich finde, Geheimnisse sind das Allerletzte. Ich verabscheue sie. Abgrundtief. Auf der Liste der unerträglichen Geheimnisse rangieren die Familiengeheimnisse ganz weit oben. Das habe ich schon als Kind gespürt. Kaum etwas ist hartnäckiger als Familiengeheimnisse. Jede Familie hat gleichermaßen viele Geschichten wie Geheimnisse. Die Geschichten muss man sich unentwegt anhören, damit die Geheimnisse im Dunkeln bleiben.

Zum Beispiel die Geschichte von Titos Brille: Kroatien im Krieg 1944, Marschall Titos Brille ist kaputt. Die Partisanen, angeführt von ihrem Genossen Tito, haben sich in den zerklüfteten Bergen Kroatiens verschanzt, bieten keine Angriffsfläche. Die Ustascha kriegen sie nicht zu fassen. Es sind heikle Momente. Mein Vater repariert Titos Brille. Die Partisanen gewinnen den Kampf. Mein Vater wird zum Helden ernannt und bleibt es fortan.

Ich steige vom Fahrrad, setze mich an die Theke meines Lieblingscafés und rede übergangslos laut weiter. Man kennt mich dort.

»Schön«, sagt Frank, der Kellner im Café Savigny, und lächelt mich freundlich an, »und?«

»Mein Vater ist tot und irgendwie stimmt es vorn und hinten nicht.«

»Aha«, meint Frank.

»Ja«, sage ich, »Marschall Tito trug damals nämlich überhaupt gar keine Brille.«

»Oh! Schade«, meint Frank. Er hat verstanden.

»Aber mein Vater ist und bleibt ein Held.«

»Na klar«, tröstet mich Frank.

»Danke«, stammele ich. Frank ist einiges gewöhnt, ein netter Kerl.

Keine Sentimentalitäten – einfach aufs Rad, weitertreten.

Ich quäle mich und mein armes Rad die Straße des 17. Juni entlang. Alles verschwimmt. Tränen laufen mir über die Wangen. Zu Hause angekommen, sehe ich ramponierter aus als mein Rad. Aber das spielt keine Rolle. In Schöneberg sehen alle mitgenommener aus als im taufrischen Prenzlauer Berg.

Im Briefkasten liegt Post, ein amtlicher Brief mit vielen Briefmarken und Stempeln. Sie wollen einem imponieren, denke ich und überfliege den Inhalt: »In Ihrer Restitutionsangelegenheit bitten wir Sie um Zusendung sämtlicher Sterbeurkunden der betroffenen Personen. Amt für auswärtige Angelegenheiten, Zagreb, Kroatien.«

Na, die sind ja lustig! Mindestens die Hälfte meiner toten Verwandtschaft haben sie selbst zu verantworten, demnach müssten sie die Sterbeurkunden in ihren Archiven haben.

Und aus Auschwitz passable Sterbeurkunden zu bekommen, war noch nie ganz einfach.

Wut beginnt in mir aufzusteigen: Auch eine Methode, eine Angelegenheit hinauszuzögern, Zeit zu schinden, zu warten, bis alle nicht mehr betroffen, sondern tot sind, bis auch ich mausetot bin! Aber diesen Gefallen, rechtzeitig zu sterben, werde ich ihnen nicht tun!

Ich starte den Computer, sie werden einen Brief erhalten, der sich gewaschen hat.

Jedes Mal, wenn ich mich konzentrieren will, kommt einer meiner Söhne. Ich habe zwei. Der Ältere sagt: »Fühl mal, diese Fußballschuhe, Leder – kein Vergleich, was?« Und ich sage: »Nein, kein Vergleich.« Glücklich erklärt er mir die Abseitsfalle. Sofort verliere ich den Faden, mein Blick schweift ab und landet auf dem anderen, dem Kleineren, der in der Nase bohrt, als suche er nach Gold. Was soll's, ich schalte den Computer wieder aus.

mein vater, der held

Adriana! Adria, meine Tochter, du solltest wie unser Meer heißen! Unser schönes Meer!

Wir haben gesungen! Gelacht! – Split! Das war eine Perle an der Adria. Die Dalmatier? Wie Italiener! Laut, fröhlich und vor allem keine Antisemiten. Man hat uns geholfen auszureisen, hat uns versteckt, und wir sind gemeinsam in die Berge. Als Kämpfer! Stell dir vor, die erste jüdische Buchhandlung des Landes gab es in Split: Familie Mopurgo ... Schau! Es haben fast alle überlebt. Fast alle Juden aus Split! Bis die Deutschen kamen, aber das ist eine andere Geschichte ...

Nachts um halb zwei wache ich auf. Es ist der 7. Dezember, die Nacht nach Nikolaus. Ja, wir feiern Nikolaus. Juden nehmen alle Feiertage mit. Nicht alle Juden und nicht alle Feiertage, aber im Prinzip ist es so. Die Kinder haben sich sämtliche Süßigkeiten aus den Stiefeln in den Mund gestopft und sind mit Bauchschmerzen schlafen gegangen.

Ist das Fenster auf? Es ist so stickig! Sammy hat morgen einen Termin beim Kieferorthopäden, wenn man den vergisst, muss man bis zu den dritten Zähnen warten. Warum bin ich überhaupt aufgewacht? Was ist los? Etwas passiert gerade ... Etwas passiert immer gerade irgendwo ...

Wenn man jung ist, ist man zu dumm für die Angst. Ich war Arzt. Aber als Jude durfte ich im Krankenhaus nicht mehr arbeiten.

Bei den Partisanen natürlich schon. Ärzte, auch so unerfahrene wie ich, bekamen sofort zu tun! Wie viele Zähne ich mit dem Brecheisen gezogen habe! Ich war mutig und dumm.

Stell dir vor, im Juni 1943 bin ich los und habe das Lager auf Rab besucht! Ich wusste einiges von dem Lager, deine Mutter hatte mir geschrieben, wer alles drinhockte, was ihnen fehlte, wie es allen ging. Also habe ich mir eine Bescheinigung selbst ausgestellt, ich sei befugt, die Hygienebedingungen im Lager zu überprüfen. Wahnsinn! Bin rein und sogar wieder raus! Hatte Briefe dabei und Geld und kleine Sachen für all die armen Inhaftierten, die sie bei mir über deine Mutter bestellt hatten. Am Lagertor habe ich dem zuständigen Offizier gesagt, ich sei eine Art jüdischer Gesandter. Die italienische Besatzung hätte mir den Besuch des Lagers gestattet. Er war irgendwie beeindruckt und hat mich ohne weitere Fragen reingelassen! Aber was noch erstaunlicher ist, er hat mich auch wieder rausgelassen! Er hätte mich doch als Juden einfach dabehalten können? War er dumm oder einfach nur gutgläubig? Vielleicht war er ja nur Faschist, kein Antisemit? Ich weiß es nicht. Habe ihn auch nicht gefragt. Rein und wieder raus. Unglaublich! Hier, die Fotos vom Lager sind von mir! Habe ich im Schuh versteckt. Kaum war ich draußen, bin ich dann doch gerannt, ich Held! Gerannt um mein Leben. In einer kleinen Pension am Hafen habe ich die Rollos runtergelassen und auf das nächste Schiff nach Split gewartet! Wahnsinn! Wirklich dumm. Und noch so jung.

Und ich habe Titos Brille repariert! Marschall Titos Brille! Aber das ist noch nicht alles! Ich habe gekämpft, im Wald geschlafen wie ein Bär, und ich habe 40 jüdische Kinder gerettet und nach Nonantola gebracht ...

Mein Vater war ein Held, das weiß ich, seit ich denken kann.

Nonantola ist eine kleine Stadt in Norditalien, unweit von Modena. Im April 1943 kommen vierzig jüdische Kinder aus

Kroatien dort an. Sie sind, so wird erzählt, mit dem Schiff bis nach Ravenna gelangt, dann vorsichtig durch die Po-Ebene nach Nonantola marschiert. Es ist heiß, es gibt kaum Bäume in dieser Gegend, nur Reisplantagen. Aber auch die sind ausgetrocknet, seit Wochen hat es nicht geregnet. Die Kinder werden in der Villa Emma in Nonantola untergebracht. Die hat einem italienisch-jüdischen Großindustriellen gehört, bis er fliehen musste. Nun steht sie leer. Sie wirken ängstlich, diese Kinder, aber sie haben allesamt italienische Pässe. Mein Vater, der Held, hat sie ihnen besorgt.

Der Carabiniere sitzt in Split in seinem Büro. Er liest den Corriere della sera, als ich reinkomme. Ich druckse herum. Er grinst. Ich möchte vierzig Stempel haben für vierzig jüdische Kinder, die in Sicherheit gebracht werden müssen. Das geht nicht, sagt der Carabiniere. Aber Dalmatien ist italienisch besetzte Zone, sage ich. Wir sind doch alle Italiener irgendwie, nicht wahr? Una faccia, una razza! – und schenke ihm einen Flakon Brillantine, Marke »Soffientini di Milano«, als Zeichen meiner Verehrung. Der Carabiniere lacht. »Birbante«, Schlingel, sagt er und stempelt mir ein »lasciapassare« für vierzig Personen. »Sollten Sie erwischt werden, wissen Sie nicht mehr, wer Ihnen die Pässe gestempelt hat«, ruft er mir nach. Die Eltern weinen am Hafen von Split, als sie ihre Kinder zum Schiff bringen. Aber sie wissen: Es ist ihre letzte Chance. Mit an Bord: italienische Faschisten, deutsche Militärs. Wir singen. Die Kinder und ich singen wie eine Jugendgruppe auf Ferienreise. Wir singen in einem fort. Als wenn nichts wäre. »Ciri biri bella mare moja!« Ein kroatisches Volkslied über unser schönes Meer. Die ganze Reise über haben wir gesungen. Wir haben über jeden Verdacht hinweggesungen!

Mein Vater, der kleine Mann, ist nur wenig älter als die Kinder, zwanzig ist er. Auf dem Abschiedsfoto sehen sich alle ähnlich, dunkel und ernst, mit großen schwarzen Augen.

Mein Vater verabschiedet sich von den Kindern. Nächstes Jahr in Jerusalem!

Er muss in geheimer Mission weiter in den Vatikan. Dort stempelt einmal im Monat ein Priester den Juden ein »I« für »Italiener« in ihre Pässe. Ein solches »I« gilt als »lasciapassare«. Ein Schlupfloch. Da sich Kroatien unter italienischer Okkupation befindet, sind die Juden genau genommen Italiener. Dieses »I« rettet unzählige Mitglieder der jüdischen Gemeinde, die nicht geflohen sind, warum auch immer.

Zwei Jahre wird die kleine Gesellschaft in Nonantola bleiben. Als sich im September 1943 die Deutschen der Villa Emma nähern, nimmt die Landbevölkerung die Kinder auf und versteckt sie. Vielleicht, weil sie früher einen jüdischen Bürgermeister hatten und Samuel Friedmann immer so freundlich war? Nach dem Krieg und nach einer abenteuerlichen Flucht über die Schweiz landen die Kinder sicher und wohlauf in Haifa.

Weißt du, was schade ist, Adriana? Ich habe mich nie bei dem Carabiniere bedanken können, denn ich wusste ja seinen Namen nicht. Dabei hat er vierzig Kinder gerettet ...

Mein Vater, der Held. Hoffentlich ist diese Geschichte wahr. Endlich schlafe ich ein.

Georg, mein Mann, weckt mich, wie mir scheint, nur wenige Sekunden später. »Dein Vater ist tot.« Tot? Aber ist er nicht in Nonantola? Und der Carabiniere?

Ich bin darauf vorbereitet und dennoch bin ich schockiert, atemlos, das ist wohl normal so.

Ich bin froh, dass er es mir sagt und ich nicht selbst am Telefon war.

Mitten in der Nacht steige ich ins Auto und fahre nach Gießen. Es ist eine merkwürdige Fahrt, die Reise zu einem Toten, zum toten Vater. Ich bin unnatürlich wach, unterhalte mich mit ihm. Und irgendwie antwortet er. Das ist tröstlich.

Kennst du den Partisanenwitz mit dem Bären?
Ein Mann hat einen Bären an der Leine. »30 Dinar für den Bären! 30 Dinar!«, schreit er auf dem Marktplatz.
»Schön«, sagt ein Passant. »Aber wofür? Was kann der Bär? Kann er tanzen?«
»Nein.«
»Aha. Kann er auf einem Bein stehen?«
»Nein!«
»Was kann er dann?«
»Nichts, aber er war im Wald!«

Vor einem Jahr hatte mich mein Vater um ein Gespräch gebeten. Feierlich, als wären wir die Familie Buddenbrook, war ich zu ihm nach Gießen gefahren.

»Ich habe dir etwas mitzuteilen.« Er war blass, wusste seit kurzer Zeit, dass er an Pankreaskrebs litt. Ausgerechnet Pankreas war sein Spezialgebiet, er hatte sich die Krankheit selbst diagnostiziert. Ich saß in seinem Arbeitszimmer in der Uniklinik, blätterte im Ärzteblatt.

»Oh, so förmlich! Schieß los.«

Er saß hinter seinem Schreibtisch und lächelte, besprühte sich mit seinem Lieblingsduft. Wir schwiegen, was selten vorkam. Und dann begann er ein Gespräch, ohne mir auch nur irgendetwas Wesentliches mitzuteilen, keine Heldentaten, nichts. Als müsste ich es durch den Nebel von Azzaro hindurch riechen, erraten. Dieses Spiel trieb er danach noch einige Male so oder ähnlich.

Immer wieder rief er mich an, plauderte drauflos, erzählte mir Witze, die ich schon kannte, und bat mich schließlich, doch möglichst schon am nächsten Wochenende erneut vorbeizukommen. Nur ein einziges Mal rückte er wirklich mit der Sprache raus, sagte, seine Zeit sei abgelaufen, und dass 83 doch ein stolzes Alter sei, nicht wahr? Er erklärte mir fachmännisch sein Blutbild, seine Aussichten. Pankreaskrebs war eben sein absolutes Spezialgebiet.

Als er bereits zum wiederholten Male im Krankenhaus lag, saß ich an seinem Bett, und er gab einige Witze aus seinem reichhaltigen Repertoire zum Besten:

»Ein Chirurg kommt nach einem freien Wochenende in die Klinik, wäscht sich die Hände, bereit zu operieren. ›Schwester, wie ist es dem Nierenpatienten vom Donnerstag ergangen?‹

›Tut mir leid, Herr Professor, tot.‹

›Ach ja? So was! Und der Darmverschluss von Freitagvormittag?‹

›Verstorben, Herr Doktor.‹

›So, so … Nun gut, die Dame mit dem Herzkatheter?‹

›Defunt. Ebenfalls gestorben.‹

›Nun gut. Schwester, reichen Sie mir bitte den Kittel.‹

›Aber, Herr Professor, Sie wollen weiter operieren?‹

›Na was denn, Schwester, ich habe keine Angst vor dem Tod!‹«

Ich lachte gerne über diesen Witz, diesmal allerdings zögerlich.

»Adriana, es gibt bekanntlich zwei Möglichkeiten: entweder jung zu sterben oder alt zu werden!« So tröstete er mich, bevor er wegdämmerte.

Als er wieder aufwachte, bat er mich, einen Vortrag Korrektur zu lesen, den er noch halten wollte, in der Theologischen Fakultät: »Sterben und Tod, eine jüdische Sichtweise«:

In der jüdischen Tradition werden die Toten mit großer Sorgfalt behandelt. Schon vor Eintritt des Todes muß man darauf vorbereitet sein, diesem Augenblick mit Verständnis und Fassung zu begegnen.

Wie bei anderen alten Religionen gilt es als Sünde, einen

Juden unbeerdigt zu lassen, Verbrennungen werden nicht praktiziert.
Der Sterbende wird bis zum letzten Atemzug als Lebender betrachtet. Es ist die heilige Pflicht, neben ihm zu bleiben, damit er im Todesmoment nicht alleine ist. Weinen und Wehklagen ist verboten, damit der Sterbende nicht leiden muß.
Die Spiegel im Haus werden verhüllt, Bilder an den Wänden umgedreht.
Im »Kitel« wird der Tote beerdigt, dem Hemd, das er bereits zur Hochzeit, zum Seder und an Jom Kippur getragen hat.
Als Zeichen der Trauer ist die Selbstverletzung verboten. Asche auf das Haupt, Zerreißen der Kleider, Fasten ist angebracht.
Das »Schma Israel« wird gesungen oder vorgelesen. Bei der Beerdigung das »El mole rachamim«.
Die Trauernden haben folgende Verpflichtungen: Sieben Tage lang sitzen sie Shive.
Sie sitzen nicht auf Stühlen, sondern auf Hockern oder auf dem Boden.
Sie ziehen keine Schuhe aus Leder an.
Sie begrüßen nicht.
Sie arbeiten nicht.
Sie lesen nicht die Thora.
Der Geschlechtsverkehr ist verboten, 30 Tage lang.
Sie schneiden sich nicht die Haare oder rasieren sich.
Sie baden nicht.
Sie waschen nicht die Wäsche.
Sie beteiligen sich nicht an Unterhaltungen, zwölf Monate lang.

»Woher weißt du das alles?«, fragte ich ihn. »Hast du die fünf Bücher Mose abonniert? Du bist weder besonders religiös noch habe ich dich außer medizinischer Fachliteratur jemals ein Buch lesen sehen.« »Das tun Juden nie, und trotzdem wissen sie alles«, war seine bescheidene Antwort.

Seltsam, dachte ich, er gibt mir ganz klare Anweisungen für später. Damit ich alles richtig mache oder damit ich nicht so allein bin mit der Situation, mich nicht so einsam fühle?

Als es ihm immer schlechter ging, bat er mich wieder zu sich, bedeutungsvoll. Ohne meine Mutter sollte ich ihn im Krankenhaus besuchen. Es war später Nachmittag und bereits dunkel. Ich stützte mich auf sein Bett, er näherte sich meinem Ohr, tat, als wollte er flüstern. Nur, dass er wieder nichts sagte. Gar nichts. Ich war ein bisschen verwirrt, und er schlief ein. Als ich nach zwei Stunden ging, hatte ich nichts Neues erfahren, aber eine Ahnung bekommen, dass dieser alt gewordene Held, dieser Patriarch, seine Geheimnisse mit ins Grab nehmen würde.

Am nächsten Tag saß ich wieder an seinem Bett, spielte ihm aus einem winzigen Rekorder neapoletanische Musik vor. Noch während ich darüber nachdachte, ob Menschen im Delirium Musik hören können, riss er die Augen auf, sagte: »Sento tutto« »ich höre alles«, und ich solle den Wagen nehmen, es sei Zeit. Ich lachte blöd und hilflos. »Non far la stupida« »stell dich nicht so blöd an«, waren seine letzten Worte an mich.

Göttingen, Kassel, Marburg, die Autofahrt zieht sich hin, obwohl ich mit »seinem Mercedes« fahre, den er mir bei meinem letzten Besuch ans Herz gelegt hat. Als ich endlich im Krankenhaus ankomme, hat man ihn schon fortgebracht. Mein Vater ist dort gestorben, wo er jahrelang gearbeitet hat, im Poliklinikum der Uniklinik Gießen.

Er hatte dort als Assistenzarzt angefangen, als er nach Deutschland kam, war 30 Jahre lang geblieben und hatte es bis zum Oberarzt der gesamten Poliklinik gebracht. Im Grunde ist es nur folgerichtig, dass er hier gestorben ist. Übrig geblieben von ihm ist eine Plastiktüte mit ein paar Sachen.

Sie steht vor dem Zimmer auf dem Flur. Es ist Donnerstagmorgen, 11 Uhr.

Ich rufe meine Mutter zu Hause an. Sie hat die ganze Nacht bis zu seinem Tod bei ihm verbracht. Sie spricht wie ein Roboter, mechanisch und ferngesteuert, sie wird mir keine große Hilfe sein.

Im Kopf überschlage ich: Innerhalb von 24 Stunden zu beerdigen wäre jüdische Pflicht, aber mit Sabbatbeginn gleichzeitig jüdischerseits verboten. Sonntags für Christen nicht erlaubt. Montag, Montag könnte er beerdigt werden.

Meine Schwester, die nur meine Halbschwester ist, Tochter aus der ersten Ehe meines Vaters, ist aus Zagreb angereist. Sie hatte gehofft, ihn noch lebend zu sehen. Nun ist er tot, und wir müssen warten. Vier lange Tage zusammen warten.

Meine Halbschwester heißt Rosa und ist noch kleiner als ich. Dafür ist sie ziemlich pummelig. Dick sein ist Charakterschwäche, sagte mein Vater immer. Sein Verhältnis zu ihr war nie sonderlich gut, und solche vernichtenden Urteile halfen nicht, die Situation zu verbessern. Es heißt, mein Vater habe seine erste Frau nur auf den Druck der Kommunistischen Partei hin geheiratet. Immerhin hatte er sie geschwängert. Anstatt die Partei zu hassen, die ihn zu dieser Heirat gezwungen hatte, distanzierte er sich zunehmend von der Frau und ihrer beider Kind. Jahre später, als ich ihn fragte, ob das nicht auch eine Art Charakterschwäche gewesen sei, erwiderte er herablassend: »Adriana, du verstehst nichts vom Kommunismus.« Je älter meine Schwester wurde, desto komplizierter wurde auch seine Beziehung zu ihr wie auch die Beziehung meines Vaters zur Partei. Letztendlich war meine Halbschwester ja auch ein Kind der Partei.

Seine erste Frau starb nach 14 Jahren Ehe, im selben Jahr kam ich auf die Welt, das Kind einer neuen Frau: meiner Mutter. Mein Vater übte sich im Spagat: Die Nächte verbrachte er in der Wohnung seiner verstorbenen Frau bei meiner Halbschwester, die Tage bei uns. Er war völlig vernarrt in seine »neue« Tochter, in mich, die ich mit meiner Mutter am anderen Ende Zagrebs lebte. Diese familiäre Akrobatik war für meine Schwester sicher kein Vergnügen. Wahrscheinlich hätte sie mich gern mit meiner Kuscheldecke erstickt.

Mit dem Tod meines Vaters stehen wir nun vor einer neuen Prüfung unseres verwandtschaftlichen Verhältnisses.

Meine Schwester setzt sich auf den Teppich in der Mitte des Arbeitszimmers. Im Grunde steht sie erst vier Tage später wieder auf.

Das Arbeitszimmer liegt im 3. Stock der Universitätsklinik, Abteilung Radiologie. Ich habe meinen Vater immer gern dort besucht. Fläzte mich auf der Ledercouchgarnitur, probierte die Vierfarbstifte der diversen Pharmakonzerne aus, staunte über die radiologischen Aufnahmen von Dickdärmen. Ich bekam stets einen Espresso, genauso wie die Putzfrau oder der Dekan. Für diesen Espresso war mein Vater berühmt. Eine großartige italienische Espressomaschine war das Zentrum des Bücherbords. Auf nichts war mein Vater ähnlich stolz – doch, vielleicht auf sein Auto. Er hatte sich lange mit Renaults und Peugeots herumgeschlagen. Sofort nach seiner offiziellen Einbürgerung in die BRD gönnte er sich einen dicken Mercedes: Für alle war damit sichtbar, dass er wieder einmal angekommen war in einer Gesellschaft. Wenn er durch Gießen fuhr, ließ er den Hut auf, sonst lief er Gefahr, bei seiner geringen Größe nicht gesehen zu werden. Als ich das Abitur machte, bekam ich einen Zweitschlüssel für den Wagen, es war das größte Lob, das ich bekommen konnte: Auch ich war damit in der deutschen Gesellschaft angekommen, mit deutschem Abitur und deutschem Wagen. Noch am selben Abend fuhr ich die Beifahrertür ein. Für meinen Vater eine Bagatelle angesichts unseres unaufhaltsamen Aufstiegs in der deutschen Gesellschaft.

Natürlich könnte ich mir Zeit lassen mit dem Ausräumen des Zimmers. Vonseiten des Klinikums gibt es keinen Termindruck. Ich könnte in die Luft starren, weinen oder sogar in meinem Mikrokroatisch mit meiner Schwester über unseren Vater reden. Oder gar über uns und unser kompliziertes Schwesternverhältnis. Aber mir Zeit lassen, vielleicht sogar nichts tun, ist nicht gerade meine Stärke.

Stattdessen packe ich Kisten über Kisten, meine Schwester sitzt auf dem Teppichboden, raucht und lässt sich im Stundentakt Espresso servieren. Ich schufte wie ein Tier, sie ist versunken in ein tausendseitiges Nachschlagewerk meines Vaters: »Atlas der Darmerkrankungen. Dickdarm und Analregionen«. Gelegentlich zeigt sie mir nützliche Aufnahmen zur Doppelkontrastmethode. Auf einer sieht man, wie es gelingt, eine Magen-Darm-Sonde einzuführen, ohne den Dickdarm zu perforieren. Überwältigt von diesen medizinischen Details setze ich mich neben sie und trinke mit ihr einen Espresso. Zwischen der medizinischen Fachliteratur finden wir in einem kitschigen goldenen Rahmen eine große Fotografie: die Familie unseres Vaters. In der Mitte unser Großvater Leon, ein notorischer Kartenspieler, daneben seine Frau Regina, die die Familie irgendwie durchbringt, umgeben von ihren sechs Söhnen. Alle sind sie dunkelhaarig, dürr und blass, eine typisch sephardische Familie. Unten links der Jüngste der sechs: unser Vater Jakob. Dalmatien, Split, 1922.

Die Brüder unseres Vaters hießen Buki, Mento, Albert, Miko und Silvio. Mento hieß natürlich nicht Mento, sondern Menachem, Buki hieß Israel und Miko Chaim. Aber wie hätte das auf der Straße in Split geklungen? Wenn sie aus dem Haus traten, waren sie Mento, Buki und Miko.

Die Familie war arm. Die sechs Brüder kamen irgendwie zurecht, manchmal lauerten sie ihrem Vater auf und nahmen – hatte er gewonnen – seine Beute für die Mutter mit. Später machten die zwei ältesten Brüder eigene Geschäfte auf. Mentos Laden wurde eine Art Ramschladen, in dem es alles gab: Radiergummis, Bettlaken, Geschirr. Buki betrieb einen Ankauf-Verkauf, die Geschäfte gingen nicht schlecht. So konnten die beiden Ältesten die Jüngeren finanzieren. Albert, Nr. 3, wurde Rabbiner, zu Ehren Gottes und der Familie. Miko, Nr. 4, wurde Ingenieur und fuhr als solcher zur See. Nr. 5 und 6, Silvio und Jakob, unser Vater, durften studieren und wurden Ärzte. Wahrscheinlich ging es in vielen sephardischen Familien so oder ähnlich zu. Bei Canetti jedenfalls kann man es nachlesen.

Nach Kriegsende fanden sich die Brüder wieder. Man hatte nicht so viele Tote zu vermelden wie die aschkenasischen Familien, die sich deutsch fühlten, die den Deutschen blind vertraut und gar nicht oder viel zu spät die Flucht ergriffen hatten. Die Sepharden waren da vorsichtiger gewesen, sie hatten den Deutschen klugerweise misstraut und waren rechtzeitig geflohen.

Unser Großvater Leon wurde, mitten in einem Kartenspiel deportiert, umgebracht. Er hatte so lange am Spieltisch gesessen, dass er darüber zu fliehen vergaß. Alle anderen aber hatten, als die Italiener ihre Haut zu den Alliierten hinüberretteten und den Deutschen Kroatien ganz überließen, sehr schnell das Weite gesucht. Unser Vater war mit seinem Bruder Silvio bei den Partisanen geblieben. Nach Aussagen meines Vaters war Silvio der Schönste und Begabteste der Brüder. Er starb in den letzten Kriegstagen, in Partisanengefechten. Die offizielle Version lautete, Deutsche hätten ihn erschossen. Großmutter Regina und die anderen Brüder hatten sich ins schon befreite Süditalien retten können.

Nach dem Krieg, zurück in Split, mussten die Brüder erfinderisch sein. Die beiden Ältesten übernahmen wieder ihre Geschäfte, spezialisierten sich. Mento machte aus seinem Laden eine Art Billigmarkt, eine Novität für Split: Zahl eins, nimm zwei. Im Grunde war er der Erfinder der Discountmärkte.

Buki hatte sich für seinen Altwarenladen folgenden Slogan überlegt: Bevor du's wegwirfst, bring's zu Buki! Sein Zulauf war enorm. Bevor man in Split etwas in den Müll warf – Zink, Blei, Kupfer –, bot man es ihm an. Um dann wieder bei ihm Einzelteile zu suchen, die in ganz Split nur er hatte! Miko, der auf den Kriegsschiffen der Alliierten so ziemlich alles gesehen hatte, hatte genug von Abenteuern. Er war in Zypern gewesen, wo die Engländer die Juden in Lager steckten, und in Haifa, wo er endlich heimlich von Bord ging. Er entschloss sich, nach Eretz Israel zu gehen und in Ruhe an der Klagemauer Saft zu verkaufen, für Juden und Christen und andere Touristen. Albert, der Rabbiner, war bis nach New York gekommen, hatte eine kroatische Synagogengemeinde gegründet und lebte mit Frau und Kindern dort, als wäre er noch immer in Split.

Es klang immer wie ein Bericht aus dem Paradies, wenn mein Vater von Split erzählte. Split, immer wieder Split, die engen Gassen der mittelalterlichen Altstadt, gebaut auf den Trümmern des römischen Diokletian-Tempels. Sie waren Straßenkinder, am Strand, in der Synagoge. Die städtische Grundschule, das Wetter, die Promenade, der Rabbiner, übernahmen die Erziehung. Sie spielten Fußball auf der Straße. Sie badeten am flachen Strand von Bačvice, dem öffentlichen Strandbad. Nichtjuden, Juden, Moslems, alle zusammen. Den kleinen Ball am längsten in der Luft halten, das ist »Picigin«, es wird im flachen Wasser noch heute so gespielt, über Stunden, in den langen Sommern Kroatiens. »Picigin« ist ursprünglich ein italienisches Wort, überhaupt sprachen alle Italienisch, nebenbei, ganz beiläufig.

»Am 12. Oktober 1918 wurde ich, als Jakov Altaras, Sohn von Leon Altaras und seiner Frau Regina in Split (Jugoslawien) geboren. Abitur im Jahre 1936. Im selben Jahr Immatrikulation an der medizinischen Fakultät in Zagreb. Am 5. April gelingt es mir, nach Split zu fliehen, einen Tag vor der deutschen Okkupation. Das war knapp. Da Split unter italienischer Besatzung steht, ist es mir möglich, weiter an italienischen Universitäten zu studieren. Gleichzeitig schließe ich mich Titos Partisanenarmee an. Ich studiere immer unregelmäßiger, schaffe es aber, 1944 in Bari zu promovieren.« So schreibt es mein Vater in seinem Lebenslauf.

Bei den Partisanen machen ihm die Berge zu schaffen, er kommt von der Küste und sehnt sich nach dem Meer. Doch er ist zäh, das jahrelange Leichtathletiktraining bei Makkabi Split hat ihn gerettet, so scherzt er später, sonst hätte er die meilenlangen Märsche zu Fuß nie überstanden! Er trägt russische Waffen und singt russische Lieder für die Freiheit. Zwei Jahre leitet er seine Brigade, die »prva dalmatinska Brigada« in den Bergen zwischen Schnee und Felsen, bis die Partisanen nach dem Abzug der Italiener die Insel Vis zu Titos Hauptquartier machen können und die Meereskundigen dorthin versetzt werden. Endlich wieder am Meer. Er schwenkt die Fahne in Vis, bereit, gegen den Faschismus zu kämpfen und für Tito sein Leben zu geben. Ein zierlicher, aber ausgesprochen attraktiver Soldat!

Das alles zeigen die Fotos, die inzwischen ausgebreitet vor uns auf dem Boden liegen. Unser Vater auf seinem ersten Transportmittel, einem Esel. Später im Jeep, mit rotem Stern auf der Mütze und Maschinengewehr über der Schulter. Er hat sie mir oft gezeigt, diese Fotos, und sie mit vielen kleinen Geschichten versehen. Ich kann nicht sagen, was davon erfunden, was Märchen und was wahr ist. »Se non è vero, ben trovato!« – falls es nicht wahr ist, ist es doch gut erfunden!

Er war ein glücklicher, vitaler Kerl, ein Stehaufmännchen, ein Impresario seiner selbst. Die Schwermut, die meine Mutter nach dem Krieg nie wieder ganz losgelassen hat, kannte er nicht. Vielleicht, weil er nie im Lager war, weil ihm Demütigungen dieser Art erspart geblieben sind, weil er als Partisan immer auf der Kämpfer- und schließlich auf der Siegerseite stand.

Irgendjemand kolportierte meinem Vater nach dem Krieg die Wahrheit über den Tod seines Bruders Silvio. Er war nicht von den Deutschen oder der Ustascha, sondern von jemandem aus den eigenen Reihen, also von Partisanen, wegen interner Streitigkeiten kurz vor Kriegsende ermordet worden. Natürlich war das vertuscht worden. Ende der 50er-Jahre begann der Parteizusammenhalt zu bröckeln, der Riss zwischen Tito und Stalin wurde spürbar, die Parteifunktionäre wurden nervös. Mein Vater verfolgte die Sache. Er erhob Anklage, mit dem Ergebnis, dass die Kommunistische Partei nun ihn verfolgte. Die ehemaligen Partisanen wurden nicht gern eines solchen Mordes bezichtigt. Mein Vater, inzwischen eine Berühmtheit in der Partei, bekam einen Schauprozess. Man warf ihm staats- und sozialismusfeindliche Handlungen vor, unter anderem den Besitz von privaten Röntgengeräten. Schriftliche Beweisstücke lagen nicht vor, aber man drohte mit Haft, Arbeitsentzug. Man wollte ihn und seine Anklage loswerden. Einige Denunzianten wurden gefunden, sagten bereitwillig aus. Er floh Hals über Kopf aus Furcht vor Inhaftierung. Seine Enttäuschung war enorm. Er hat nie erfahren, ob der peinliche Prozess, den man ihm machte, eher dem störenden Parteimitglied oder dem Juden galt. Fazit war: Man war ihn los. Seine geliebte Partei hatte ihn doppelt verraten: erst seinen Bruder ermordet, dann ihn diffamiert.

Weißt du, Adriana, mit den immergleichen Anklagen – Zionismus und Kosmopolitismus – waren die Juden doch die Ersten, die aus der Partei herausgefiltert wurden. Ich war weiß Gott nicht der Einzige! Wir hatten zwar in Titos Brigaden im Krieg die Möglichkeit zum Widerstand bekommen, und natürlich gab es später in der Partei genügend ambitionierte Juden in hohen Funktionen, allen voran Moshe Piade! Aber parteiinternen Antisemitismus gab es trotzdem. Nach außen hin blieb Tito der große Sieger, der alle Nationalitäten, Abstammungen und Religionen unter seiner schützenden Hand zu bündeln wusste. Unter ihm konnten wir mehr oder weniger unbehelligt leben. Mehr oder weniger ...

Jedes Mal, wenn ich das in einer Gesellschaft erzähle, gibt's ein großes »Ah« und »Oh«. »Sag bloß, habe ich noch nie gehört, ehrlich? Bist du dir da sicher?« Je mehr Intellektuelle zusammensitzen, desto lauter die Verwunderung. »Was ist daran so merkwürdig?«, antworte ich dann. »Antisemitische Säuberungen gab es in jedem kommunistischen Staat, nur waren sie in Polen früher und extrem heftig und in Tschechien später, aber auch nicht ohne. Und in der Sowjetunion hatte Stalin ein besonderes Faible für Schauprozesse.«

Im Sommer 1964 wird der Schauprozess gegen meinen Vater angestrengt. Es ist abzusehen: Dies ist das Ende der Karriere eines jüdischen Arztes in Jugoslawien. Meine Eltern fliehen – oder besser: Sie versuchen es. Ich erinnere mich, wie nervös alle in unserem Wohnzimmer herumsaßen. Ich war klein, aber an die Panik kann ich mich noch sehr gut erinnern. Mein Vater verschwand mit einem Koffer, in dem er vor allem schwere Schellackplatten mitschleppte: Opern, Benjamino Gigli, Caruso, Zenka Milanov. Es war Hochsommer und sehr warm. Er ging nach Zürich.

Meine Mutter schaffte es nicht. Die Behörden hatten von der Flucht meines Vaters erfahren, entzogen ihr den Pass und behielten sie als Druckmittel in Jugoslawien. Ich wurde von meiner Tante, der Schwester meiner Mutter, nach Italien geschmuggelt.

Meine Mutter blieb allein in Zagreb zurück und hatte ein langes Jahr Zeit, mit der kommunistischen Enttäuschung fertig zu werden. Sie war ein glühendes Mitglied der Partei gewesen, und ebenso glühend wurde nun ihr Hass. Sie habe eines Morgens das rote Parteibuch und ihre roten Handschuhe der Partei gleichzeitig auf den Tisch geknallt. So ist die verkürzte Fassung der Legende. Aber ich weiß, es war sehr schmerzvoll für sie, sie hat mächtig daran zu knabbern gehabt.

Währenddessen versuchte mein Vater, in Zürich Fuß zu fassen, lernte Deutsch oder das, was die Eidgenossen dort für Deutsch hielten. Er wiederholte die Doktorprüfung – auf Schwyzerdütsch. Sie ließen ihn probehalber auf die Verfassung schwören, aber Schweizer wurde er nicht, sein Schwyzerdütsch war offenbar nicht ausreichend.

Was mich angeht, war 1964 auch ein aufregendes Jahr: mein erster Film, mein erstes Exil. Ich war gerade mal vier.

Ich starre auf meine Schwester. Sie trinkt nicht nur ununterbrochen Espresso, sie raucht auch Kette. Der Sozialismus ist doch etwas recht Spezielles, denke ich. Sie legt versonnen ein 750-Teile-Puzzle vom Zürisee, das sie zwischen den Andenken meines Vaters gefunden hat. »Das hat er mir mitgebracht«, will ich eifersüchtig sagen, kann mich aber gerade noch zurückhalten. Und überhaupt, wie kann man in solch einer Situation ein Puzzle legen? »Du bist hyperaktiv, ich trauere.« Mit diesen Worten reicht sie mir die tabellarische Vita meines Vaters herüber und macht ernst und eifrig weiter mit dem Puzzle.

1966 wiederholtes Staatsexamen Zürich Universitätsklinik
1967 Antrittsvorstellung als Oberarzt in Gießen
1969 Außerplanmäßige Professur Humandiagnostik
1970 Beamter auf Lebenszeit
1970 Deutsche Staatsbürgerschaft
1973 C3-Professur
1984 Ruhestand

1985 Bundesverdienstkreuz
1998 Ehrenplakette der Landesärztekammer

Mein Vater hat Erstaunliches geschafft. Aus dem kleinen Straßenjungen aus ärmlichen Verhältnissen ist ein deutscher Professor geworden, ein Beamter auf Lebenszeit. Ein Mann mit Pension und Mercedes. Er entwickelte eine neue Methode zur Früherkennung von Darmkrebs, die sogenannte Doppelkontrastmethode, hielt Kongresse auf der ganzen Welt ab. Besonders in Italien feierte man seine wissenschaftlichen Erfolge. Es gab legendäre Mittagessen, zu denen an die zwanzig junge italienische Ärzte aus allen Regionen angereist kamen, um von ihm zu lernen. Er unterrichtete und unterhielt sie mit Fachwissen und Witzen. Weiterbildungen für europäische Ärzte wurden in Gießen abgehalten. Schon bald rühmte sich die Universität, führend in der Frühdiagnostik von Krebs zu sein. Zahlreiche Publikationen in mehreren Sprachen. Er wurde eine Koryphäe auf seinem Gebiet, war dabei von unschlagbarem Charme und Humor. Eine große Figur aus einem großen Epos vor bewegtem geschichtlichen Hintergrund, denke ich. Eine Art »Dr. Schiwago«, für den ich immer genauso geschwärmt habe wie für Dr. Altaras, meinen Vater.

Sein Imperium war großzügig angelegt. Von der MTA, die in aller Herrgottsfrühe bei ihm einen Cappuccino bekam, bis zum diensthabenden Nachtarzt, der am Abend zu einem Espresso eingeladen wurde. Er verteilte seine Aufmerksamkeiten und sein Lob sehr generös. Ein Pate, der mit Geschenken nicht geizte. Dafür erfüllten sie ihm jeden Wunsch, halfen, wo sie nur konnten. Aber etwas hat er nicht erreicht: Er ist nicht Vorsitzender des Zentralrats der Juden in Deutschland geworden. Stattdessen hatte er immer einen vor der Nase, den er politisch verabscheute. Der ihn wieder zum Partisanen machte. Dem Landesverband Frankfurt und somit indirekt dem Zentralverband der Juden in Deutschland, der nichts dagegen tat, warf er dreckige Machenschaften vor: Veruntreuung von Wiedergutmachungsgeldern. Zu Recht, wie sich später herausstellen sollte. Jahrelang ging er gegen den Verein gerichtlich vor. Man warf ihm Nestbeschmutzung vor. Es dauerte lange, bis sich ein deutscher Rechtsanwalt fand, der den Mut hatte, einen internen jüdischen Fall zu behandeln. Aussichtslos. Mein Vater verlor, der Fall wurde zu den Akten gelegt. Verbittert zog er sich zurück.

Er musste sich mit Gießen abfinden, das nicht gerade der Nabel der Welt ist. Seinem großen politischen Ehrgeiz wurde Einhalt geboten. Genau genommen bereits im Sommer 1964, als er die glorreiche Armee des Genossen Tito verlassen musste.

Am nächsten Morgen geht es nahtlos weiter. Ich packe Kiste um Kiste. Meine Schwester ist mit dem Puzzle fertig und blättert nun aufmerksam in allen möglichen Papieren. Ich bemerke, dass sie ungewöhnlich lange auf ein Foto starrt, aber als ich sie danach fragen will, werde ich durch das Telefon abgelenkt und später vergesse ich es. Eigentlich kenne ich sie gar nicht, meine Halbschwester. Sie ist 14 Jahre älter als ich. Als ich klein war, war sie pubertär. Nichts passte zusammen bei uns. Sie war in Zagreb geblieben. Zurückgeblieben und zu kurz gekommen. Von Zürich aus schickte mein Vater ihr Schweizer Franken nach Zagreb. Meine Schwester investierte die schönen Schweizer Franken, die für ihre Ausreise bestimmt waren, in einen Kühlschrank und einen Lada.

Mein Vater war der erfolgreiche Professor im Goldenen Westen. Aber er war auch der Vater, der sie zurückgelassen hatte. Man traf sich mit ihr von Zeit zu Zeit in Triest, tauschte Geschenke aus, sie erhielt monatliche Devisen, eine Eigentumswohnung, das war's. Eigentlich freute ich mich immer, wenn wir uns trafen. Wir wollten uns mögen. Aber dann verstand ich ihre kroatischen Lieder, die sie abends am Strand auf der Gitarre begleitete, kaum, sie sah mir ihrerseits mit großen, verständnislosen Augen zu, wenn ich ihr 10-strophige, traurige deutsche Volkslieder vorsang.

Und jetzt, vierzig Jahre später, ist meine Schwester eine gestandene Kroatin, sitzt nun schon seit zwei Tagen auf dem Teppich des Arbeitszimmers und sammelt intime Reliquien meines Vaters, während ich ihr in meinem gebrochenen Exjugoslawisch nicht einmal sein Testament erklären kann. So sieht's aus in meinem Europa.

Während ich die Unterlagen sortiere, geht gelegentlich die Tür auf, auf der noch das Schild »Oberarzt für Radiologie« klebt, und diverse Frauen kommen vorsichtig herein. Sie schauen mich an, setzen sich dann zögernd auf die Ledercouch der Arztzimmer-Garnitur. Ich lehne mich an den Schreibtisch, verschränke die Arme, warte. Dann bricht es aus der Ersten heraus: Sie war die Geliebte meines Vaters. Ihr Make-up ist von Tränen verschmiert, ich reiche ihr ein Taschentuch. Die Zweite, lange, blonde Haare, ist ungefähr in meinem Alter. Sie hält sich für die Einzige, schwärmt von meinem Vater: »Ein wunderbarer Mann.« Bei der Dritten hat mich eine gewisse Routine eingeholt. Ich nicke ihr beruhigend zu und biete ihr einen Espresso an. Meine Schwester lächelt wissend, verschlagen. Ich hatte schon immer den Verdacht, dass sie weitaus mehr Deutsch versteht, als sie zugibt. Sie raucht seelenruhig weiter, nippt an ihrer Kaffeetasse. Ich habe sie einmal in Zagreb an ihrem Arbeitsplatz in der Rentenanstalt besucht: Sie saß dort in einem kleinen, chaotischen Büro zwischen Stapeln von Akten, geordnet nach einem System, das nur sie kannte. Sie saß und rauchte. Es ist ihr offenbar relativ gleichgültig, in welchem Teil Europas sie in einem Büro sitzt und raucht ...

Mit der ersten Geliebten gibt es ein gemeinsames Konto bei American Express, mit der zweiten eine Wohnung am Stadtrand von Gießen. Die Dritte ging mit auf die Vortragsreisen. Auf einen Zettel schreibe ich mir: »Wohnung, Konto auflösen, Vortragsreise absagen! Nicht vergessen!!!«

Ich muss zugeben, so abgeklärt, wie es wirken mag, bin ich nicht. Nach jeder Frau, die den Raum verlässt, muss ich mich kurz erholen. Ich atme tief durch und lasse den Gedanken zu mir durchdringen: Mein Vater hatte Geliebte! Nicht eine, sondern mehrere! Und parallel. Die Geliebten waren in meinem Alter, eine sogar deutlich jünger. Es ist verstörend, geräuschlos bricht in meinem Inneren das Bild meines Vaters in sich zusammen und neue Bilder tauchen auf. Zum Beispiel sein Gebiss, das knirscht, wenn die junge Frau ihn küsst … Allzu genau will ich es mir gar nicht vorstellen. Es beeindruckt mich, wie mühelos mein Vater mehrere Leben nebeneinander geführt haben muss.

Die Dritte bringt sogar Geld zurück, das mein Vater ihr angeblich für die Erziehung ihrer Tochter gegeben hat. – Wenn es sein Wille war? Ich gebe es ihr zurück. Dann gibt sie es wieder mir, und so geht das eine ganze Weile hin und her. Weinend geht sie schließlich mit dem Umschlag davon. Schnell schreibe ich auf meinen Zettel: »Vorsicht bei Wohnungsauflösung! Mama soll nichts merken.«

Währenddessen wartet meine Mutter zu Hause. Wahrscheinlich sitzt sie am Schreibtisch und raucht, wie eine echte Kroatin. Vielleicht versucht sie sogar zu arbeiten. Das würde ihr ähnlich sehen. »Mein Buch soll fertig werden, und wieder ist es zu einer Störung gekommen«, höre ich sie im Geiste murren. Ich rufe sie an und wirklich, sie sitzt an ihrem Schreibtisch, aber es gehe ihr nicht gut, ihr falle nichts ein, murmelt sie leise.

Mein Vater war ihre große Liebe. Dass er nun gestorben ist, empfindet sie als persönlichen Affront. Großzügig überlässt sie mir die Regelung aller Angelegenheiten: die Organisation der Beerdigung, die Auflösung seines Arbeitszimmers, die Benachrichtigung der Kollegen, Freunde und Bekannten. Ich hänge mich ans Telefon. Eines schärft sie mir wiederholt ein: Wenn das Klinikum sich meldet: »Eine Obduktion, ja. Aber nicht den Kopf, den Kopf heil lassen, hörst du!? Das geht gegen die jüdischen Gesetze! Nicht den Kopf!«

Thea Fuhrmann, meine Mutter, war knapp dreizehn, als sie meinen Vater kennenlernte. Man hatte ihr und ihrer Schwester Jelka erlaubt, einige Tage allein ans Meer nach Split zu fahren. Großzügig für die damalige Zeit. Es blieb nicht aus, dass die beiden Mädchen eine Gruppe jüdischer Jungs auf der Promenade kennenlernten. Ihr Anführer, nicht der größte, aber der charmanteste, hieß Jakob.
Der oder keiner, beschloss Thea, bevor sie sich von ihm verabschiedete. Zwei Jahre später in Zagreb, 1938, auf dem großen Purim-Ball der jüdischen Gemeinde, zu dem die jüdische Jugend aus ganz Jugoslawien angereist kam, machte sie ihn mit ihren Plänen fürs weitere Leben bekannt. Auf dem Foto sieht mein damals 19-jähriger Vater so aus, dass auch ich mich sofort in ihn verliebt hätte. Meine Mutter war nicht die Einzige, viele Mädchen waren an ihm interessiert. Sie aber war hartnäckig. Sie parkte ihn in ihrem Herzen, und das blieb so bis zu seinem Tod. Diese Liebe überlebte eine andere Ehe, einen Weltkrieg, diverse Liebschaften und das Exil.

Es kommt Bewegung in meine Schwester. Sie hat inzwischen die Zahnbürste meines Vaters für sich entdeckt. Die steht verlassen im Putzbecher. Ich hätte sie wahrscheinlich weggeworfen ... Überhaupt holt sie vieles von dem, was ich wegwerfe, wieder aus dem Müll hervor. Die Dinge haben für sie wohl eine Bedeutung, die sie für mich nicht haben. Sie weint. Na gut, die Zimmerauflösung wird wahrscheinlich zwei Jahre in Anspruch nehmen.
Das Arbeitszimmer hat Schränke bis zur Decke, voll bis

obenhin. Viele medizinische Werke, etliche verfasst von meinem Vater. Auch sonst scheint er über Jahrzehnte nichts weggeworfen zu haben. Seifen, Badekappen, Schuhputzzeug aus Tausenden namhaften Hotels. Zucker, Streichholzschachteln, Postkarten, der gesamte Nippes aus dem Mittelmeerraum. Fotokopien von Artikeln über sich, über die Familie, über alle möglichen Kongresse, Zeitungsartikel über politische Ereignisse, in Ordner gepresst. Ich arbeite hart. Briefe überfliege ich, sortiere nach den Bereichen Beruf, Religion, Politik, Geliebte und halte die aufsteigende Panik im Griff. Der Tod. Er ist tot. Das ist offenbar etwas, das nicht zu ändern ist – nicht einmal von meinem Vater.

Vier Tage verbringen wir zwei uns fremden Schwestern nah bei unserem Vater und relativ nah beieinander, so nah, wie wir uns eigentlich noch nie waren, inmitten von Bergen von »Müll«. Der Müll ist wirklich ein Problem. Ich meine nicht den normalen, städtischen, weltlichen, sondern den, den wir in diesen vier Tagen zu bewältigen haben. Sosehr ich meinen Vater geliebt habe, so sehr beginne ich ihn zu hassen für die Masse an Müll, die er mir hinterlassen hat. Ich ahne zu diesem Zeitpunkt noch nicht, dass mich bereits wenig später mit dem Tod meiner Mutter ein ungleich größerer Müll erwarten wird. Natürlich war das für meinen Vater kein Müll. Es waren seine Geliebten, es waren seine Erinnerungen, es war sein Leben.

Wenn ich heute darüber nachdenke, frage ich mich, wie viele Kisten ein Menschenleben ausmachen. Ist das Leben wirklich darin enthalten? Und wie in aller Welt lassen sich Leben konservieren?

Ganz geheuer schien auch meinem Vater dieser Berg von Unerledigtem und gleichzeitig Abgelegtem nie gewesen zu sein. Immer wieder hatte er mich in den letzten Jahren aufgefordert, vorbeizukommen und mit ihm Ordnung zu machen. Wenn ich dann unternehmungslustig im Türrahmen stand, verließ ihn die Entschlossenheit. Er zog es vor, mir einen Espresso zu machen und über den Krieg zu reden. Es gab immer irgendwo auf dem Erdball aktuelle Kriegsherde, die ihn beschäftigten.

Er starb und überließ es mir zu entscheiden, ob er ein großes Leben geführt hatte.

der rabbi in der aldi-tüte

Dass Beerdigungen häufig zu absurden Ereignissen werden, ist nichts Neues. Die Ratschläge meines Vater und meiner Religion helfen mir nur bedingt, den Tag zu überstehen.

Zur Beerdigung meines Vaters haben sich an die 500 Menschen auf dem jüdischen Teil des christlichen Friedhofs versammelt. Es ist kalt. Meine pummelige, traurige Schwester trägt zu ihrem kleinen schwarzen Hut einen ebenso kleinen schwarzen Schleier, als wäre sie direkt aus einer Goyazeichnung in die Kapelle gelaufen. Der Gesichtsausdruck meiner Mutter ist versteinert und gleicht verblüffend dem des Genossen Tito.

Mir ist überhaupt nicht nach Weinen zumute, was auch daran liegen mag, dass mich alle möglichen Leute berühren, mir die Hand schütteln oder mich sogar umarmen. Ich hasse es, wenn man unaufgefordert in meiner Aura herumspaziert.

Am fröhlichsten wirkt unser Kantor, ein Ersatzrabbiner, ein armer Gelehrter, sicher der peinlichste Rabbiner Europas. Obwohl darüber wahrscheinlich keine Rangliste geführt wird. Er kommt angerannt, zu spät natürlich, muss rasch auf der Schwelle die Zigarette ausdrücken, lehnt seine Aldi-Plastiktüte an den Sarg und verschwindet kopfüber in dieser.

Sein Kaftan glänzt fettig, die Speisekarte einer ganzen Woche darauf. Ich spüre die entsetzten Blicke der Anwesenden – ich glaube, die meisten Christen werden in ihrem Philosemitismus gerade hart geprüft.

1978, ich machte gerade das Abitur, stöberte mein Vater eine Handvoll Juden in Gießen auf. Er gründete eine Jüdische Gemeinde und ließ sich noch am selben Abend zum Vorsitzenden wählen. Er beschaffte Räume, eine Thorarolle, war in seinem Eifer nicht mehr zu bremsen. Durch die Einwanderungswelle aus Russland »florierte« die kleine Gemeinde bald.

Mein Vater involvierte alle und jeden in sein Projekt. Er war grandios im Delegieren und dabei so geschickt, dass kaum einer merkte, wie viel Arbeit er für ihn investierte. Der Dekan der Medizinischen Fakultät wurde nicht nur ein wirklicher Freund, sondern auch ein unentbehrlicher Schatzmeister in der Jüdischen Gemeinde, und genauso freiwillig tippten die geduldige Sekretärin und die verliebte MTA noch nach Dienstschluss komplizierte Gemeindeschreiben für ihn, den kleinen Doktor in Weiß. Er spornte sie an, er hatte sie davon überzeugt, dass sie an Großem beteiligt waren. Meine Mutter, seine Arbeitskollegen an der Uniklinik, der Verein für christlich-jüdische Zusammenarbeit, der Oberbürgermeister. Alle bekamen Aufgaben, Juden wie Nichtjuden. Ganz Gießen eine jüdische Gemeinde. Schließlich bekam Gießen auch wieder eine Synagoge. Unter der Leitung meiner Mutter wurde die verlassene Fachwerksynagoge der kleinen Landgemeinde Wohra aus dem 19. Jahrhundert nach Gießen umgesetzt. Alle beteiligten sich an den Kosten: das Land, die Stadt, Vereine und Privatpersonen. Und irgendwann stand dieses Juwel mit Mikhwe, Gemeindehaus und Studentenwohnheim mitten im Herzen Gießens. Ein kleines Wunder, an dem alle mitgewirkt hatten: Regierung wie Opposition, Oberbürgermeister, Dekan, MTA und Bürger.

Heute stehen sie alle frierend in der Friedhofskapelle und starren auf den in der Alditüte verschwundenen Juden. Die Zeit vergeht. Die Unendlichkeit scheint näher zu rücken. Es gelingt dem Kantor irgendwie, seinen Gebetsschal aus der Tüte zu kramen.

Es ist kalt, die Füße frieren, die Ansprachen sind passabel. Was versteht man an solchen Tagen schon wirklich?

Und dann fängt diese Witzfigur von Kantor an zu singen, und es ist, als würde die Seele zum Himmel fliegen. Die meines Vaters, meine, die meiner Schwester, meiner stoischen Mutter und sogar die einiger Christen. Mit offenem Mund hängen sie an dieser Stimme mit Aldität. Sie erhebt sich über Religion, Politik, über den Schnee, die Neustadt und das Klinikum in Gießen hinweg.

»Eines sage ich dir«, hatte meine Mutter mehrfach angedroht, »ich erspare mir und dir das Shive sitzen! Ich bin erstens keine polnische Jüdin, für solchen Blödsinn sind wir Jeckes uns zu schade, und überhaupt sitze ich nicht tagelang mit irgendwelchen Russen in der Wohnung rum und höre mir deren Ejtzes an. Ich habe zu tun.«

Für den »Leichenschmaus« nach der Beerdigung ziehen wir uns also zum Italiener direkt bei der Uniklinik zurück, mein Vater mochte ihn aus unerklärlichen Gründen. Es zieht, italienischer Kitsch hängt an den Wänden, Paolo Conte röhrt vom Band. Hoffentlich überrascht uns das Essen. Ich bin erstaunlicherweise hungrig, in den letzten Tagen habe ich keinen Bissen heruntergebracht. Es ist leer und desolat beim Italiener, mein Vater und seine raumgreifende Präsenz fehlen.

Unterwegs ist es zu einem Streit zwischen mir und meiner Schwester gekommen. Sie nahm mir übel, dass ich meinen Vater vor der Beerdigung nicht noch im Leichenschauhaus besucht hatte. Ich wollte mich verteidigen und meine Gründe erklären, dachte aber im gleichen Moment, dass ich ihn einfach nicht im Kühlschrank hatte sehen wollen, dass ich Tiefkühlkost verabscheue, ärgerte mich über diese Gedanken, sagte also erst gar nichts und dann: »Koza!« Das hatte mein Vater immer gern zu meiner Mutter gesagt: »Ziege!«

Mein Cousin Ben ist auch angereist. Mein Lieblingscousin. Ich hatte ihn gebeten, Erde aus Split mitzubringen. Es steht geschrieben, dass man dem Toten Erde aus der Heimat beigeben muss. Die Heimat, das ist natürlich Israel. Ich finde, dass Split viel eher die Heimat meines Vaters war, und so waren alle, Juden wie Nichtjuden, von der Handvoll israelischer Erde, die auf den Sarg fiel, beeindruckt, und Ben und ich hüteten unser Geheimnis.

Jetzt versucht er die Situation zwischen meiner Schwester und mir zu retten. Er bestellt Unmengen an Essen. Wir essen gierig, schweigen aber beharrlich weiter. Das Gesicht meiner Mutter beginnt sich zu lösen. Das bereitet mir eher Sorgen: Was wird geschehen, wenn sie zu fühlen beginnt?

Endlich wird es Abend, Zeit, Abschied zu nehmen von meiner Schwester. In weniger als einer Viertelstunde wird der blaue Bus Richtung Zagreb losfahren, und ich werde sie die nächsten Jahre nicht mehr sehen. Es tut mir nicht sonderlich leid, zu meiner Überraschung überkommt mich aber doch so etwas wie Wehmut. Ein Stück Heimat – was auch immer sich hinter diesem Zauberwort verbergen mag – nimmt sie mit sich fort.

Ich muss an meinen Freund Raffi denken, der behauptet, sein Dilemma habe begonnen, als er seine Heimat verlor, als seine Familie Prag verlassen musste und ins Exil nach Deutschland ging. Das sei die Vertreibung aus dem Paradies gewesen. Zagreb – mein Paradies? Ich habe schon so viele Paradiese und ihre Farben und Gerüche hinter mir gelassen, dass mir das Exil selbst schon unwirklich erscheint.

An die zehn Kartons stehen am Busbahnhof um meine Schwester herum. Ich verbiete mir, mich zu schämen, und helfe einladen. Hier und da schauen Dinge heraus: der alte

Arztkittel mit der blassen Aufschrift »Klinikum«, Schlappen aus Abano Terme, ein Brieföffner. Noch zehn Minuten. Sie kramt in ihrer winzigen Handtasche und holt ein Foto heraus. »Schau mal«, sagt sie, »schau es dir genau an! Das habe ich in Papas Zimmer gefunden. Ruf mich bald an, meine Kleine. Mach's gut, Zbogom.«

Ich starre dem Bus nach, dann auf das Foto in meiner Hand. Verdammt, der Mann, der mich vom Foto aus anlächelt, sieht aus wie mein Vater, nein, nicht ganz, er sieht aus wie ich. Komisch.

raffi

Raffi hat zuerst meine Eltern kennengelernt, dann mich. Er arbeitete als Moderator bei einem mittelmäßigen Münchner Fernsehsender, ein Job, den ihm sein Vater besorgt hatte, ihm gehörten Anteile. Raffi verabscheute seine Arbeit, fühlte sich permanent unterfordert, von seinen politischen Ambitionen ganz zu schweigen. Die Alternative wäre gewesen, den Jeansladen zu übernehmen, den sein Onkel am Rosenheimer Platz führte. Undenkbar. In den Sommermonaten, in denen er aushelfen musste, litt er wechselweise an Magenproblemen und Depressionen.

Man hatte ihn dazu verdonnert, eine Biolek-Sendung für den Abend abzunehmen, dabei war ich ihm auf dem Bildschirm über den Weg gelaufen. Er ließ sich beim Sender meinen Namen geben, rief die Auskunft an und landete bei meinen Eltern. Meine Mutter war entzückt: ein Jude, der nach mir suchte! Noch wichtiger: ein lediger Jude! Das Einzige, was er ohne Zögern mit Ja beantworten konnte. Meine Mutter gab ihm glücklich meine Mobilnummer, es dauerte keine zehn Minuten, und ich hatte ihn am Apparat. Als ich zwei Wochen später in München zu tun hatte, lud er mich ins Maon ein, das koscherste und schlecht gelaunteste jüdische Lokal Europas. Wir amüsierten uns prächtig, ohne eine Sekunde miteinander zu flirten. Seitdem trafen wir uns häufig, mal in München, mal in Berlin, bis er eines Tages mitsamt seinem Sender ganz in die Metropole zog.

Mittlerweile essen wir regelmäßig zu Mittag, wenn unsere empfindlichen Mägen es erlauben.

Raffi wäre mein Partner in der »Schul«, wenn wir in eine gingen. Wir würden uns dort über die Unterschiede zwischen dem Babylonischen und dem Jerusalemer Talmud bis aufs Blut streiten, stattdessen diskutieren wir im Restaurant über die Qualität des Wiener Schnitzels.

Auch ohne Talmud schafft es Raffi oft, mich zur Weißglut zu bringen. Doch inzwischen ist unser Verhältnis wie das von Geschwistern: gottergeben. Wir sind uns zu ähnlich, das wirkt sich unerotisch aus, jedenfalls auf mich. Am meisten bedauert meine Mutter diese Wendung der Dinge und mochte über unsere gemeinsame Postkarte »Liebe vergeht, Freundschaft besteht« gar nicht lachen.

Inzwischen behauptet Raffi, nur mit einer Jüdin glücklich werden zu können (mich meint er damit nicht!). Er findet in seinem neuen Kiez in Berlin seltsamerweise überproportional viele attraktive Jüdinnen. Es muss so etwas wie ein jüdisches Biotop sein. Mit einigen hat er leidenschaftliche Affären, die, mal schneller, mal langsamer, alle im Desaster enden.

Ich dagegen habe mich auf nichtjüdische Verhältnisse spezialisiert. Meinen Mann Georg betrachtet Raffi mit wachsendem Interesse. Er scheint zu denken: Wie hält es dieser ruhige, kluge Mann mit einer solchen Neurotikerin aus? Oder: Was will diese spritzige Frau von einem derartigen Langweiler? Zu mir direkt sagt er immer nur: Doch, doch ich mag ihn, er ist nett, irgendwie. Er selbst allerdings ist auch nicht 100% koscher: Er hat ein Kind mit einer Nichtjüdin, aber darüber spricht er sehr ungern ...

An meinem letzten Geburtstag haben wir eine idiotische Abmachung getroffen: Er würde weiter bei seinen Jüdinnen bleiben, ich bei meinem Deutschen. Eine Art Versuchsanordnung, ein Selbstversuch über drei Jahre. Von Zeit zu Zeit würden wir vergleichen, wer glücklicher ist. Notfalls könnten wir nach diesem Experiment immer noch zusammenkommen und viele neurotische, jüdische Kinder zeugen.

Das war schon bei meinen Eltern ein Lieblingsthema:

»Wenn du uns keinen Juden heiratest, können wir dir nicht in Ruhe sterben.« (Meine Mutter)

»Na wunderbar, dann lebt ihr noch ein Weilchen.« (Ich)

Einer der Standarddialoge bei uns zu Hause.

Meine Männer waren groß, blond, blauäugig. Hießen Dieter, Uwe, Heinz oder Jens. Jens war Karate-Europameister, wog 120 kg auf 2,04 m Länge.

»Gehst du jetzt nach Gewicht?«, war der einzige Kommentar meiner Mutter.

Ja, ich ging nach Größe, Gewicht und irgendwie nach Augenfarbe. Gemeinsam hatten alle, dass sie »arisch« waren durch und durch. Aber auch sie pickten mich unter vielen heraus. Ob im ICE-Speisewagen oder im Jazzclub, ich ging nie mit leeren Händen nach Hause. Manche hatten Überbiss, andere waren studiert. Es gab Stuckateure und CDU-Wähler.

»Warum alles, nur keine Juden?«, insistierte meine Mutter.

»Mama, was ist denn daran so verwunderlich? Schon prozentual gesehen ist die Auswahl an deutschen Liebhabern ungleich größer als an jüdischen.« Ich ahnte, dass das nicht der einzige Grund sein konnte. Etwas hielt mich davon ab, jemanden zu lieben, der dieselben Empfindlichkeiten und Neurosen hatte wie ich. Dessen Vergangenheit ihn mehr beschäftigte als die Gegenwart, der eine Familie hatte, die sich in alles einmischte und bei allem mitredete.

Georg war geblieben. Wahrscheinlich war er der Einzige, der mich aushielt. Auch ein Auswahlkriterium.

Heute hat Raffi besonders schlechte Laune. Ich weiß nicht, ob es an den Geliebten liegt oder ob ihm das Wetter zu schaffen macht. Ich habe Augenringe, die Beerdigung hat Spuren hinterlassen. Wir sitzen in Berlin-Mitte in einem dieser modernen Cafés. Es zieht wie Hechtsuppe.

»Es liegt an den vielen Toten in dieser Stadt«, sagt er. »Also, nicht an den Toten von heute. Die von damals, ist ja klar. Man entkommt ihnen nicht, alles ist morbide. In München ist es besser, und Mittagessen kann man hier auch nicht richtig.«

Ich weiß, was er meint.

Mein rechtes Auge ist seit gestern geschwollen – Hausstauballergie. Ich sollte einfach nie wieder putzen oder aufräumen. Wir sind zwei Elendshaufen.

Es regnet. Eigentlich möchte ich Raffi das Foto zeigen, das meine Schwester mir gegeben hat, aber ich traue mich nicht.

Wir stochern lustlos im Essen herum. Raffi versucht, sich an einen Witz zu erinnern: »Warum hast du deine Frau nicht mitgenommen? – Tja, es gibt viele Gründe ...«, weiter weiß er nicht. Er fängt dreimal vergeblich von vorne an. Das ist öde.

»Ach«, fällt ihm ein, »erstens, sie war nicht eingeladen ...«

»Den kenne ich schon«, sage ich, »aber mit Glocken. ›Warum läuten die Glocken nicht, wenn ich komme?‹, fragt der Minister, als er zu Besuch kommt. ›Es gibt viele Gründe‹, antwortet ihm der Bürgermeister. ›Erstens: Wir haben keine.‹«

Der Witz ist eigentlich gar nicht so schlecht.

Ich bestelle uns einen Grappa, was wir selten tun, aber angesichts der Stimmungslage angebracht ist. Statt das Foto herauszuholen, plappere ich drauflos, von Dingen, die er schon kennt, unserer Wohnungsodyssee beispielsweise. Einer meiner Dauerbrenner.

Eine Weile hatten Georg und ich alle Möbel bei Zapf im Container eingelagert. Zwei Jahre wohnten wir bei verschiedenen Freunden. Wir hatten davor in Kreuzberg gewohnt, und irgendwann, als unsere Wohnung zu Eigentum umgewandelt wurde, begann eine regelrechte Odyssee. Wir sahen uns Hunderte von Wohnungen an, in allen möglichen Stadtteilen. Meine Eltern pochten auf Eigentum, das machte die Sache nicht leichter. Von Weißensee über Kleinmachnow, von Schmargendorf bis Neukölln. Mal unter dem Dach, dann wieder in einem Einfamilienhaus. Ich konnte mir alles vorstellen und malte mir die diversen Lebensstile so lebendig aus, dass mir allein das schon genügte. Es war mir sogar lieber, als sie wirklich auszuprobieren. Und so suchte ich munter weiter. Ankommen war gleichbedeutend mit Stillstand, Tod. Das hat kulturgeschichtliche Gründe, natürlich. Irgendwann verlangte Georg, ich solle mich entscheiden. Die Kinder würden sich endlich ein eigenes Bett wünschen. Wir fanden eine schöne Etage in einer Villa in Wilmersdorf. Es schien abgemacht. Die Villa war von 1938, ein Wehrmachtsoffizier hatte sie bauen lassen.

»Ich hörte seine Schritte im Flur. Ich hörte ihn reden. Wie kann man in ein Haus einziehen, das noch 1938 gebaut wurde? Das kann nur ein Verbrecher gebaut haben, verstehst du? Da konnte ich nicht einziehen! Unmöglich!«, erzähle ich Raffi.

Wir unterschrieben nicht. Wenig später in einer Wohnung am Bayrischen Platz schien es mir, als sei sie noch bewohnt.

»Eine Frau geisterte darin herum, eine, die sich versteckte, eine nicht Deportierte. Man hatte sie vergessen. Da kann man doch auch nicht einziehen«, flüstere ich.

»Ich verstehe«, sagt Raffi.

Wir haben's nicht leicht.

Wir schweigen und hören dem Regen zu.

»Irgendwann haben wir dann unsere neutrale, nahezu geschichtslose Altbauwohnung in Schöneberg gefunden.«

»Eine Altbauwohnung ist nie geschichtslos«, sagt Raffi. Wir schweigen wieder.

»Ja, meine Wohnung jetzt ist ganz schön«, unterbreche ich ungefragt die Stille, »sie scheint keine Geister zu beherbergen. Aber sie hat auch keinen Garten ...«

»Hast du im vierten Stock einen Garten erwartet? Du wohnst eben im falschen Stadtteil«, murmelt Raffi.

Wir schweigen beseelt weiter.

Wenn Raffi nicht nervt, kann er ausgesprochen charmant sein. Das kommt vor, hält allerdings nie lange an.

»Warum trägst du eigentlich nie Jeans?«, fragt er unvermittelt.

»Weil sie mir nicht stehen.«

»Es gibt für jeden die passende Jeans!«, doziert er plötzlich, als wäre er doch im Laden seines Onkels gelandet, würde mit Hingabe Jeans verkaufen und ich drohte, seine Verkaufszahlen zu ruinieren.

»Raffi, hör mal ...«, versuche ich dazwischenzugehen.

»Es gibt Jeans, die erinnern einen an die Pubertät, und andere, die machen sie einen vergessen.«

»Raffi, hör auf mit deinen dämlichen Jeans.«

»Hast du deine Tage?«, grinst er.

Nein, er ist heute nicht charmant, nicht einmal geistreich.

Dann rücke ich doch damit heraus. Viel zu hastig, um gelassen zu wirken: »Raffi, findest du mich männlich? Ich meine, kannst du dir mich als Mann vorstellen? Also, wenn ich ein Mann wäre, wie würde ich dann aussehen?«

Schließlich lege ich ihm das Foto neben die Serviette und sehe, wie das Grinsen aus seinem Gesicht verschwindet und er ganz langsam blass wird. Der gute Raffi. Er sagt klugerweise gar nichts. Raffi weiß eben, wann er reden und wann er schweigen muss.

das jüdische massaker

Die Beerdigung deines Großvaters hatte dann schon die absurd grotesken Züge der neuen Ära. Da fährt der Leichenwagen mit dem Sarg dahin, durch halb Zagreb, und die Familie rennt hinterher, denn Juden dürfen keine Autos mehr fahren, auch in Bussen sind sie nicht mehr erwünscht. Diese Schmach, in Trauerkleidung hinter dem Sarg herzulaufen, durch die halbe Stadt, alle schauen zu, und ihn nicht einholen zu können. Deine Großmutter ist über Nacht weiß geworden. Schneeweiß. Schneeweiß.

Unter »Dibbuk« finde ich in irgendeinem meiner Lexika zur jüdischen Problematik: »Dibbuk, auch mit y geschrieben, ist die Seele eines Toten, die in einen Lebenden schlüpft, um vor den Verfolgungen böser Geister Ruhe zu finden, selbst auch *ruach*, böser Geist genannt, wodurch der Betreffende selbst wie besessen erscheint. Läßt sich nur durch einen Wundertäter, besonders einen *Baal Schem* vertreiben.«

Bemerkenswert finde ich, dass man weder im Jenseits noch im Diesseits Ruhe hat vor Geistern – bemerkenswert, aber nicht besonders tröstlich!

Für Isaac Bashevis Singer jedenfalls sind diese Geister die besten Gesprächspartner. Er führt lange, interessante Diskussionen mit ihnen. Na prima. Ich bin in bester Gesellschaft.

Ob ich diesen *Baal Schem* wohl in der Gemeinde auftreiben kann? Hoffnungsvoll mache ich mich auf den Weg.

Die Bücher über die Kabbala stehen verschlossen in der

Gemeindebibliothek. Bittet man um ihre Herausgabe, wird einem mitgeteilt: Sie seien nur für Eingeweihte und über 40-Jährige, man laufe Gefahr, verrückt zu werden. Ich versichere, beides zu sein, dann darf ich kurz in den alten Werken stöbern.

Ich bin die stolze Besitzerin mehrerer Dibbuks, ruheloser Toter, die mir Gesellschaft leisten, nicht erst, seitdem mein Vater tot ist, nein, eigentlich schon immer. Wo bitte finde ich jetzt diesen Dibbukvertreiber? Ausführlich lese ich über die Erscheinungsformen verschiedener Dibbuks, von ihrem Elend, ihrer Not. Wenig aber über die Not derer, bei denen sie es sich gemütlich gemacht haben. Bei mir scheinen sie sich besonders wohlzufühlen. Sie suchen meine Nähe, am liebsten nachts, wenn ich versuche zu schlafen. Das nenne ich ausgleichende Gerechtigkeit: die Seelen der Toten, die keine Ruhe finden, bringen darum die Seelen der Lebenden um ihren Schlaf. Vielleicht fliegt die Seele meines Vaters unruhig herum, weil es im Himmel keinen Espresso gibt.

Wenn ich tot bin, werde ich Dibbuk und räche mich an all denjenigen, mit denen ich zu Lebzeiten nicht fertig geworden bin!

Wenn man nachts nicht schlafen kann, hilft lauwarme Milch, das weiß jeder. Es ist zwanzig nach drei. Zuerst stolpere ich über die Lego-Burg, die mein kleiner Sohn Sammy vor dem Kühlschrank aufgebaut hat, dann verbrenne ich mich am Herd. Ich höre meinen Mann aus dem Schlafzimmer schnarchen, selig und regelmäßig. Wenigstens darauf ist Verlass. Ich trinke die warme Milch, mir wird leicht übel, und ich kann erst recht nicht schlafen. Erstens habe ich geträumt, dass mir mein Vater im Pyjama Vorträge hält, und außerdem plagen mich Gedanken. Es sind keine wirklichen Gedanken, es ist eher so, als wäre das Schlafzimmer von ihnen bevölkert und alle würden mitreden. Auch meine Erinnerung arbeitet auf

Hochtouren. Bilder aus der Vergangenheit sind tückisch, ja perfide. Je mehr man sich entspannt, desto unkontrollierter nehmen sie von einem Besitz. Kaum liege ich, geht's wieder los:

Als ich etwa vierzehn war, fand ich in der hintersten Schrankecke eine Blechkiste mit Fotos. Meine Mutter, die nie hochschaute, meistens unerbittlich über ihren Bauzeichnungen hing, hielt inne, als ich ihr die Bilder unter die Nase hielt. Ihr Interesse galt einer Frau auf einem Schwarz-Weiß-Foto.

Die hab ich sehr gemocht, eine Cousine von uns. Blanka Weinreb. Deine Tante, meine besserwisserische Schwester, tut so, als wäre sie nur ihre Cousine gewesen, aber meine war sie auch. Sie hat sich in London umgebracht. Ich glaube, 1957. Erst war sie mit uns im Lager auf Rab. Dann war sie Hure in Auschwitz. Bildhübsch. Stell dir vor, diese schönen Haare haben sie ihr abrasiert, dafür die Nummer 712834 eintätowiert. Sie hat das Lager überlebt – aber die Schande, die Schande hat sie schließlich umgebracht. Ihre Eltern konnten's nicht fassen. Aber ich versteh's irgendwie.

Ich weiß genau, warum ich keine alten Fotos mag. Geschichten, die nicht einmal im Traum zu verdauen sind.

Jossi kann nicht schlafen, sich hin- und herwälzend hält er auch seine Frau wach.

»Was ist, Jossi?! Schlaf!«

»Ich mach mir Sorgen, Flora. Ich kann dem Moshe die Schulden nicht zurückzahlen.«

»Schreib ihm das, Jossi! Dann kann *er* nicht schlafen.«

So weit ist es schon gekommen, dass ich mir nachts selber Witze erzähle. Ich gebe auf, schaue nach meinen Kindern. Sie schlafen, treten zufrieden ihre Spielsachen aus dem Bett und schlafen weiter. Im dunklen Kinderzimmer hocke ich mich auf den Teppich. Habe ich etwas falsch gemacht in meinem Leben? Alles wahrscheinlich.

Während der ersten Schwangerschaft habe ich gut 25 Kilo

zugenommen, war so breit wie hoch. Schon am frühen Morgen holte ich mir bei Mövenpick eine frische Sachertorte, die ich noch auf dem Parkstreifen gierig verschlang. Im alternativen Geburtshaus hatte man mir anhand einer Puppe und der Nachbildung eines Beckens in Plastik demonstriert, wie eine Geburt vonstattengehen würde. Der Puppe fehlte die Nase, dem Becken das Steißbein. Mir war klar: Das Ganze konnte so nicht funktionieren. Wenn ich es nur intensiv genug visualisierte, versicherte man mir, würde es eine glückliche Geburt. Sicherheitshalber visualisierte ich parallel den Kaiserschnitt.

Ich besuchte Kurse aller Art, lernte auf die verschiedensten Weisen ein- und auf völlig andere auszuatmen. Wurde von meiner Umgebung wie eine schwer Gestörte behandelt. Und wildfremde Menschen legten selig ihre Hände auf meinen zunehmenden Bauch, in der Hoffnung, an dem Wunder in meinem Körper teilhaben zu dürfen. Ich selber fand, dass die Schwangerschaft etwas sehr Schönes war, aber drei Monate für dieses einmalige Erlebnis völlig ausreichten.

Die Sache zog sich mächtig in die Länge. Hochschwanger besuchte ich alle Premieren und Partys, die ich finden konnte. Schließlich lud man mich nur noch ungern ein, aus Angst, ich könnte im Berliner Zimmer niederkommen.

Ich war guter Dinge, bis ich bei der Ultraschalluntersuchung feststellte, dass das eine der Kopf, das andere Ding ein Penis war. Hilfe suchend schaute ich zu meinem Mann, aber Georg weinte vor Rührung.

Eigentlich hatte ich gehofft, davonzukommen. Eine Tochter wäre genau das Richtige gewesen. Dass die Wahrscheinlichkeit bei fünfzig Prozent lag, war mir gar nicht in den Sinn gekommen. Ich war zutiefst schockiert und mein feministischer Freundinnenkreis ebenso. Lange Nachmittage erörterten wir dieses »Männerproblem«. Am schlimmsten aber war: Ich kam um eine wesentliche Entscheidung nicht herum. Ein Mädchen ist ein Mädchen ist ein Mädchen ... Einen Jungen aber würde ich nach allen Regeln der Kunst beschneiden lassen müssen. Beschneiden oder nicht beschneiden? Das wurde von nun an die Frage aller Fragen. Meine Eltern hielten sich diskret zurück, das heißt, sie riefen nur jeden zweiten Tag an. Nie, um mich zu fragen, wie es mir ging, sondern ob ich mich endlich zu einer Entscheidung durchgerungen hätte, ob ich zufällig die Nummer des Mohels, des Beschneiders, bräuchte. Sie hätten sie, was für ein Zufall, vor sich liegen. Denn zufällig sei der Frankfurter Beschneider der beste Beschneider überhaupt. Das alles käme natürlich nur infrage, wenn das Kind überhaupt lebendig geboren werden würde. Feingefühl war nie ihre Spezialität gewesen. Würde ich beschneiden, wäre das ein offenes Bekenntnis zu einer Religion, deren Ausübung ich bisher auf die hohen Feiertage beschränkt hatte. Würde ich nicht beschneiden, müsste es mein Sohn später selber tun ... als Erwachsener. Ja, ich könnte ihm die Entscheidung in die Schuhe schieben ...

»Du mogelst!«, gab Georg zu bedenken. »Du drückst dich vor der Entscheidung! Später? Der arme Kerl soll sich später entscheiden? Enorm selbstbestimmt und extrem schmerzhaft.«

Er hatte recht, wie so oft, aber das zeigte ich ihm nicht allzu deutlich.

Und so drängelten sich an einem eiskalten Dezembertag 120 Gäste in unserer Wohnung um den Mohel, der aussah, als sei er soeben aus dem Stetl gekommen. Seine Pajsen lockten sich perfekt. Er murmelte und sang, dass es eine Freude war.

Mein Vater hielt eine seiner berühmten Reden: Eine Rede muss einen imposanten Anfang haben, kurz in der Mitte sein, furios der Schluss! Doch keiner war in der Lage, ihm zuzuhören, zu spannend entwickelte sich die Sache mit dem Beschneidungsmesser. Dann übergab mein Vater – ganz nach der Tradition – meinem Freund Aron, dem Paten, das Kind, und Aron legte sich das kleine Ding, David, unseren Erstgeborenen, auf seine Knie. Der Mohel näherte sich mit seiner winzigen Guillotine.

Alle waren gekommen, um dem jüdischen Massaker beizuwohnen. Vorne standen die Neugierigen, unter ihnen ein Chirurg, um der altertümlichen Praxis zuzusehen. Weiter hinten die etwas Scheuen und Vorsichtigen. Und ganz weit hinten die Nörgler und Kritiker. Sie formulierten und schürten lautstark ihre und meine Ängste. »Weißt du, was du da tust? Du beschneidest, wie die Frauen in Afrika beschnitten werden! – Willst du die Natur korrigieren?«

»Er wird später kaum etwas fühlen!«, gaben meine schwulen Freunde zum Besten.

»Wenn Gott die Vorhaut nicht gewollt hätte, hätte er sie gleich weggelassen. Hier das Jahresbuch der Christengemeinde, da kannst du noch eine Menge von lernen«, sagte meine Yogalehrerin. Ich kannte eindeutig zu viele Christen.

»Warum seid ihr gekommen und nicht zu Hause geblieben?« Ich war außer mir. »Juden sind für euch interessante und nette Freunde, solange sie Opfer sind. Als Leute mit eigener Tradition, womöglich selbstbewusst, sind sie plötzlich nicht mehr so nett. Unsere Rituale findet ihr eklig. Ich sag euch, was ich eklig finde, euch und eure Doppelmoral. Wenn einem übel sein darf, dann mir!«

Während mein Vater glücklich an vorderster Front mitsang, hielt sich meine Mutter dezent zurück. Sie hatte das Büfett bezahlt, an dem sie sich bereits großzügig bediente. Ab und zu raunte sie mir zu. »Stell dich nicht so an, du bist nicht die Erste.« Ihre Brille war beschlagen, ob sie heulte? Niemals hätte sie sich die Blöße gegeben, in der Öffentlichkeit zu weinen. Meine Therapeutin bot ihr ein Taschentuch an, worauf meine Mutter sofort den Raum verließ, nicht ohne mir vorher zuzuzischen: »Was hast du ihr alles über mich erzählt?«

Man hatte mich in die Küche gebracht. Das Wehklagen

meines Sohnes war aus der Ferne zu hören. Ich jammerte und war wütend. Jüdische Mütter trösteten mich (nur meine eigene nicht), indem sie sich überboten in ihren Beschreibungen anderer Beschneidungen, speziell dessen, was dort alles schiefgegangen war. Aber natürlich nicht immer! Meistens würde es gut gehen. Ich könne mich freuen: wie hübsch der Schmock nach der Beschneidung sei! Die Frau des Mohels drückte mich an ihren gewaltigen Busen, tröstete mich mit einem uralten Lied, und ich vergaß dieses Jahrhundert.

Bei der Beschneidung meines zweiten Sohnes war ich schon souveräner, auf die Einladung schrieb ich: »Nur für Christen mit starken Nerven, die anderen bitte in die Kirche gehen.«

Noch immer hocke ich auf dem Kinderzimmerboden, wacher denn je ... Mein Großer seufzt, schläft den Schlaf des gerechten Fußballers, während der Kleine im Schlaf redet. Die Milch ist kalt und hat inzwischen eine Haut angesetzt, der Turm des Rathauses Schöneberg zeigt halb fünf. Wenn ich jetzt Tarotkarten lege, werden sie mir sagen, was ich in meinem Leben alles hätte anders machen sollen. Dann gibt's keinen Schlaf mehr bis zum Jüngsten Gericht.

Mein Mann ist von bemerkenswertem Stoizismus, im Allgemeinen und im Besonderen. Bei den Diskussionen um die Beschneidung zum Beispiel sagte er recht früh: »Beschneiden!«, und blieb dabei. Meine Stimmungswechsel beeindruckten ihn nicht im Geringsten.

Georg schnarcht. Man könnte meinen, ein ICE fahre durch die Wohnung. Das führt häufig zu nächtlichen Querelen, ist aber summa summarum seine schlimmste Eigenschaft. Ach ja: Er ist kein Jude. Ja, es hätte schlimmer kommen können.

Es brauchte Jahre, bis sich meine Eltern daran gewöhnt hatten, dass ein Deutscher Familienmitglied werden sollte. Sie nannten ihn mit jüdischer Überheblichkeit immer Hans, behaupteten jedes Mal, sie könnten sich seinen Namen nicht merken. Es war peinlich. Georg ertrug es mit westfälischem Phlegma. Irgendwann, eher aus Versehen, akzeptierten sie ihn. Meine Mutter wegen seiner Intelligenz und weil er Sütterlin lesen konnte, mein Vater seiner Musikalität wegen. Die Fotografien für die jüdische Verwandtschaft, auf denen meine Söhne recht blond lächelten, wurden dennoch regelmäßig nachgedunkelt.

Georg ist ein etwas autistischer Westfale mit dem dort üblichen riesigen Schädel. Auch die Kühe dort haben größere Köpfe als anderswo. Sein Kopf ist groß und voll bis obenhin, das hat uns bisher jedes Lexikon erspart. Er hat enorm viel Humor, was in unserem Fall wohl das Allernotwendigste ist. Ich glaube inzwischen, dass es nur zwei Kategorien von Menschen gibt: die mit und die ohne Humor. Der Umgang mit denen ohne Humor ist weitaus komplizierter und unerfreulicher, als das Leben ohnehin schon ist.

Als Nichtjude zu einem jüdischen Haushalt zu gehören, ist, glaube ich, ein durchaus ambivalentes Vergnügen. Die weltweit gerühmten Qualitäten bzw. Vorurteile wie Schnelligkeit, Witz, Reichtum halten sich in Grenzen. Dafür bekommt man ein Riesengepäck an Familie, Erinnerung, Entscheidungsnot, Hypochondrie und alle Arten sonstiger Neurosen mit. Ganz zu schweigen davon, dass die Wohnräume immer überheizt sind. Ich bin mir sicher, dass Nichtjuden ebenso viele Neurosen und schlechte Eigenschaften haben, nur eben andere. Ohne Humor hätte dieser stoische Germane die chaotischen Synagogenbesuche, die endlosen Pessachfeiern und vor allem die missglückten Beerdigungen nicht verkraftet. So viel ist sicher.

Die Rathausuhr zeigt fünf Uhr an. Als ich ihn jetzt wecke, hält sich sein Humor in Grenzen. Ich fuchtele mit dem Foto, das mir meine Schwester gegeben hat, vor seiner Nase herum.

»Wach auf! Schau mal! Wach auf! Schau dir dieses Foto an. Ich weiß, wem es ähnlich sieht. Siehst du's auch? Sag! Wach schon auf!«

Georg ist ungehalten. Wahrscheinlich würde er am liebsten mit einer dieser westfälischen Eichen auf mich losgehen.

»Mach wenigstens das Licht an!«, knurrt er. Brav knipse ich alle Lampen an. Es ist hell wie auf dem Reichssportfeld.

»Na?«

»Keine Ahnung!«

»Schau doch!«

»Das Foto ist winzig, es ist fünf Uhr morgens!«

»Du erkennst doch da im Hintergrund die Kathedrale in Zagreb? Und der Mann, der davorsteht? Na? Egal, hör zu, ich sage es dir!«

Er schläft schon wieder, und sein Schnarchen verbreitet erneut Ruhe und Frieden. Diesmal klingt es eher wie ein Dieselmotor. Ich starre auf das Bild, auf den Mann, der zurückzustarren scheint. Ja. Das bin ich. Oder fast. Wir sehen uns erschreckend ähnlich.

Marco sollte ich heißen. Meine Mutter hatte mir zehn Tage lang keinen Namen geben wollen oder können, und überhaupt sei ihr nur immer wieder der Name Marco eingefallen. Soweit ich mich zurückerinnern kann, wäre ich auch lieber ein Junge geworden. In meiner Wrangler-Jeans, mit der Angela-Davis-Frisur, sah ich sowieso wie ein Kerl aus. Einer der Jackson Five, das war meine ewig dauernde Pubertät. Jungs genossen eine weitaus größere Autonomie, konnten immer und überall Sport machen und in versifften Klamotten Eindruck schinden. Na ja, das Übliche eben. Wahrscheinlich mache ich deshalb so gerne Kampfsport: Es gibt keine Entscheidungsnot, was man anziehen muss, und man kann sich vornehm und nach Regeln prügeln. Meine jeweiligen Freunde mussten mich zunächst im Flipper und Tischfußball schlagen, bevor es ans Küssen gehen konnte. Aber das ist schon lange her.

Immer, immer habe ich mir einen Bruder gewünscht. Einen, der meinen Eltern Einhalt gebieten würde in ihrer Selbstbezogenheit. Einen, der mit mir die »Spätfolgen des Holocaust« einfach ignoriert. Er hätte Marco heißen können, warum nicht? Er wäre nie und nimmer in Zagreb geblieben wie meine Schwester, sondern hätte sich mit mir das Exil geteilt.

Natürlich.

Ich hätte es wissen müssen: Wenn man so viele Geliebte hatte wie mein Vater, muss es auch noch irgendwo Kinder geben.

Der Mann auf dem Foto ist mein Bruder. Vielleicht nicht einmal der Einzige.

Ist es das, was mir mein Vater am Ende noch sagen wollte? Dass er noch weitere Kinder und den Überblick verloren habe, wie viele, aber wenn ich gerade mal nichts zu tun hätte, könnte ich ja ein wenig durch Europa reisen, um ihnen zu sagen, dass ihr Vater gestorben sei?

Ich werde mich jetzt hinlegen und nie wieder aufwachen.

die bestickte bluse aus bjelovar

Meine Karriere im deutschen Fernsehen hat mit zwanzig und mit einer bestickten Bluse begonnen. Ich war noch auf der Schauspielschule. Eigentlich war es eine Bluse von meiner Großmutter aus Bjelovar, und ich wünschte, sie hätte sie dort gelassen. Ich spielte in ihr alle folkloristischen Rollen südlich des Mains rauf und runter. Ich spielte die Türkin, die Serbin, die Kroatin, die Griechin, die Russin, die Sizilianerin – wen auch immer. Fast immer putzte ich. Ich putzte derart viel im deutschen Fernsehen, dass ich inzwischen eine fette Stauballergie habe, die unkurierbar scheint.

Die Rollen, die man mir gab, hatten weder Vor- noch Zunamen, ich war »das Opfer«, war kriminell, asozial, hatte zu viele Kinder und finanzielle Sorgen.

Ich schämte mich. Man zog mich an wie soeben emigriert, ungeachtet dessen, ob der Film in der Jetzt-Zeit spielte. Mir kam es vor, als ginge es nicht um Genauigkeit, sondern darum, die »Migranten« kleinzuhalten, um selbst groß und schön zu wirken. Irgendwann weigerte ich mich, weiter den Underdog zu geben. Die »Herrenmenschen« mussten allein mit ihren Serien und ihrem Staub fertig werden. Und dennoch: Ich war und blieb ein Gastarbeiter.

Vier Jahre lang habe ich Schauspiel an der Hochschule der Künste in Berlin studiert. Als ich anfing, war ich 19 und weniger an Brecht als am Berliner Nachtleben interessiert. Die

Kunst der Verkleidung beherrschten die Transen besser als jede Theaterperformance. Es war überall aufregender als im Schauspielunterricht, so lernte ich im Unterricht nicht allzu viel Neues während dieser müden vier Jahre. Als das abschließende Intendantenvorsprechen begann, bescheinigte man mir, ich sei »zu ausländisch für das deutsche Theater«. Der Erste, der das klar erkannte, war Heribert, ein Froschgesicht aus Österreich. Ich dachte mir: Und selbst? Und flog beleidigt nach New York.

Oft frage ich mich, ob ich in den goldenen 20er-Jahren besser dran gewesen wäre. Als namhafte Juden Regie führten. Wäre ich für sie mehr gewesen als eine Ausländerin? In New York sahen alle »ausländisch« aus, manche mehr, manche weniger. HIV war erst am Anfang, und die Performance-Szene auf dem Höhepunkt. Ich tobte mich gründlich aus.

Zurück in Berlin, schloss ich mich einer freien Gruppe an, dem »Theater zum westlichen Stadthirschen«. Wir versorgten die Berliner Enklave mit kapriziösen, selbst geschriebenen Performances aller Art. Nach fast zehn Jahren wiederholten wir uns in unseren Mitteln und im Inhalt, es wurde fade. An einem Herbstabend im November fiel die Mauer, und das alte Westberlin hatte sich erledigt. Ich schloss mich der allgemeinen Identitätssuche an, verließ die freie Gruppe. Meine Suche drehte sich jedoch weniger um Ost/West als um das große Feld der Jüdischkeit. Ihren Höhepunkt erreichte diese Identitätssuche im Urlaub mit Georg auf einer griechischen Insel.

Das Schiff legt an, aber ich kann kein Hotel suchen, denn ich weiß, dass zu Hause etwas Schreckliches passiert ist. Ich lasse mich und mein Gepäck fallen.

Mobiltelefone sind noch in weiter Ferne, aber ich muss dringend telefonieren!

»Bitte, Adriana, muss das jetzt sein? Steh auf, lass uns ein Hotel finden, bevor es dunkel wird – und dann ein Telefon suchen.«

Ich höre ihn nur von ferne.

»Ich brauche ein Telefon, bitte!«

»Hier auf der Mole?? Wo soll ich hier eins finden? Siehst du vielleicht eins?«

»Frag einen Einheimischen!«

»Ich?«

»Ja du, ich kann nicht.«

»Wie, du kannst nicht?«

»Ich bin zu traurig.«

»Ist das dein Ernst?«

Georg schaltet einen Gang tiefer. »Okay. Gut. Was ist passiert?«

»Irgendwas. Ich weiß es auch nicht genau, sonst müsste ich ja nicht telefonieren. Vielleicht ... vielleicht sind sie ja tot. Beide.«

»Deine Eltern? Du meinst deine Eltern?«

»Alle! Meine Tante auch, alle tot, vergiftet, ein Unfall, ausgerutscht, wer weiß das schon? Peng! Nicht mehr da. Und die drei Wochen Insel hier ... Sie werden vor sich hinmodern, niemand wird etwas merken. Ich werde sie finden, stinkend wie Hühnerfleisch, eingefallen, von Ratten angenagt.«

»Okay. Ich habe verstanden. Beruhige dich.«

»Das verstehst du nicht, das kannst du nicht verstehen. Du bist ein Goy ...«

»Sonst noch was?«

»Katholik. Du verstehst das nicht!«

»Noch mal von vorne. Wann hast du sie das letzte Mal gesprochen? Hallo? Warum sollten sie tot sein?«

»Warum nicht?«

»Nenn mir einen Grund, warum sie tot sein sollten. Was soll denn passiert sein? – Siehst du – du hast keinen.«

»Sie sind nicht in Majdanek gestorben – sie tun es jetzt, wenn wir sie verlassen.«

»Nein, nicht das schon wieder!«

»Ich will nach Hause!«

»Bist du verrückt!? Wir sind gerade mal 34 Minuten hier.«

»Ich kann hier nicht schlafen. Ich kann überhaupt nirgendwo und nie mehr schlafen. – Ich will Totenwache halten.«

Langsam spüre ich: Jetzt wird es Georg zu bunt. Aber was weiß *er* schon?

»Lass. Uns. Zuerst. Ein. Hotel. Finden. Bevor. Es. Dunkel. Ist. Dort. Wird. Ein. Telefon. Sein.« Er spricht deutlich und gefasst, als würde er gleichzeitig Eisenspäne zerkauen und mit einer Behinderten reden. »Kannst ja hierbleiben!« Er setzt sich in Bewegung.

Ich renne hinter ihm her – um wieder in Hörweite zu kommen.

»Warte, du Idiot!« Meine Wut wird allmählich stärker als meine Verzweiflung.

Die nächste Hotel-Rezeption ist meine. Ein Telefon steht auf dem Tresen.

»Hallo? Hallo? Ach, Gott sei Dank, ihr ... na, ich dachte schon, ihr seid ... ach nichts ... was? Ich? Na, in Griechenland – habe ich doch gesagt ... natürlich habe ich das gesagt ... was? Mit Georg ... wieso mit dem? Warum denn nicht? Es kann doch nicht jeder Jude sein ... also hört mal, ich rufe vom Ende der Welt an und ihr ...«

Aufgelegt. Sie haben aufgelegt. Sie leben beide, alle, und sind ... wie immer!

Sehe ich da in Georgs Gesicht nicht ein schadenfrohes Grinsen?

»Bin ich zu verrückt für eine Therapie oder nicht irre genug?«, fragte ich besorgt die Therapeutin, die ich nach diesem Urlaub aufsuchte. Streng schaute sie mich eine Ewigkeit an, um schließlich ihr Urteil zu fällen: »Das wird dauern.«

Sie gab mir die Adresse eines Psychologenteams aus Holland, das in Berlin ein Wochenendseminar veranstaltete. Ihr Spezialgebiet waren Kinder und Kindeskinder von Überlebenden. Wir waren eine Gruppe von circa fünfzig Leuten, zwanzig bis fünfzig Jahre alt. Manche waren noch im Krieg geboren, andere erst in den Sechzigerjahren. Alle waren Kinder von Überlebenden. Wir waren am Wannsee einquartiert, nicht weit von der Villa, in der die Endlösung beschlossen worden war. Hier sollten wir Ruhe und Zeit finden, uns unserer Vergangenheit zu stellen.

An jenem Wochenende passierte etwas für mich damals noch sehr Überraschendes: Wir nahmen exakt die Rollen unserer Eltern an. Die, deren Eltern im Lager gewesen waren, den unendlichen Demütigungen ausgesetzt, begannen sich zu ducken, zu verstecken, ausweichende Antworten zu geben, sich tot zu stellen. Bei den anderen, den Kindern der Widerstandskämpfer und Partisanen: erneuter Widerstand. Es war so banal wie eindeutig.

Raoul erzählte, dass sein Vater ihn und seinen Bruder Roman an die Heizung band und mit dem Gürtel verprügelte, wie es damals die Wachen in Majdanek mit ihm getan hatten. Er reagiere bis heute mit extremer Überempfindlichkeit auf Berührung und Lärm. Sein Bruder dagegen stelle sich tot, fühle nichts mehr, weder Berührung noch Emotionen. Raoul hatte viele Therapien gemacht, aber immer wieder holte ihn der Schrecken des Holocaust ein. Ein Schrecken, den er selbst nie erlebt hatte, den er aber sein Leben lang unfreiwillig aufgesogen hatte. In mehr oder weniger homöopathischen Dosen.

Und dann gab es André, dessen Vater Auschwitz überlebt hatte. Er lief immer im Anzug herum, hielt seine Wohnung so pedantisch sauber und ordentlich, dass es den Anschein erweckte, sie sei gar nicht bewohnt. Kein Schmutz, keine Willkür durfte sich in seiner Nähe ausbreiten. Er machte »alles richtig«, kontrollierte, wenigstens äußerlich, sein Leben. Nie würde er den Dreck von Auschwitz bei sich zulassen.

Ich dachte an Raffi und seine »Depressionen«. Raffi hat wenig Grund, unglücklich zu sein. Seine hübsche 3-Zimmer-Wohnung liegt sehr hip im Herzen von Prenzlauer Berg, er wird gut für seine Moderationen und Reportagen bezahlt, und obgleich er bereits über eine ziemliche Glatze verfügt, scheint das hübsche, junge Frauen nicht daran zu hindern, ein Verhältnis mit ihm anzufangen. Raffis Vater leidet an seiner Biografie. Er hat seine Familie mit seiner schlechten Laune fest im Griff. Sobald ein Familienmitglied droht, glücklich zu werden, schlägt er unerbittlich zu. Wird bösartig, droht mit psychischen, somatischen oder psychosomatischen Schmerzen, verletzt sich, bricht sich wie zufällig die Glieder. Und an allem sind die Deutschen schuld. Und dieser Krieg! Dieser Krieg! Nur das Unwohlsein aller hält ihn am Leben. Je schlechter es allen geht, desto quicklebendiger wird er! Die Augenblicke, in denen Raffi unbeschwert in den Tag hinein lebt, sind selten und meist weit weg von seinem Zuhause. Doch durch das Telefon bleibt der Zugriff der Familie allgegenwärtig. In solchen Momenten höre ich Raffi auf Russisch oder Tschechisch antworten: gereizt und zunehmend unglücklich. In den darauffolgenden Tagen nehmen seine Reportagen an Bösartigkeit zu, er bekommt Kopfschmerzen, und unsere Mittagessen werden die Hölle.

Und ich? Meine Mutter wirkte auf mich immer abweisend und kalt. Umarmte ich sie, erstarrte sie, hielt den Atem an, bis ich wieder losließ. Oft dachte ich damals, sie könne mich nicht leiden. Irgendwann wollte ich sie auch nicht mehr anfassen, ekelte mich. Heute denke ich, wie überfordert sie gewesen sein muss: Als sie 15 war, wurden in Jugoslawien die Rassengesetze eingeführt, sie musste die Schule verlassen, den Judenstern tragen, ihr gewohntes Leben aufgeben. Sich verstecken, fliehen. Mit 17 kam sie ins Lager. Der Ekel vor den Demütigungen, vor den anderen Inhaftierten, der Ekel vor sich selbst. Etwas war in ihr erfroren, für immer. Nur im Widerstand, im Kampf, konnte sie sich noch spüren. Mein Unbehagen in ihrer Nähe war ihr eigenes.

Wir hatten die Traumata unserer Eltern übernommen, sehr gründlich, sehr vollkommen. Wir sprachen von Lagern, die wir nie gesehen hatten, von dem Gefühl auf dem Todesmarsch, immer wieder von Tod. Wir waren die exakten Kopien unserer Eltern und deren Geschichte.

Es war ein Schock: Zwar hatte ich nicht den grausamen Auschwitz-Alltag nachzuerleben, aber jede Pore meiner selbst war Widerstand, doch nicht mein eigener Widerstand, sondern geerbter. Ich war die Partisanin von 1941, die im 21. Jahrhundert weiterkämpfte.

Wenn es uns aber so ging, wie ging es dann den Kindern und Kindeskindern der Täter? Ich hatte einiges gelesen, Mitscherlich, Gottfried Wagner. Doch die meinte ich nicht: Sie waren sich ihrer ererbten Vergangenheit bewusst geworden. Ich meinte die, mit denen ich in der Mensa saß, den Schwangerschaftskurs besuchte, mit denen ich die Grünen wählte. Die nicht wussten, wie sehr sie von ihren Eltern geprägt waren. Vom Vater, der vielleicht Lageraufseher gewesen war oder Lokomotivführer der Transporte oder noch etwas anderes oder gar nichts von alldem. Was wussten die von ihren Müttern und schließlich von sich? Das Eis, auf dem ich meinen Mitmenschen begegnete, wurde plötzlich derart dünn, dass ich mir weitere Gedanken verbot.

Am letzten Abend des Seminars gab es ein großes Fest. Wir feierten euphorisch die ganze Nacht hindurch. Wir hatten überlebt, damals und heute. Das war Grund genug, bis in die Puppen zu tanzen und herumzuknutschen …

Adi ist Bettnässer und deswegen in ärztlicher Behandlung.

»Nu, Adi«, fragt man ihn nach einigen Monaten in der Synagoge, »ist es besser?«

»Nein«, sagt dieser, »aber es macht mir nichts mehr aus.«

Nach einigen Jahren Therapie verstand meine Therapeutin immer noch nichts von den Problemen der »zweiten Generation«. Wie sollte sie auch, war ich doch die erste Jüdin, die bei ihr in Behandlung war. Aber sie hatte mich immerhin so weit gebracht, meine Neurosen zu benennen, ähnlich dem armen Adi in der Synagoge.

Als Schauspielerin konnte ich das praktischerweise in einem Theaterstück tun, das ich selbst geschrieben hatte. Ich nannte den Abend »Jonteff, ein Festtag mit meinen Dibbuks«. Ein Familienfest, fast eine Hochzeit, bei der alle zu Wort kommen einschließlich der Braut. Die soll einen Juden heiraten, aber kann oder will nicht. Ich schlüpfte in alle Rollen, schließlich hatte ich dreißig Jahre Zeit gehabt, sie zu studieren. Ich sang italienische Opern wie mein Vater (»Nessun dorma ... keiner schlafe«), kratzte mich beständig wie meine Mutter (»das kommt von der Leber, Kind!«) oder weinte wie meine Tante (»verlorene Liebe, verlorenes Leben«), während ich den Kopf leicht hin- und herwiegte.

Das war mein Outing als jüdische Schauspielerin in der Berliner Szene. Bis dato war ich zuständig gewesen für südländischen Charme, italienische Lebensfreude, Ausländerinnen aller Couleurs. Und fürs Putzen, versteht sich. Jetzt war ich plötzlich *the second generation* in Person. Flößte Respekt ein, löste gleichzeitig Unbehagen aus. Ich wurde Kandidatin für Talkshows. In der Woche der Brüderlichkeit und um den 9. November herum stand mein Telefon nicht mehr still. Ich war von öffentlichem Interesse. Mit Biolek erörterte ich den Zionismus und Ben Gurions Kochkünste, bei Frau Christiansen durfte ich mit dem israelischen Botschafter und dem deutschen Innenminister über Normalität in Israel sprechen. Normalität in Israel!

»Was kümmerst du dich denn um diese zweite Generation? Wir haben dich doch wirklich nicht belastet. So viel

Geld für diese albernen Therapien«, war der einzige Kommentar meiner Mutter zu alldem.

Das Goethe-Institut schickte mich auf Reisen, ich war deutsches Exportgut. So spielte ich »Jonteff« in Brasiliens Porto Alegre vor lauter emigrierten Juden, denen ich zu deutschfreundlich war, und in Budapest vor Antisemiten, die noch während der Veranstaltung begannen, die anwesenden Juden zu beschimpfen.

Die Therapeutin war zufrieden und erklärte die Therapie für beendet und geglückt. Ich war mir da nicht so sicher, denn von nun an ließen mich jüdische Themen nicht mehr los. Ich arbeitete mich vehement an ihnen ab, suchte nach dem Wie und dem Warum, als würde es mir das Geschehene irgendwie erklären. Als ich den Beruf der Schauspielerin gegen den der Regisseurin eintauschte, wurde es besser. Es war mir lieber zu besetzen, als besetzt zu werden – siehe Polen.

trauer to go

Florentine ist die schönste Dramaturgin, die mir je begegnet ist. Weder Lesen noch Kopieren haben ihr geschadet. Tine ist groß, ihre hohen Wangenknochen geben ihr ein slawisches Aussehen. Um ihren Hals baumeln unzählige Ketten, die Blusen sind nie sonderlich hoch geschlossen, und die Anhänger verfangen sich im Busen. Das wirkt keineswegs ordinär, eher verspielt, und vermittelt den Eindruck von Überfluss. Jedenfalls gibt sie den Dramaturgie-Sitzungen am Montagmorgen um 9.30 Uhr im Maxim-Gorki-Theater etwas angenehm Lebendiges, Unintellektuelles.

Tine kommt aus der Ostberliner Elite, ihr Vater war ein berühmter Sportreporter. Sie selbst war im Schwimmkader mit Franziska van Almsick. Irgendwann gingen ihr Pankow, die Schwimmhalle in der Wuhlheide und der gesamte Osten wohl derart auf die Nerven, dass sie gegen den Willen der Familie einen Heirats-Ausreiseantrag stellte. Sie landete in Basel und begann lange vor dem Mauerfall den Westen kennenzulernen. Sie diskutiert nicht kleinlich die Ost-West-Thematik, lebt beherzt zwischen allen Stühlen und ist mir darum besonders sympathisch. Sie hat einen anarchischen Humor, der nicht zu zügeln ist.

Tine erreicht mich auf meinem Handy beim Einparken in der Leibnizstraße. Ich bin alles andere als virtuos beim Einparken, es nieselt noch dazu.

»Das Mahnmal!«, sagt sie. »Das Mahnmal ist doch ein

Superthema, findest du nicht, meine Zuckerschnecke?« – »Bitte, was!?« – Und sie wiederholt: »Das Mahnmal! Findest du nicht, dass das ein Superthema ist?« – »Tine, du meinst sicherlich das Mahnmal für die ermordeten Juden Europas?! Was soll daran ein Superthema sein? Ich war immer dagegen ...«

Ich stoße vorne und hinten an, an diese modernen Autos, die anscheinend keine Stoßstangen mehr haben. Tine kichert am anderen Ende: »Verordnete Trauer! Das ist doch ein Witz, oder?« Sie ist außer sich. Ich habe es inzwischen aufgegeben, annähernd korrekt einzuparken. Bei Tine bin ich mir sicher: Sie ist frei von Antisemitismus und vor allem von Philosemitismus. Aber sind es auch das Theater, der Intendant, das Publikum?

Möglichst ruhig gebe ich zu bedenken: »Du weißt: sehr kompliziert, das Ganze! Ein Fettnäpfchen mit nationalen Ausmaßen! Und warum muss gerade ich da reintreten? Nein, nein, das überfordert mich.«

Sie sagt: »Zwölf Uhr im *Carpe Diem*. Bis gleich.« Ich sage: »Na gut!«, und fahre den Wagen seidenweich in die Parklücke.

Sie sieht wie immer blendend aus, wir sprechen nicht viel und grinsen uns an. Ich schaufele die Sahne von meinem Cappuccino. »Zwanzig Jahre nach der Wende, und sie können immer noch keinen Cappuccino machen. Lass uns gehen.«

Schließlich bezahlen wir, und ich sage beiläufig: »Ich mach's!« Noch immer regnet es. Wir ziehen unsere Sandalen aus und springen barfuß zum Auto.

»Weißt du eigentlich, dass mein Großonkel Ankläger bei den Nürnberger Prozessen war?«

Ich habe es nicht gewusst, aber es freut mich.

»Probenbeginn Mitte September, am 9. November Premiere!«

»Läuft!«, antworte ich, und wir umarmen uns zum Abschied. Auf mich warten 15 Tonnen Sekundärliteratur zum Thema »Mahnmal« und »Deutsche Gedenkkultur«.

Adriana, was liest du da?
Ich höre meine Mutter sprechen. Ich höre sie immer alle sprechen. Die Toten sowieso. Neuerdings auch die Lebenden. Es scheint auch Dibbuks zu geben, die schon zu Lebzeiten keine Ruhe finden und bei mir um Asyl bitten.
»Die Unfähigkeit zu trauern. Grundlagen kollektiven Verhaltens«, antworte ich brav.
Na prima, dazu fällt mir bestimmt was ein! Hast du Zeit, deiner Mutter zuzuhören?
Die Villa meiner Eltern war ein rundes Haus auf einem Hügel, unter uns ganz Zagreb ... Ein rundes Haus zu bauen war für die damalige Zeit – 1933 – ungeheuer modern. Dem Architekten gefiel beim ersten Versuch das Dach nicht, also wurde es abgerissen, und er durfte es noch mal versuchen. Das hat der Architekt meinem Vater, deinem Großvater, nie vergessen, und viel später hat er uns in seinem Haus versteckt, aber das ist eine andere Geschichte ... Durch das Speisezimmer gelangte man in die Bibliothek, eine Uhr tickte, Biedermeiermobiliar, schummriges Licht ... Von der Anrichte in das Schlafzimmer der Eltern, dann ein Bad, dahinter die Kinderzimmer für deine Tante und mich, dann die Zimmer des Personals. Ja, so musst du dir das vorstellen.
Wir hatten eine Gouvernante, Millie, die hat später den Herrn Rotovnik geheiratet ... und eine Köchin. Dein Großvater begann als armer Glasbläser. Er kam aus der Nähe von Budapest, wanderte aus nach Prag und später nach Wien, also ganz die k. u. k.-Monarchie-Strecke, wurde schließlich in Zagreb ansässig und ein vermögender Mann. In seinem Großhandel konnte man alles kaufen, was aus Glas und Porzellan war, auch Spiegel, Kristallleuchter. Und Sodawasser! Ganz Jugoslawien kaufte bei

ihm ein, aber auch halb Europa! Man sprach nur deutsch, bei Tisch sowieso, wenn man überhaupt sprach. Er war herzkrank, unser Vater, er durfte sich nicht aufregen, alles richtete sich nach ihm.

Ein Raucher und Spieler, aber von gehobener Klasse, wie du dir denken kannst. Deine Tante und ich waren in allen großen Casinos in Europa: Baden-Baden, St. Moritz, Monte Carlo, Opatija.

Einmal kamen wir zurück nach Zagreb, und er beschloss, ein neues Fabrikgebäude mit Wohnhaus zu bauen. Die Fenster ließ er abtönen, dunkelgrün. Meine Mutter, deine Oma, weigerte sich, dorthin umzuziehen, es war ihr zu dunkel. Also zog nur die Glasproduktion um, und in die Wohnetage kamen ein riesiger Billardtisch und eine Tischtennisplatte, mehr nicht. Sagenhaft.

Ein Choleriker, das hab ich von ihm geerbt, ich liebte ihn sehr.

Den Porzellangroßhandel wollte er nicht aufgeben, als die Deutschen im April 1941 einmarschierten. »Wir sind Deutsche, wir sind doch auch deutsch« ... hörte ich ihn immer wieder sagen. Während des Essens bekam er eine Herzattacke, starb. Sofort haben wir unsere Koffer gepackt. Wir sind zu spät geflohen ... Ich war 17, meine Schwester Jelka, deine Tante, 21 Jahre alt. Freunde versteckten uns. Teta Katha, die Frau des Architekten, solange sie konnte. Ein halbes Jahr schliefen wir jede Nacht woanders. Von meinen Schulfreundinnen aus der Jüdischen Oberschule hatten sie von 33 schon 28 deportiert. Meine Mutter bestach einen hohen Polizisten, der hielt uns auf dem Laufenden, wo und wann mit Deportationen zu rechnen war. Schließlich mussten wir doch fliehen, aber dann hat man uns im Zug erwischt, kurz vor der Grenze ... und an die Ustascha ausgeliefert. Wir kamen ins Lager, deine Großmutter, deine Tante und ich ...

Was soll ich dir sagen? Kraljevica, das erste Lager, war ein Schock. Damals wussten wir noch nicht, dass das Lager auf der Insel Rab so viel schlimmer werden würde. In Kraljevica lebten wir in Massivhäusern und unterstanden dem italienischen Kom-

mandanten Rota, ein Mensch, vor allem kein Judenhasser. Ich erinnere mich, dass ich im Chor sang, deine Tante ein Gedicht aufsagte, ja, wir durften sogar Pakete empfangen. Als die Deutschen auf die Auslieferung aller jugoslawischen Juden drängten, brachte uns Rota zum Schutz auf die Insel Rab. Holzbaracken, 80 Juden pro Baracke, kaum hygienische Vorrichtungen, kaum Essen. Ein Konzentrationslager. Aber die Deutschen waren nicht da.

Meine Mutter holte sich an Rosch ha-Schana den Tod ... Auch eine Möglichkeit, das neue Jahr zu begehen.

Für Rosch ha-Schana, das Neujahrsfest, hatte man in der Gemeinde koscheres Hähnchenfleisch aus Israel bestellt, aber es war nicht rechtzeitig angekommen. In der Not behalf man sich mit deutschem Fisch, und der war natürlich schlecht. Meine Mutter klagte am Telefon über Übelkeit, Schwindel. Kurze Zeit später muss sie gestürzt sein und das Bewusstsein verloren haben, in ihrer Wohnung, die von innen abgeschlossen war. Der Hausmeister suchte sie vergeblich, brach die Tür auf und ließ sie in die Klinik bringen. Sie war ungehalten darüber, dass man die Tür hatte aufbrechen lassen, um sie zu retten. Sie wollte wohl lieber sterben, als die Tür aufbrechen zu lassen. Ich glaube, sie ahnte, dass sie nicht wieder nach Hause kommen würde.

Als man mich anruft, bin ich mitten in den Vorbereitungen für »Trauer to go«. Die Proben sollen in den nächsten Tagen beginnen. »Sie sollten gleich kommen, besser keine Zeit verlieren«, erklärt mir der diensthabende Arzt.

Um 21.20 Uhr geht der letzte Flieger von Berlin nach Frankfurt. Es gibt noch einen einzigen Platz, in der Business Class. Man bringt mir Champagner, hält mich für eine Stewardess auf dem Heimflug, in der Eile habe ich nur meine Handtasche mitgenommen, darin den Hausschlüssel für die Wohnung meiner Mutter in Gießen und mein Handy. Ich miete mir einen Leihwagen für die Strecke von Frankfurt nach Gießen, habe das Gefühl, ich müsse mich beeilen, rufe Tine im Theater an und bitte sie, den Probenbeginn um zwei Tage zu verschieben, meiner Mutter ginge es nicht gut. Ich würde nach ihr sehen und wäre spätestens in drei Tagen zurück in Berlin. Die Strecke kenne ich noch gut aus meiner Kindheit. Wir sind regelmäßig, wie alle Emigranten in der Provinz, nach Frankfurt zum Einkaufen gefahren. Nur dort gab es schon in den frühen Sechzigerjahren frische Bourekas, Mozzarella und Espresso.

Meine Mutter liegt im selben Krankenhaus, in dem auch mein Vater gelegen hat. Drei Ärzte stehen um sie herum, und sie lächelt mich an: »Schön, dass du endlich gekommen bist.«

Ein junger Arzt nimmt mich zur Seite.

»Sie hat eine schwere Embolie. Die Arterien sind vollkommen zu. Ist Ihnen nie etwas aufgefallen? Ihre Mutter muss seit etlichen Jahren schwer krank sein. Hatte sie keine Schmerzen?«

Ich kann ihm auf seine Fragen nicht antworten. Sie ist hin und wieder zu Ärzten gegangen, aber eigentlich hat sie nur meinem Vater vertraut. Mit einem Arzt im Hause konnte ihr doch nichts passieren.

»Sie ist in der letzten Zeit sehr langsam gegangen, ihre Füße schmerzten, sie hat häufig vor den Schaufenstern angehalten. Aber sind das genügend Gründe für eine Notaufnahme?«, scherze ich verzweifelt.

Bevor man sie operiert, lässt man uns warten. Es wird Nacht. Einige Laborbefunde fehlen, wir ahnen: Man hat ihr eine Galgenfrist gewährt. Ich plaudere mit ihr, wir lachen sogar. »Schau dir mal die Initialen auf diesem Ring an, erkennst du was? Es sind meine und die deines Vaters. Wir haben sie übereinander eingravieren lassen, und nun kann man nichts mehr lesen!«

In den Tagen, die dann folgen, klammere ich mich an diese letzten Stunden und an den Ring, den sie vor der Operation ausgezogen und mir in die Hand gedrückt hat.

Man setzt ihr einen Bypass. Sie wacht auf und lächelt, aber einen Moment später kommt wieder eine Schar Ärzte und sagt: »Die Operation ist nicht erfolgreich verlaufen. Wir müssen Ihr rechtes Bein amputieren.«

Als man sie diesmal in den Operationssaal fährt, sind ihre Augen weit aufgerissen. Man schneidet ihr das Bein ab. Es ist vier Uhr morgens, man schickt mich nach Hause, vollkommen überfordert und allein.

Ich warte in der Wohnung meiner Eltern. Sie ist in einem so desolaten Zustand, dass es nicht auszuhalten ist. Auf dem Boden verstreut liegt blutige Wäsche, hier und da Erbrochenes, Kot. Als würde sie morgen wiederkommen, mache ich sauber, stelle die alte Waschmaschine an.

Meine Mutter war immer schon jähzornig, wie ihr Vater. Sie schrie und schrie, bis sie vor Erschöpfung aufhören musste. Als Kind duckte ich mich unter dem Lärm, mich ergriff hilflose Panik. Nie würde sie zu schreien aufhören, dachte ich immer. Wenn sie sich endlich beruhigt hatte, tat es ihr leid. Aber das nutzte mir nicht viel. Manchmal hasste ich sie, wünschte ihr den Tod.

Aber doch keine Beinamputation!

Ich warte, schmiede Pläne, wie ein Leben mit einem Bein aussehen könnte. Schließlich braucht sie keine Beine, um ihr neues Buch fertig zu schreiben. Ich könnte sie nach Berlin holen. Sie würde mit einem extrakleinen Rollstuhl sogar in den Aufzug passen, alles kein Problem ...

»Noch zwei Tage, dann können wir mit den Proben beginnen«, informiere ich am Morgen Tine in Berlin. »Schaut euch schon mal den Film ›Das Urteil von Nürnberg‹ an, kann nicht schaden. Ja, und den Titel ›Trauer to go‹ finde ich super!« Ich verdränge virtuos den Ernst der Lage. Aber meine Mutter erholt sich nicht von diesem schweren Eingriff, kommt nicht wieder zu Bewusstsein. Jedenfalls nicht mehr so wie früher.

Ich warte an ihrem Krankenbett auf der Intensivstation, schaue auf die Monitore, schaue zu ihr. Nimmt sie mich noch wahr?

Zwei Ärzte kommen vorbei, sehr freundlich. Sie schauen meine Mutter an, dann mich: »Kennen wir Sie nicht aus dem Fernsehen?« Ich bin dankbar für die Unterbrechung und erzähle von meiner letzten Rolle – ich habe tatsächlich eine Krankenschwester gespielt. Erst nach ein paar Minuten merke ich, wie unruhig meine Mutter wird. Sie wirft ihren Kopf hin und her. Ist sie etwa eifersüchtig? Oder wütend, dass ich so pietätlos bin? Dass es um mich geht, während sie Höllenqualen leidet? Nun weiß ich wenigstens, dass sie mich wahrnimmt.

Sofort wechsele ich schuldbewusst das Thema, die Ärzte werden weniger höflich, schlagen mir die Amputation des anderen Beines vor. Mir wird schlecht, alles schwankt. Sie haben mich getäuscht mit ihrer Freundlichkeit. Sehen sie denn nicht, dass schon die erste Amputation zu viel gewesen ist?

»Meine Mutter ist doch kein Schnitzel!«, rufe ich. »Sie ist kein Schnitzel!«, wiederhole ich, »kein Schnitzel ...« – bis sie draußen sind.

Nun untersage ich jeden weiteren Eingriff, streng und hysterisch zugleich. Man lässt sie in Ruhe. Aber es ist keine Ruhe. Es ist ein Todeskampf, den nur jemand führen kann, der ein Leben vorbeigleiten sieht, das ein einziger Kampf gewesen ist. Ich stehe am Eisenbett der Intensivstation. Es ist schrecklich mit anzusehen. Ich bin allein.

Ich weiß, dass es zu Ende geht, aber wie in Zellophan gepackt, begreife ich nur partiell. Am Telefon halte ich Kontakt zur Außenwelt. Erzähle Georg, der in Berlin die Kinder hütet, was meine Mutter stammelt, während sie leidet. Beschreibe Tine, wie die Nahrung tropfenweise durch den Schlauch herabfällt, wie die Apparate piepsen, wie es riecht. Ich bin mehr als verzweifelt. Meine Freundin aus Köln begreift, kommt und sorgt dafür, dass ich schlafe und esse. Vor allem stellt sie sich am Krankenbett hinter mich.

»Sprich mit ihr«, flüstert sie.

»Was?«

»Sag was, irgendwas.«

»Ich weiß nichts.«

»Sprich von früher.«

»Ich war im Internat. Wir haben nicht zusammengewohnt.«

»Von den Ferien.«

»Wir waren nie zusammen in Ferien.«

»Mein Gott! Sag Kochrezepte auf.«

»Meine Mutter hasste kochen!«

Mein Kopf ist leer wie ein Schuhkarton. Unser schwieriges Verhältnis ist nicht aus der Welt, obwohl dieser geschundene Menschenkörper tiefstes Mitleid in mir weckt. Ich stammele zwei, drei Worte auf Kroatisch. Es ist mir lieber, dass mich keiner versteht. Meine Mutter scheint sich zu beruhigen. Und in meinem rudimentären Exjugoslawisch erzähle ich ihr zum ersten Mal, was mir so alles durch den Kopf geht über sie, über uns.

Es stimmt nicht, dass wir nie zusammen im Urlaub gewesen sind. Meine Eltern holten mich jede Sommerferien aus dem Internat, in dem ich inzwischen untergebracht war, und fuhren mit mir nach Italien, im Renault an die Riviera. Es waren schöne Ferien – italienisch eben. Wir hatten ein Lieblingsspiel: Ich flirtete mit den Kellnern im Hotel, und meine Eltern freuten sich, wenn wir das Essen als Erste serviert bekamen.

Manchmal kam meine Halbschwester aus Zagreb dazu. In einem Sommer waren wir wie besessen von der Idee, dass unser Vater zwischen ihrer und meiner Mutter noch eine Frau gehabt hatte. Ich war 14, meine Schwester 28. Wir malten es uns so ausgiebig aus, bis wir felsenfest davon überzeugt waren. Schließlich fragte ich meine Mutter, ob es möglich sein könne, dass mein Vater noch eine andere Frau geliebt habe. Ich wurde ins elterliche Schlafzimmer zitiert und bekam eine ordentliche Standpauke. »Du plapperst alles deiner Schwester nach. Sie ist eifersüchtig und du bist pubertär!« Ich versuchte erst sie zu verteidigen, dann mich. Vergeblich. Meine Schwester wurde nach Hause geschickt. Es waren noch schöne Ferientage.

Stundenlang stehe ich so am Bett meiner Mutter. Mal rede ich, mal schaue ich entsetzt ihrem Todeskampf zu. Ich denke an Tito, dem man auch kurz vor seinem Tod ein Bein amputiert hat. Meine Mutter wirft sich hin und her. Sie geht durch ihr Europa von 1924, als sie in Zagreb geboren wurde, bis heute, hier in diesem Krankenhaus, achtzig Jahre später. Was sie sieht, scheint ihr keine Freude zu bereiten.

Im Gorki Theater in Berlin beginnt man sich zu sorgen, schließlich soll »Trauer to go« pünktlich zum 9. November herauskommen. Tine beruhigt mich, was ist schon Theater gegen den Tod? Tod? Ich weiß gar nicht, was sie meint ...

An Jom Kippur sieht es so aus, als würde meine Mutter sterben. Man hat mir beigebracht, sie zu waschen, sie wie ein Baby zu reinigen, ihre Haut ist seltsam weich wie die einer jungen Frau. Ich drehe ihren nackten Körper mit dem fehlenden Bein zur Seite. Der Stumpen ist geschwollen und bläulich. Eine grausame Asymmetrie. Ihre Wangen glühen, sie hat Fieber. Ich habe schreckliche Angst, bei ihrem Tod dabei zu sein, und ebensolche Panik wegzugehen.

»Du gehst in die Gemeinde«, sagt Raffi betont ruhig am Telefon. »Und zwar jetzt. Heute sind alle da und beten. Für Krisen sind die Juden ideal. Bei anderen Situationen bin ich mir da nicht so sicher. Aber in einer Notsituation, wie du sie hast, werden sie wunderbar sein.«

Ich gehe und hole Hilfe. So verlegen wir an diesem Jom Kippur die Gebete ins Krankenzimmer.

Sie stirbt zehn Tage nach der Amputation. Ich bin nicht dabei. Genauso, wie ich bei meinem Vater nicht dabei gewesen bin. Aber ich habe ihr in meinem Kinder-Jugoslawisch alles erzählt. Man sagt mir, sie habe geweint, als sie ging.

Hör zu, mein Kind: Am Lager war ein Zaun. Ein Stacheldrahtzaun. Er ging einmal um das ganze Lager herum. Dahinter waren die Baracken und in der Mitte stand ein Turm. Eine Art Wachturm. Die Wache patrouillierte vorne am Stacheldraht. Hier, eine Zeichnung vom Lager Rab. Die Zeichnung ist gut, finde ich. Ich habe sogar eine Fahne gezeichnet. Stoffe zu zeichnen ist schwer, genauso schwer wie Hände. Die Nr. 589 ist meine Nummer, auf die habe ich zu hören. Ich bin 19 und seit zwei Jahren im Lager. Es gibt einige Porträts, die mir geglückt sind. Zum Beispiel das von meiner Cousine Blanka Weinreb. Darunter hab ich geschrieben: Schön und unglücklich!

1943 kündigten die Italiener ihr Bündnis mit den Deutschen auf, sie öffneten plötzlich das Lager. Wir hatten nur zwei Tage Zeit, von der Lagerinsel zu fliehen. Alle, die unschlüssig waren oder nicht wussten, wohin sie gehen sollten, wurden verraten und von den einrückenden Deutschen umgebracht. Deine Tante ist mit einem italienischen Soldaten nach Norditalien, nach Mantua. Schön blöd. Er hat sie dort versteckt und sie hat ihn aus Dankbarkeit geheiratet. Nur aus Dankbarkeit – noch blöder!

Ich ging mit deiner Großmutter zum Hafen und wartete, dass uns ein Schiff mitnimmt. Die Partisanen sind gekommen, haben unser ganzes Gepäck durchwühlt und die Hälfte mitgenommen. Und meine Stifte, meine Farbstifte, die haben sie auch mitgenommen. Das kann ich denen nicht verzeihen! Sie luden uns auf Schiffe und brachten uns erst mal auf die Insel Vis. Stell dir vor, auf Vis habe ich deinen Vater wiedergetroffen! Er versuchte mich zu überreden, gleich zu den Partisanen zu gehen, aber ich hab nicht gewollt. Das mit den Stiften war zu arg. So bin ich zuerst nicht mit den Partisanen gegangen, sondern zusammen mit deiner Großmutter zu den Alliierten nach Süditalien. Mit einem kleinen Boot, sieben Tage und Nächte lang. Nachts sind wir gefahren, tagsüber haben wir uns in kleinen Buchten versteckt. Der Himmel war voller Flieger, das Meer voller U-Boote. Ja, so war das. Aber trotzdem hatten wir wenig Angst, denn wir waren frei! Süditalien war schon befreite Zone – Santa Maria di Leuca – schön da. Deine Großmutter hat im jüdischen Krankenhaus gearbeitet, ich wollte nicht. Ich habe übersetzt, bei den Amerikanern. Ich wollte nie mehr jüdisch sein ...

Deine Tante hockte auf dem italienischen Dachboden, zuckte bei jedem Klingeln zusammen. Da war es mir lieber, an vorderster Front bei den Amerikanern und Engländern zu stehen. Ich habe Funksprüche übersetzt und war bei den nächtlichen Überfahrten in das noch besetzte Kroatien dabei, leitete sogar eine Zeit lang ein Kinderheim mit Kindern von verwundeten Gefangenen oder getöteten Partisanen ... Später hat eine Kommissarin heimlich mein Tagebuch gelesen, war schwer beeindruckt von meiner kommunistischen Gesinnung, na ja, und hat mich dann doch noch für den Widerstand gewonnen.

1944. Frei. Frei zu gehen. Thea, meine Mutter, konnte es nicht fassen. Sie verließ die Amerikaner in Süditalien, nahm ihre Mutter mit und war als eine der Ersten zurück in Jugoslawien, in Split, das schon befreites Territorium war. Sie wurde sofort aktives Parteimitglied, reiste in die bereits befreiten Zonen, suchte Unterstützung bei der Bevölkerung, war Delegierte auf Kongressen, stolz auf ihre Position.

Titos Partei war gut zu ihren Anhängern und Thea eine feurige Anführerin. So hatte sie dem Faschismus etwas entgegenzusetzen, der ihr so viel Familie, so viel Kindheit, so viel Leben gestohlen hatte. Keine Zeit, sich in Klagen zu verlieren. Sie verwandelte ihre ganze Trauer in immense Arbeitswut. Vier Ziele hatte sie: Studieren, reisen, heiraten – und ein Kind.

In Split holte sie das Abitur nach. Es war kalt in der Wohnung, also verlegte sie das Lernen in die Bibliothek – sie war eisern. Schließlich hatte sie überlebt. Klein und zäh, konnte sie sich und andere kaum schonen, weder beim Straßenbau in Titos Brigaden noch bei den stundenlangen Parteisitzungen. Nie wieder wollte sie als Jüdin so leiden. Und nie wieder würde man sie schlecht behandeln, weil sie eine Jüdin war. Jetzt nahm sie die Zügel selbst in die Hand.

Später würde sie studieren, Architektin werden, dann den Mann heiraten, den sie mit dreizehn kennengelernt hatte und dem sie damals bei diesem merkwürdigen Purim-Ball in der Gemeinde in Zagreb ihre Treue geschworen hatte. Es schien Jahrhunderte her zu sein. Jakob war mittlerweile verheiratet. Unglücklich, wie ihr schien. Seinen Charme hatte er nicht eingebüßt, obgleich er inzwischen ein hoher Parteifunktionär war. Sie trafen sich in Split wieder, es war der 8. Mai. Kriegsende. Ein schöner, noch frischer Frühlingstag. Zur Feier des Tages ging die gesammelte Brigade in Bačvice baden. Auch Thea mit Jakob, bevor er wieder abreiste. Meine Mutter konnte warten. Es gab viel zu tun beim Aufbau des sozialistischen Staates. Er schrieb ihr regelmäßig, kam zu Besuch, hatte immer einen Witz auf Lager. Anscheinend konnte er die kleine Partisanin ebenso wenig vergessen wie sie ihn. Wie viel seine Ehefrau davon wusste, mochte sich Thea gar nicht so genau vorstellen.

Sie konnte warten und sie war zielstrebig.

Das weiß ich nun genau. Sie hat studiert, ihren Jakob geheiratet und ein Kind bekommen. Manchmal frage ich mich, wie sie gewesen wäre, wenn sie nicht alles so konsequent verdrängt hätte. Wahrscheinlich waren ihre Erlebnisse so grauenhaft, dass sie es nicht verkraftet hätte, sie noch einmal zu durchleben, nicht einmal in der Erinnerung.

Das Telefon reißt mich aus meinen Gedanken. Mit einem penetranten Klingeln meldet sich die Gegenwart zurück.

»Hallo? Hallo? Frau Altaras? Adriana? Bist du am Apparat? Hier ist Olga aus dem Vorstandsbüro der Gemeinde Gießen. Hörst du mich? Unser herzliches Beileid zum Tode deiner Mutter. Sie wird uns als Mensch, aber auch als Gemeindevorsitzende fehlen. Wir müssen dir mitteilen, dass du deine Frau Mutter innerhalb von 24 Stunden zu beerdigen hast. So ist es Brauch, so muss es sein. Wenn du unsere Hilfe benötigst, stehen wir dir gerne zur Verfügung, allerdings wird es mit Sukkotbeginn schwierig ...«

O nein! Geht das schon wieder los?! Müssen meine Eltern immer so unpassend sterben?

Das Beerdigungsinstitut weigert sich standhaft, meine Mutter direkt zu beerdigen, da in Hessen 48 Stunden Leichenaufbewahrungsfrist gilt. Dann allerdings beginnt das Laubhüttenfest, das im Exil zwei Tage lang gefeiert wird. Die Laubhütten sind schon errichtet, die Gläubigen beginnen sich einzurichten, um in diesen Hütten zu sitzen, sogar zu übernachten. Das aber vor allem dort, wo es etwas wärmer ist als in Deutschland im Oktober. Die jüdische Gemeinde Frankfurt stellt großzügig ein Schreiben aus, in dem sie erlaubt, am zweiten der beiden Feiertage zu beerdigen, schließlich sei Sukkot in Israel schon nach eineinhalb Tagen zu Ende. Der Ersatzrabbiner, unser Kantor (der Mann mit Alditüte und goldener Stimme), glaubt dem Schreiben aus Frankfurt nicht. Er will auf keinen Fall gegen die Halacha verstoßen, außerdem sei dann Freitag 15 Uhr, um 17 Uhr beginne der Sabbat – undenkbar, da zu beerdigen. Was würde Gott sagen? Und da er zu Fuß gehen müsse, würde er es sowieso nicht rechtzeitig schaffen. Also gut, dann Sonntag. Am Sonntag beerdigen die Christen nicht. Ausgerechnet ist dieser Sonntag auch noch der 3. Oktober, Tag der Deutschen Einheit und Erntedankfest.

Bleibt der Montag: Ja, Montag, raunt da der Chor des jüdischen Gemeindevorstands, Montag, das sei eindeutig zu spät. »Zu spät«, stammele ich.

»Wie, zu spät?« Mein Mann greift ein. Ich hätte nie gedacht, dass dieser vorsichtige Mensch sich durch das Rabbinat schreien würde. »Was heißt hier Sünde? Wo bleibt eure Mizwa? Da sitzt die Tochter und will um ihre Mutter trauern, sie in Würde beerdigen und ihr könnt nicht zum Friedhof laufen, weil ihr an euren angeblichen Regeln kleben müsst! Am Freitag um 15 Uhr wird beerdigt, der Kantor wird gefahren, um 17 Uhr ist Schluss.«

»Nein! Nein!«, jammert dieser am Telefon. »Die Räder. Die Räder bewegen sich doch auch. Sie dürfen sich nicht bewegen ...«

Es sieht so aus, als würden wir meine Mutter nicht mehr unter die Erde bekommen.

Mein Handy klingelt ununterbrochen. Die Zeitungen, die Universität, der Denkmalschutz, die Architektenkammer, alle wollen den Termin der Beerdigung wissen. »Sie müssen sich entscheiden, so schwer kann das doch nicht sein!« Wenn die wüssten ... Mir wird klar, dass ein entspanntes Zusammenleben zwischen Juden und Deutschen die reine Fiktion ist.

»Was gehen dich die Christen an!?«, sagt man mir im Gemeindebüro. »Beerdige am Sonntag, wir werden sie waschen und den Sarg tragen. Wozu brauchen wir die Goyim?«

»Tragen? Ihr werdet sie tragen? Vielleicht sollten wir das nochmals üben ...?«, bemerke ich im Gegenzug. »Außerdem ... wenn sonntags die Christen nicht können, wäre das schade, schließlich leben auch sie hier, sie sind ihre Freunde gewesen, ich meine, sie wollen sich doch auch von meiner Mutter verabschieden – versteht ihr das nicht?«

»Nein.« Nein, das verstehen sie nicht. Im Tod gehört meine Mutter ihnen wieder ganz allein. Der Oberbürgermeister kommt mir zur Hilfe. Er habe häufig mit meiner Mutter zu tun gehabt, habe sie geschätzt. Gemeinsam hatten sie trotz

Juden und Christen den Synagogenbau durchgeboxt. Man werde am 3. Oktober eine Ausnahme machen, den Friedhof samt Bestattern für uns zur Verfügung stellen.

Und so wird meine Mutter am Tag der Deutschen Einheit beigesetzt, der in diesem Jahr noch dazu auf Erntedank fällt, einen Sonntag. Was mir bei meinem Vater noch undenkbar schien, wird nun Wirklichkeit: Eine deutsche Verwaltung stellt einen christlichen und einen nationalen Feiertag zurück, um meine Mutter zu beerdigen!

Die Chevra Kadischa hat meine Mutter gewaschen. Sie zeigen sie mir stolz. Der Verfall hat schon begonnen. Ein letzter goldener Zahn schaut noch herausfordernd aus ihrem Mund. Mir wird übel. So also fühlt man sich als Vollwaise. Meine beiden Söhne, Georg und ich sind die einzigen Verwandten, die sie zu Grabe tragen. Ein kleiner, aber zäher Haufen sind wir, bevor mich weinende Gemeindemitglieder hemmungslos umarmen.

Die Leichenbestatter sind gelernte Träger, der Minister hat auf seine Einheitsfeier verzichtet, die Christen auf ihr Erntedankfest. Eine riesige Menge drängt sich in die Kapelle.

Später fragen sie mich, wieso das Handy unseres frommen Kantors nicht ausgeschaltet gewesen sei, Verdis Gefangenenchor ertönte laut, mitten in der anrührenden Worte des Vorsitzenden des Vereins für christlich-jüdische Zusammenarbeit ...

Ich sagte, ja, die deutsch-jüdische Zusammenarbeit steckt noch in den Kinderschuhen. Über all das sehe ich hinweg, bin froh, endlich traurig sein zu dürfen. In die Zeitung habe ich schreiben lassen, »Oh, partigiano, porta mi via, che mi sento chi morir«. Und so ist es gewesen: Meine Mutter, die kleine hübsche Partisanin von 1943, ist meinem Vater, dem stolzen Brigadenführer, gefolgt. Er hat sie gerufen und sie ist gekommen.

Der Leichenschmaus findet in den Gemeinderäumen statt. Die russischen Frauen servieren starken Tee und noch stärkeren Wodka. Die Sonne scheint auf die kleine Synagoge aus Wohra, die meine Mutter hierher gebracht hat, und auf das Gemeindehaus, auf das sie so stolz war. Es ist dunkel, als ich gehe. An der Pforte drückt mir der russische Hausmeister einen Brief in die Hand, den man für mich abgegeben hat.

```
Liebe Adriana,
zur Stunde der Beerdigung Ihrer Mutter sage
ich Ihnen, Ihren Buben und Ihrem Mann mein
herzliches Beileid. Gern wäre ich jetzt da-
bei, doch kann ich nicht mehr vom Eingang
bis zum jüdischen Friedhofsteil laufen.
Ihr Vater war mir ein Freund. Je länger er
nicht mehr da ist, desto deutlicher wird mir
das. Wenn ich an Ihre Mutter denke, sehe ich
eine kleine Dame mit Rucksack schnell durch
Gießen eilen. Je länger sie lebte, desto
mehr wuchs meine Hochachtung vor ihr. Sie
war, was die Nachrufe verschweigen, eine
gute Architektin; das Marburger Klinikum
und die Gießener Synagoge zeugen davon. Wie
sie die schwere Bürde gemeistert hat, das
Werk ihres Mannes hochzuhalten, war einzig.
Sie war vielen ein Vorbild, eine Preußin im
besten Sinn, die in den letzten schweren
Jahren nie gejammert hat. Ich werde Ihre
Frau Mutter nicht vergessen.
Wenn ich etwas für Sie tun könnte, würde
ich es immer gerne tun! Ein Anruf oder ein
Zettel genügt!
Ihr Professor Dr. Ringleb, Dekan der Uni-
versität Gießen
```

Von draußen schaue ich ins Gemeindehaus. Da sitzen die Mitglieder mit ihrem Vorstand und ein paar hartnäckigen nichtjüdischen Gästen und essen Hering mit Zwiebelringen. Die Leere fliegt förmlich durch die Räume. So sterben sie langsam, die letzten Überlebenden, nehmen das alte Europa mit und fürs Erste gibt es keinen Ersatz.

Die Sache mit dem Sterben hatte in unserer Familie schon immer einen merkwürdigen Stellenwert. Je älter meine Eltern wurden, desto häufiger erhielten sie natürlich Anrufe mit Todesmeldungen. Wenn ich an den Wochenenden zu Hause war und ein Anruf aus dem Ausland kam, klingelte es ein-, zweimal kurz, hörte dann auf, um erneut ein-, zweimal zu läuten. »Wir werden überwacht«, raunten sie mir zu. In der Zwischenzeit rannten sie in Richtung Diele, wo das Telefon auf einem Kabelgewirr thronte. Meistens war es sehr früh morgens – der sozialistische Staat schlief nie lang. »Molim«, meldete sich mein Vater dann laut, er musste über die Frühnachrichten im Radio hinwegbrüllen. Ein Genosse, ein Freund, ein Partisan war tot – Hirnschlag, Herzversagen, Krebs. In der Küche wurde ausdiskutiert, ob der Tod zu früh oder gerade rechtzeitig gekommen war. Wie schade um den Freund, arme Familie – man hatte eine gute Zeit zusammen gehabt. Das war's. Mehr war nicht zu holen. Manchmal spekulierte man, ob der dazugehörige Ehepartner auch schon tot war. Keiner hatte den Mut nachzufragen. Selten gab es Tränen, immer Kaffee. Das Ganze spielte sich natürlich auf Kroatisch ab. Ab und zu verlor ich den Faden, aber immer dachte ich: ob sie nicht traurig sind? Warum weinen sie nicht? Trauern nicht, verzweifeln nicht, kommen zu spät zur Arbeit ...

Mir fiel der Witz ein, in dem ein alter Mann über den Friedhof spaziert und der Friedhofsvorsteher ihm zuruft: »Bleiben Sie doch gleich hier!«

Ich dachte, entweder sind sie selbst zu nah dran oder im Exil ist Todesschwäche absolut verboten. Im Exil ist alles schrecklich weit, weit weg und vorbei. Das Exil ist schon ein sehr besonderer Ort.

Weder mein Vater noch meine Mutter und schon gar nicht ich waren freiwillig aufgebrochen. Aber wir konnten und wollten inzwischen nicht mehr zurück.

Also musste man sich arrangieren – mit der Sprache, den Gerüchen, dem Essen.

Wir lernten, dass Nudeln in Milch statt in Tomatensauce schwimmen konnten. Und dass der Salat mit Kondensmilch zubereitet und gezuckert wurde, jedenfalls im Hessen der 60er-Jahre.

Diejenigen, die zu Hause in der Heimat geblieben waren, die dort hatten bleiben dürfen, lebten ein Stück weit unser altes Leben für uns mit. Das, was wir getan hätten, was wir geworden wären, was wir gegessen hätten, wenn … Und wenn sie jetzt starben, starb ein Teil von uns, von unserem fast gelebten Leben. Ein Teil, den wir schon so lange begraben hatten, denn Heimweh ist im Exil verboten, es macht schwach und krank.

Sie hatten trotzdem Heimweh, doch nie gestanden meine Eltern sich es ein, nicht vor mir und nicht voreinander.

So erkläre ich mir die gewisse Gefühlskälte, die sich in unserer Wohnung breitmachte, wenn diese Anrufe kamen, früh am Morgen, mit Nachrichten über gestorbene Freunde, Genossen oder Kollegen.

Nach der Beerdigung meiner Mutter gehe ich noch einmal in die Eltern-Wohnung. Schließlich muss ich ja dreimal abschließen und die Fenster verriegeln, wie meine Mutter es immer verlangt hat – bestimmte Befehle behalten ihre Wirkung weit über den Tod hinaus. Sie hatte noch Fleisch aufgetaut, ich werfe es weg, lasse aber alles andere so, wie es ist. Noch ist sie da, überall. In der Nähe. Sogar das Fleisch hat etwas Intimes. Ein leichter Staub hat sich schon auf alles gelegt. Wie schnell das geht.

Im Arbeitszimmer liegen in heimlicher Ordnung überall Fotografien. Sie ist mit ihrem letzten Projekt, ihrem Buch, nicht fertig geworden. Ich frage mich, ob es mir jemals gelingen wird, irgendwas von dem zu Ende zu bringen oder auch nur zu ordnen. Seit der Einbürgerung 1970 scheint nichts, aber auch gar nichts weggeworfen worden zu sein. Fassungslos öffne ich Schubladen, Schränke und starre hinein … Es ist von allem so viel da, dass man, ohne auf die Straße zu müssen, ungestört vier Jahre in den eigenen vier Wänden verbringen könnte.

1941–45, vier Jahre Krieg. Anders kann ich mir diese Zumutung nicht erklären. Und es ist eine Zumutung! Haben sie ein ungeschriebenes Gesetz befolgt, das besagt, dass es verboten ist, Dinge wegzuwerfen? Jede Plastiktüte ist aufgehoben worden, die Putzlumpen häufen sich, selbst das Haltbarkeitsdatum auf den Medizinpackungen ist abgelaufen. Aus manchen Schränken lässt sich gar nichts herausziehen, weil sie so voll sind, dass sich die Sachen gegenseitig blockieren.

Schnell verschließe ich sie wieder. Ich finde meine Aussteuer, Bettwäsche, Tischtücher, die Aussteuer meiner Mutter, noch mehr Wäsche, noch mehr Tischtücher, bis ich bei den Kopfkissenbezügen mit den Initialen meiner Großmutter Hermine angelangt bin. Einst von großem Wert, jetzt vor allem altmodisch und kratzig. Langsam dämmert mir, was mich erwarten wird. Es wird ein Albtraum werden. Wut, Verzweiflung, vor allem Überforderung steigen in mir hoch. Was haben sie sich dabei gedacht? Hier stoße ich auf all das wieder, was ich bei meinem Vater entsorgt habe – und zusätzlich auf Erbstücke, Erinnerungen und Geschenke aller Verwandten bis ins fünfte Glied!

Und überall Silber, Silber und wieder Silber. Ein Eierköpfer aus Silber, ein Teesieb aus Silber, eine Zuckerdose aus Silber. Was mache ich bloß mit diesem vorigen Jahrhundert in meinem Berliner Leben? Ich könnte meinen Beruf aufgeben und mich mit dem Verkauf von Restsilber beschäftigen ...

Wehe dir! Tu das nicht! Ja, wir waren mal wer! Es gab uns! Und jetzt sind wir tot. Aber du bist unser Goldstück, du wirst unser Silber in Ehren halten. Wir waren nicht immer die Gastarbeiter in bestickter Bluse, oh nein!

Sie sprechen zu mir! Ich habe mich geirrt, niemand ist tot. Da sind sie wieder, sie haben auf mich gewartet. Vorsichtig mache ich Licht. Aber die Stimmen hören nicht auf. Natürlich, so eine Beerdigung ist für die Nerven der reinste Marathon. Stimmen sind da ganz normal, geradezu an der Tagesordnung. Da kichert jemand.

»Werden alle Juden klug geboren? Nein! Aber die Dummen lassen wir gleich taufen ...« So ein Witzbold. Wessen Stimme war das?

Ich will gehen, aber die Tür ist abgeschlossen und ich finde den Schlüssel nicht.

Geh nicht! Bleib! Leiste uns Gesellschaft. Wir sind allein, du musst uns vertreten. Ja! Jetzt bist du an der Reihe. So ist das nun mal, ein Wimpernschlag und dann ist man selber dran. Ein Skelett kommt an die Theke, »Ein Bier und einen Putzlumpen bitte ... Hi, hi, hi«.

Nein, Spaß beiseite, mach dir keine Sorgen. – Die Reihenfolge der Fotos, die deine Mutter gemacht hat, ist ganz einfach zu verstehen, sie sind beschriftet, dreh sie doch um. Man muss sie nur ordnen. Es wird ein herrliches Buch werden, du wirst sehen. Du musst Vertrauen haben, nur mit der Ruhe, wir sind doch bei dir! Wirst du das Erbe annehmen? Aber das ist eigentlich gar keine Frage, oder? Und ja, das Silberputzmittel ist im untersten Fach, im untersten Fach. Du wirst es brauchen. Im untersten Fach.

»Ja«, sage ich, »ist in Ordnung, im untersten Fach. Gebt

mir Zeit, Zeit. Ich werde das Licht löschen und rausgehen. Ihr werdet euch ausruhen, ich werde mich entspannen. Dann werde ich wieder vorbeikommen, und wir werden Silber für Silber, Foto für Foto durchgehen, versprochen.«

»Gehen wir?«, fragt mein Mann.

»Ja.«

»Ist alles in Ordnung, du bist so blass?«

»Nein, alles wunderbar. Ich habe mich unterhalten. Ich bin ein bisschen stolz auf meine Dibbuks. Dibbuks, mit denen man sich richtig gut unterhalten kann.«

Mit zwei Wochen Verspätung beginnen die Proben zu »Trauer to go«. Ich verspreche, den Premierentermin trotzdem einzuhalten, manchmal ist Druck ja produktiv. Nein, mir ginge es so weit ganz gut, wirklich. Arbeiten sei das Beste.

Ich denke an meine Mutter, wie sie dagelegen hat, in ihrem Mädchenkörper mit dem Greisengesicht. Die Beschäftigung mit dem Mahnmal und der großen Trauer wird ihr zu Ehren sein, irgendwie. Alle sind sehr freundlich, sprechen mir ihr Beileid aus, zwei, drei Tage lang, dann beginnt übergangslos die Hölle.

Das Stück beschäftigt sich mit dem bundesrepublikanischen Trauerritual, dem kurz vor der Einweihung stehenden Holocaustmahnmal und mit dessen Betreiberin, der »Neigungsjüdin« Lea Rosh. Das Volk wird zum Trauern verdonnert. Termingerecht. Wenn schon nicht freiwillig, dann wenigstens intensiv und gründlich. Allein diese Praxis ist doch Grund genug, die Juden zu hassen! Aber ist es überhaupt möglich, »Erinnerung in aller Freiwilligkeit« zu erzwingen? Für mich ist »das Erinnern« kein spezieller Akt. Es ist täglich ein Teil meiner Geschichte. Mir fehlen Familienangehörige, eine Heimat, Besitz. Ich erinnere mich, wenn ich meine Tante weinen sehe, wenn ich ein Gedicht lese, bei etlichen noch so beiläufigen Anlässen. Ich erinnere mich weder freiwillig noch gezwungenermaßen. Es ist eben so. Das große »Leid« ist ein Teil meines Lebens geworden. Kann man aber diejenigen, die nicht täglich daran denken wollen oder können, zwingen, es zu tun? Erreicht man damit nicht genau das Gegenteil?

»Ach Juden, nicht schon wieder! Können wir mal über was anderes reden? Ich würd gern mal über Somalia trauern ... Meine Katze ist krank, wer trauert darüber?«

Die Proben werden hart. Die Schauspieler teilen sich in folgende Lager:

»Das Thema ist doch durch« oder: »Über so was macht man keine Witze, der Holocaust ist doch so furchtbar!« Dann gibt es noch einige wenige mit einer Mischung aus Interesse und Humor.

»Es geht nicht um den Holocaust, es geht darum, wie man mit dem Holocaust umgeht, es geht um das Trauern, um das staatlich verordnete Gedenken«, wiederhole ich tagaus, tagein. Umsonst.

Täglich gibt es erschöpfende Diskussionen über die Grenzen von Satire und Witz, über Gedenkrituale, über das Lachen angesichts der Katastrophe.

Ich denke: Warum nicht alles so lassen, wie es ist? Ein schönes Mahnmal und glückliche Trauernde. Aber irgendetwas hat schon von mir Besitz ergriffen, ich muss weitermachen. Als würde allein die Beschäftigung mit dem Thema mir schon einen Teil der Antworten geben.

Ich werde täglich zum Intendanten zitiert, ich solle mutig sein, aber nicht zu weit gehen, etwas riskieren, aber keine Bombe hochgehen lassen.

Mich interessieren eher die profanen Dinge, an die bei dem Monument anscheinend niemand denkt: Wer wird das Mahnmal putzen? Menschen mit Migrationshintergrund? Wer wird es bewachen? Deutsche Schäferhunde? Wird es eine Fressmeile geben, für die armen hungrigen Touristen? Und wem wird sich Lea später widmen, wenn sie fertig ist mit den Juden? Den Sinti und Roma oder den Homosexuellen? Wird das Mahnmal für diese Randgruppen genauso groß oder, entsprechend der Anzahl der Toten, etwas kleiner ausfallen? Und was wird passieren, wenn die Bilder von Bergen-Belsen verbraucht sind, wenn sie in niemandem mehr Schrecken und Mitgefühl auslösen? Welche Fotos wird man den Schulkindern dann zeigen?

Ich habe keine Antworten, aber Fragen über Fragen. Vielleicht haben auch wir uns übernommen.

»Besser scheitern, als es nie versucht zu haben«, antwortet mir Tine, wenn ich müde und ratlos auf der Probe sitze. Dann erzählt sie mir von den Wettkämpfen im DDR-Schwimmkader und dem langen Atem, den man beim Sport im Besonderen und im Leben generell brauche.

Irgendwie kommt es sogar zu einer Premiere. Die Luft ist zum Schneiden dick, auf der Bühne, im Zuschauerraum. Ein Streichquartett spielt, dem ein Schauspieler wiederholt zuruft: »Ihr müsst trauriger spielen, noch trauriger, ich fühle immer noch nichts!«

Eine Schauspielerin trauert um ihre Katze. Ein schwäbischer Schauspieler bietet preisgünstige Stelen an, denn »Holocauscht muss ja net heiße, dass es horrende Koschte verursacht«. Manche Zuschauer lachen befreit, andere fühlen sich in ihrer verordneten Trauer erwischt. Ich bin glücklich, mir gefällt unser Abend. Ich umarme Tine während des Schlussapplauses, dann fange ich an zu weinen vor Anspannung, Müdigkeit. Und vor Trauer um meine Mutter, die nun wirklich tot ist.

Das Loch nach der Premiere ist diesmal tiefer als gewöhnlich.

»Trauer to go« ist endgültig vorbei und damit scheint der

Tod meiner Mutter noch definitiver zu sein, als ein Tod sowieso schon ist.

Nichts hat sich verändert. Ich bin wie jedes Jahr am Holocaust-Gedenktag vom Bezirksamt Schöneberg ins Rathaus und von der israelischen Botschaft in die Philharmonie eingeladen worden, gleichzeitig auch zur Gedenkveranstaltung im Gemeindehaus. Ich habe alle Termine mit schlechtem Gewissen abgesagt. Um das Mahnmal herum soll eine Fressmeile gebaut werden, für die müden hungrigen Touristen.

»Die Realität hat uns überholt«, sage ich zu Tine. Wir sitzen in der Theaterkantine, die nachmittags zwischen den Proben und den Vorstellungen fast romantisch wirkt. Fast. Das Essen bleibt kalt und fettig. Wir haben »Trauer to go« überlebt, da wird uns ein Kantinenessen nicht gleich umbringen. Außerdem haben wir harte Kritiken zu verkraften. Die jüdische Presse freut sich, lobt unseren Witz, die deutsche macht uns nieder. Die Kritiker fühlen sich in ihrem Trauerkodex, in dem sie sich schon so gemütlich eingerichtet hatten, missverstanden. Man will sich das vorbildliche Trauern nicht einfach nehmen lassen, sich nicht in die so sorgfältig zubereitete Trauersuppe spucken lassen, noch dazu von einer Jüdin. Wo gibt's denn so was? Was soll man mit ihnen anfangen? Nach Israel wollen sie ja auch nicht!

Tine holt sich eine große Colaflasche. Sie ist mit Abstand die westlichste meiner Ostfreundinnen. Sie erzählt mir den neuesten Theaterklatsch, ich gebe ihr einen Bericht über die abenteuerliche Beerdigungspraxis im modernen jüdischen Leben.

»Erst stirbt mein Vater, kurz danach meine Mutter. Nun gut, das kommt vor. Dann benötigt Hessen 48 Stunden, um den Tod festzustellen, während die Juden überhaupt nur 24 dafür gestatten. Raffi behauptet ja, es sei nicht einfach, als Jude in Deutschland zu leben. Ich finde, als Jude in Deutschland zu sterben, viel mühsamer. Aber findest du es normal, dass meine Eltern über Jahrzehnte hinweg nichts weggeworfen haben? Dazu hatte mein Vater eine Handvoll Geliebte, die mir immer noch schreiben, ich habe eine Halbschwester, die nicht alle Tassen im Schrank hat, und mindestens einen Bruder, den ich nicht kenne ...«

»Ich finde, du sammelst Aufgaben wie andere Leute Briefmarken oder Autogramme.«

Was meint sie, die jüdische Beerdigung, das deutsche Mahnmal oder keines von beiden? Den Müll der letzten dreißig Jahre oder den vielleicht existierenden Bruder?

»Ich sammle doch gar nicht. Es ist der Alltag, der sich immer wieder in mein Leben drängt«, verteidige ich mich.

Müde strecke ich mich auf der Kantinenbank aus.

Na ja. Wahrscheinlich hat sie sogar recht. Obwohl ich mich gänzlich unschuldig fühle. Was kann ich dafür, dass in meiner Familie so lebhaft gestorben wird?

Im Kopf mache ich mir eine Liste der zu erledigenden Dinge, schnell, bevor es noch mehr werden:

1. Grabstein – Da geht es schon los, was schreibt man drauf? Ich kann kein Hebräisch. Es ist aber Pflicht auf jüdischen Friedhöfen. Schreibt man groß oder klein? Welche Form und Farbe? Könnte ich die Buchstaben einfach vom Nachbargrab abpausen? Diese Aufgabe hatte meine Mutter bei meinem Vater wunderbar erledigt. Hätte ich nur besser aufgepasst! Dass so große Dinge so banale Fragen aufwerfen.
2. Wohnungsauflösung – Bei meiner Stauballergie wird es eine rundum heikle Angelegenheit. Aber das Hessische Staatsarchiv klopft schon an meine Tür wegen des akademischen Nachlasses. Kaum ist man tot – schon museal.
3. Gegebenenfalls Bruder bzw. Brüder suchen ... wenn überhaupt.

4. Mit Schwester Testament vollstrecken. Wird sich hinziehen.

Das sind keine Aufgaben. Das sind Lebenswerke. Früher oder später werden sie mich lachend unter sich begraben. Am besten, ich lege mein schweres Haupt auf den Kantinentisch und stehe erst 2017 wieder auf.

»wer wegwirft, ist ein faschist«

Ganz leise habe ich mich auf die Empore der Synagoge geschlichen. Die Vorsicht ist völlig unnötig, denn der Grundlärm ist erheblich. Außerdem kommt hier sowieso keiner unbemerkt auf seinen Platz. Man nickt mir zu im Sinne von »Muss erst deine halbe Familie sterben, bevor du dich hierher bewegst?«. Ich nicke beflissen zurück. Soll ich wieder gehen? Ich weiß selbst nicht, warum ich gekommen bin. Links von mir eine ganze Reihe braver Beterinnen. Mindestens die Hälfte sind Übergetretene. Ihr Ernst ist zu offensichtlich, sie tun mir fast ein wenig leid. Ob sie es jemals schaffen, anerkannt zu werden? Unwahrscheinlich.

Vor mir eine orthodoxe Mutter mit ihren Töchtern. Jede Bewegung ist ihnen geläufig. Wie in Trance absolvieren sie ihren Parcours. Mein Blick bleibt gegenüber bei Marguerite hängen. Sie ist Ärztin und hat mir bei der Beschneidung der Jungs sehr geholfen: Statt mir mit ausgesprochen klugen Ratschlägen auf die Nerven zu gehen, wechselte sie den Verband, den der Mohel um den Penis gewickelt hatte. Sie kam täglich, bis alles so aussah, als sei es Gottes Wille ... Ich sehe, sie macht sich Sorgen, weil ich da bin. Wie hübsch sie unter ihrem großen Strohhut aussieht. Ich schließe die Augen – wenn ich niemanden sehe, habe ich vielleicht Glück und keiner sieht mich ...

Verkehrte Welt. Man macht sich Sorgen, weil ich komme, nicht, weil ich so lange nicht da war. Ich mag den Kantor, er hat den weichen Singsang der sephardischen Juden. Obwohl ich nichts verstehe – oder gerade deshalb –, wirkt sein Gesang beruhigend. Er ist der einzige Spharde, den ich in Berlin kenne. Einmal hat er mit meinem Vater zusammen spaniolische Lieder gesungen, sie wechselten sich ab. Sie klangen wie Jungs, die sich auf ihre Bar-Mizwa vorbereiten. Vermutlich wie damals, bevor er abtransportiert wurde. Ein »Thessaloniki-Jude«, sagt man über ihn. 1942 deportierten die Nazis die gesamte jüdische Gemeinde Thessalonikis mit einer Viehwaggonladung nach Auschwitz. Die Überlebenden kehrten 1945 gemeinsam nach Thessaloniki zurück. Aber dort wollte sie keiner mehr. Erst dann haben sie sich voneinander getrennt und in alle Winde zerstreut. Jetzt stampft er auf den Boden, sorgt für Ruhe – er ist eine Instanz. Es wird ruhiger und sein Grinsen lobt die, die sich fortan leiser unterhalten.

Man erzählt sich, dass er schon in den 60er-Jahren in Ostberlin gesungen und dabei nach Herzenslust geschmuggelt habe. Wer kontrolliert schon einen Juden? Jeans und Gebetbücher habe er in den Osten gebracht, mit Kaviar und Wodka sei er wieder zurückgekommen.

Heute ist sein Gesicht besonders rot und ich fürchte, er wird mitten im Gebet kollabieren. Am Ende wird er die Kinder zu sich hoch bitten, sie segnen und ihnen Schokolade schenken.

Vielleicht bekomme ich heute auch eine Tafel? Ja! Er ruft mich – seine Hand liegt schwer auf meiner Schulter. Ich sage das Sabbatgebet, bedecke mit den Händen mein Gesicht vor dem zu starken Leuchten G'ttes, während ich versuche, die Lichter anzuzünden. Die Streichhölzer brechen immer wieder ab. Man gibt mir Ratschläge, was ich tun soll. Meine Mutter ist da. Sogar Mick Jagger. Er lädt mich ein, in seine Badewanne zu kommen. Ich möchte gerne, aber zunächst muss ich die Lichter anzünden. Die Schokolade schmeckt göttlich,

ich habe sie mir wirklich verdient. »Komm«, sagt Marguerite, und ich reiße die Augen auf. »Es ist vorbei, du bist eingeschlafen.« Verlegen nehme ich meinen Mantel, aber es hat mir gutgetan. Ich sollte öfter in die Synagoge gehen.

Ich finde keine Gründe mehr, um mich vor der Wohnungsauflösung zu drücken. Also mache ich mich auf den Weg nach Gießen.

Vor einer Woche habe ich schon einen Versuch gestartet. Meine Tante, die Schwester meiner Mutter, kam aus Italien angereist, um mir zu helfen. Sie probierte alle Kleidungsstücke an und legte sie entweder ordentlich gefaltet in den Schrank zurück oder bestimmte sie für Italien. Ebenso ein paar dicke Teppiche und ausladende Sessel. Mir wurde klar, dass ich in einigen Jahren dort alles wiederfinden würde.

»Wer wegwirft, ist ein Faschist«, sagte meine Tante, und das wollte ich natürlich nicht sein. Nicht vor ihren Augen.

Meine Tante war nicht zur Beerdigung meiner Mutter gekommen. Sie lebt in Mantua, dort war ein milder Herbst, und sie fürchtete, sich in Deutschland zu erkälten. Beerdigungen sind generell nicht gesundheitsfördernd und ab einem gewissen Alter wahrscheinlich sogar schädlich. Meine schöne Tante Jelka, die ich seit Kindertagen »Teta Jele« nenne, ist 90 Jahre alt, und noch immer drehen sich alle nach ihr um. Sie ist die Personifizierung der k. u. k Monarchie. Anmut und Schönheit, Stolz und vollendete Haltung stehen in beneidenswerter Konkurrenz. Sie ist die eigentliche Kapazität auf dem großen Feld der Familienlegenden. Meistens lächelt sie, wobei ihr schöner Kopf vorsichtig hin- und herschaukelt. Sie hat früh zu flüstern gelernt, um ihren cholerischen, herzkranken Vater, meinen Großvater Sigismund Fuhrmann, nicht aufzuregen und ins Grab zu stürzen.

Als ich sie anrief, um ihr von der Beerdigung ihrer Schwester Bericht zu erstatten, flüsterte sie: »Sie sind weg!«

»Wer, Tante, wer ist weg?«

Bei solchen Ausbrüchen fühle ich mich sofort wie im Internierungslager, und alles, was ich über die Spätfolgen des Krieges weiß, leuchtet in meinem Hirn rot auf.

»Die Manschettenknöpfe deines Onkels! Mit seinen Initialen G. M. für Giorgio Motta – weg! Ich hatte sie aus dem Safe herausgenommen und unters erste Kissen des roten Sofas gelegt. Dann kam die Post, und ich habe sie in der Eile dort vergessen. Als ich ein paar Tage später nachschaute, waren sie weg! Stattdessen sind zwei billige Manschettenknöpfe da, ohne Initialen, aus Blech! Man hat sie vertauscht. Verstehst du? Man ist wieder eingebrochen und hat sie vertauscht. Den Verdacht habe ich schon lange, dass man bei mir ein- und ausgeht.«

Sie hatte sich in Rage geredet und schwankte nun zwischen Kroatisch und Italienisch ohne Punkt und Komma.

»Und das Verrückteste ist, die Uhr und die Ringe, die danebenlagen, haben sie dagelassen. Kannst du dir das vorstellen, was für Mistkerle das sind? Verbrecher, echte! Ich wünschte, ich wäre tot. So ein Verlust. So ein unersetzbarer Verlust. Kannst du dich erinnern, die silbernen Leuchter?«

»Natürlich kann ich, sie stehen sauber geputzt auf der Kommode.«

»Nun, diese Leuchter gehörten schon damals in unser Haus. Als wir Hals über Kopf fliehen mussten, ließen wir sie bei Teta Katha. Sie vergrub sie in ihrem Garten. Nach dem Krieg haben wir sie zusammen ausgegraben. Sie war eine der wenigen Anständigen. Vielleicht die Einzige. Sie hat uns alles wiedergegeben. Aber die hier sind Verbrecher, wie alle anderen damals, wie alle ... «

Ich kann meine schöne Tante Jelka in solchen Momenten nicht trösten. Dann rechnet sie die Vergangenheit in Silber auf. Aber sie ist und bleibt die Verliererin, die Vergangenheit ist eben jetzt.

Bei der Wohnungsauflösung war sie mir keine wirkliche Hilfe. Sie hatte ihren Hund mitgebracht, er hinkte. Sie würde augenblicklich Tabletten nehmen, wenn ihr Yorkshire Terrier sterben sollte. Ich bat sie, es nicht zu tun. Würde sie sterben, wäre ich völlig allein mit unserer Geschichte. Es gäbe keine Beweise mehr für das, was passiert ist. Ich würde anfangen zu glauben, dass es den Holocaust nie gegeben hätte. Das sah sie ein und ging zum Tierarzt. Dieser verabreichte dem Hund und ihr ein paar Tabletten. Ich bekam auch einige davon ab und es ging uns allen besser. Nach weiteren zwei Tagen dieser Art setzte ich meine Tante in den Zug nach Italien und vertagte erschöpft die Aufräumarbeiten.

Jetzt, eine Woche später, werde ich allein und mit neuem Elan problemlos die Wohnungsauflösung hinter mich bringen. Systematisch, unsentimental und schnell. Im Nu. Pro Tag ein Zimmer, wenn's schlecht läuft, vielleicht mal zwei Tage und in 10 bis 14 Tagen wird die Wohnung meiner Eltern leergeräumt sein. Alles eine Frage der Strategie. Wenn man sich nur anstrengt und ordentlich zusammennimmt, dann wird das schon. – Mülltüten, große, feste. Ein Umzugsunternehmen. Nachlassauflösung, so heißt das. Zusammenreißen und los geht's ...

Die Ampel schaltet auf Grün. Der Blick aus dem Fenster ist immer noch derselbe. Derselbe wie damals, als sie noch putzmunter waren. Der Blick auf die sechsspurige Straße, der Blick auf den winzigen Rasenfleck und auf die Ampelanlage in Gießen. Gießen ist keine besonders schöne Stadt, komplett zerbombt, schnell und billig wieder aufgebaut. Aber einen trostloseren Flecken zu finden als den, auf dem unsere Wohnung steht, ist selbst in Gießen schwierig. Auf der Vorderseite die sechsspurige Straße, auf der Rückseite schließen an die Hausmauer Bahngleise an. Rechts ist die Feuerwehr, links ein Bordell. Ich starre auf die regennasse Straße. Die

Ampel wird rot. Ich tue nichts. Ich höre den IC Kassel–Frankfurt vorbeidonnern, im Rücken die Wohnung. Die Wohnung meiner Eltern.

Bei den Eltern meines Freundes Zvi sah es genauso aus. Neubau aus den 60er-Jahren, an einer stark befahrenen Straße. Schwere Sesselgarnitur, Geiger-Lithografie, Menora in der Vitrine, Holocaust-Literatur im Bücherregal. Ob sich die jüdischen Rückkehrer abgesprochen hatten? – Wenn wir schon unsere Villen nicht zurückbekommen, dann wollen wir nur in klaren, pragmatischen Wohneinheiten überleben.

Wenn ich nicht bald anfange, wird meine Statistik darunter leiden. Die Ampel wird von Rot auf Grün schalten, und ich werde keines der Zimmer berühren. Nicht einen, nicht zwei, nicht zehn Tage lang. Es ist mir peinlich. Es ist zu intim. Sterben ist einfach zu intim. Und die Dinge der eigenen Mutter zu ordnen ist unerträglich intim. Jetzt! Beim nächsten Umschalten der Ampel fange ich an. Sofort.

Vielleicht ist es am besten, wenn ich mit dem Intimsten anfange, dann wird es stufenweise immer leichter und geht irgendwann wie von selbst. Und wenn ich schließlich beim Schnellkochtopf angekommen bin …

Noch immer arbeitet mein Kopf, aber mein Körper ist wie gelähmt. Vielleicht fällt gleich eine Atombombe auf Gießen, und die Sache hat sich von selbst erledigt. Die Wahrscheinlichkeit ist gering. Die Couchgarnitur ist vielleicht doch eher aus den Siebzigern und hat Fransen. Der Lampenschirm hat die gleiche Bordüre. Kleine Kügelchen, die hin und her schaukeln, wenn auf der Straße ein Lastwagen vorbeifährt.

Einmal war ich in Frankfurt in der Wohnung meines jüdischen Freundes Elkan. Auch da dasselbe Mobiliar, sogar der Radiowecker und die Lithografie mit dem betenden Juden waren die gleichen. Wie bei uns, wie bei Zvi. Ich glaube, es roch genauso und es war genauso überheizt. Das nennt man jüdische Kultur. Mir ist übel.

Ich öffne den weißen Kleiderschrank. Der war am »verbotensten«, also ist er am persönlichsten, intimsten. Ich öffne ihn und erstarre: Meine Mutter hat wirklich nichts mehr weggeworfen. Nichts, was noch irgendwie brauchbar hätte sein können. Alles da. Alles gesammelt, geordnet. Immer schneller reiße ich Türen und Schubladen auf. Da. Guerlain – ihr Parfum. Sie ließ es sich schenken hier und da. 20, 30 Flaschen, in Zellophan verpackt in verschiedenen Größen, füllen die oberste Lade. Zigarettenschachteln, genug für einen florierenden Schwarzmarkt im Winter. Streichhölzer, Feuerzeuge für einen Weltkrieg. Tüten, Silberputzmittel, mehrere elektrische Bügeleisen mit Garantie. 100, 150 Pullover in Pastellfarben, sorgfältig gefaltet in Tüten mit Mottenkugeln. Ich höre auf, sie zu zählen. Bikinis, deren Muster mich an Brigitte Bardot erinnern. Überforderung macht sich in mir breit. Wo soll ich anfangen? Und wie? Wie kann sie so davongehen? Mich mit Quittungen von 1970 bis 2004 allein lassen! 34 Jahre Quittungen!

Ich begreife es nicht.

Das Zimmer meines Vaters wirkt, als wäre er noch quicklebendig und nur kurz außer Haus.

Seine Hemden sind frisch gebügelt, das Jackett in der Plastikhülle kommt aus der Reinigung. Auf seinem Schreibtisch liegen Kopien wichtiger Zeitungsmeldungen. Ich überfliege das Datum: Meine Mutter hat bis zu ihrem Tod aktuelle, kopierte Ausschnitte auf seinen Schreibtisch gelegt. Da gehörten sie hin ... wer weiß, ob die Toten von oben nicht auch noch gerne Zeitung lesen?

Ich könnte einen Kaffee gebrauchen. Meine Mutter hätte in so einer Situation auch erst mal einen Kaffee gemacht. In der Küche wartet die kleine ausgespülte Espresso-Kanne arbeitsbereit auf mich. Ich sehe meine Mutter grinsend vor mir – in ihrem selbst genähten Nylon-Hauskleid.

Na? Überrascht? Hättest du wohl nicht von mir gedacht? Die Sammelwut? Weißt du, Kind, Freud hat auch gesammelt. Alles. Von wichtigen antiken Vasen bis zu Kleinkram aller Art. Alles – Feuerzeuge, Briefmarken, Bücher, Notizzettel. Warum soll ich es nicht auch tun? Es sind Erinnerungsstücke!

Ich bin hier auf ein Wespennest jüdischer Tradition gestoßen. Jede Quittung gibt mir Auskunft über das Gelebte, die Sehnsüchte, die Träume. Es wäre sinnvoll, alles durchzuarbeiten, zu katalogisieren und … im Jahre 2027 wäre ich fertig, 67-jährig. Könnte Auskunft geben über das Leben jüdischer Migranten der Nachkriegszeit, Vortragsreisen halten …
Der Espresso ist kalt.
Müllhaufen – Mülltüten – Müllcontainer.
Stunden und Stunden vergehen. Knietief in Badetüchern, Zeichenmaterial, Zeitungsausschnitten. Wegwerfen? Aufgeben?

Vor mir liegt eine Reihe von Papieren. Sie gehören alle zu meiner Mutter. Wie viele Dokumente ein Menschenleben so mit sich bringt. Ich ordne sie chronologisch:
- 11.3.1924 Geburtsurkunde, Zagreb
- 1.9.1930 Schülerausweis Evangelische Grundschule Zagreb
- 1941 Taufschein
- 1942 Lagerausweis Campo Porto Re, Kraljevica, Nr. 589
- 1943 KZ-Lagerausweis Nr. 100, Insel Rab
- 1943 Krankenschwesternausweis
- 9.7.1944 Amerikanischer Lagerausweis, Santa Maria al Bagno, Süditalien
- 1945 Ausweis der Antifaschistischen Jugend Zagreb
- Beleg über den Erhalt von: 1 Hose, 1 Paar Stiefel, 1 blaue Bluse, Aufdruck: Tod dem Faschismus! Freiheit dem Volk!

- 1946 Studentenausweis der Kommunistischen Partei Jugoslawiens, Fakultät Architektur
- 1952 Urkunde über das Diplom der Architektur
- 9.7.1964 Antrag auf Aufenthaltserlaubnis in Italien
- 23.7.1964 Verlängerung der Aufenthaltserlaubnis in Italien
- 22.11.1965 bis 21.11.1966 Arbeitserlaubnis in Konstanz, Bundesrepublik Deutschland
- 22.3.1966 Beantragung politischen Asyls in der BRD
- 2.4.1968 Beantragung eines Vertriebenenausweises der BRD
- 1969 Der Antrag wird zurückgewiesen
- 1970 Urkunde über den Erhalt der Deutschen Staatsbürgerschaft
- 1986 Bundesverdienstkreuz
- 1992 Ehrendoktorwürde der Universität Gießen
- 1996 Hedwig-Burghheim-Medaille der Stadt Gießen

Wofür ein Mensch so alles Ausweise bekommen kann. Und wie viele! Und alle hat meine Mutter sorgfältig gesammelt. Eine Art Beweisführung. Wofür? Als Existenzberechtigung? Als Beweis dafür, wie ein Mensch, ohne es zu beabsichtigen, in das Räderwerk der Geschichte geraten kann?

Statt Geschichtsunterricht sollte man Wohnungsauflösungen als Pflichtfach einführen.

Was für ein Leben! Wie klein und eindimensional mir meines erscheint. Wenn ich jetzt tot umfiele – was in Anbetracht dieser Massen an Erinnerungsstücken durchaus möglich wäre –, hätte ich nur einen einzigen gültigen Ausweis vorzuweisen: Den deutschen. Und meinen Fahrtenschwimmer. Und den Führerschein. Wie langweilig. Schnell presse ich die Papiere in zwei alte hellbraune Koffer. Irgendwann werde ich sie wieder rausholen, erneut durchgehen, verstehen. Vielleicht.

Schluss für heute. Ich schaue nur noch in einen letzten alten Umzugskarton. Er ist bis oben hin voll mit durchnummerierten Briefumschlägen, auf denen steht: RESTITUTION BESITZ ZAGREB 1-20. Das hat mir gerade noch gefehlt. Ich weiß, dass meine Mutter sich sehr mit diesem Thema beschäftigt hat. Aber ihre Gründlichkeit habe ich mal wieder unterschätzt. Die mache ich jetzt bestimmt nicht auf. Sicherheitshalber werde ich sie mit nach Berlin nehmen.

Etliche Tage und Kaffeepausen später arbeite ich mich immer noch durch die Wohnung, vom frühen Morgen bis spät in die Nacht, erschöpft, aufgewühlt und stinksauer. Was wäre so schlimm daran gewesen, wenigstens ein bisschen was wegzuwerfen? Ich beschließe, die Dinge aus ihrem Arbeitszimmer für die Nachwelt zu erhalten. Und so erscheint im müden Frühnebel eines November-Donnerstags zunächst ein Container des Hessischen Hauptstaatsarchivs und packt die wissenschaftliche Seite meiner Mutter ein, um sie einzulagern. Ich habe zeitlebens Zugang zu dem Magazin, Abteilungsnummer 1245.

Bleibt noch ihr fast fertig geschriebenes Buch »Synagogen und Ritualbäder in Hessen. Was geschah seit 1945?«. Mir ist völlig unverständlich, wie sie sterben konnte, ohne es fertig geschrieben zu haben. Das passt so gar nicht zu ihr. Wo man doch immer bei Tolstoi und seinen Kollegen liest, dass erst gestorben wird, wenn alles erledigt ist. Hier liegt eindeutig ein Versehen vor.

Am selben Novembernachmittag packt schließlich der Verlag alle nötigen Fotografien, Zettel und Notizen ein, um das Buch noch vor der Buchmesse im nächsten Jahr fertigzustellen. Die Idee einer posthumen Veröffentlichung hat etwas Beruhigendes, obwohl sie mit der Vorstellung kokettiert, dass der Tote von einer Wolke aus zusieht und sich freut ...

Wolke hin oder her: Der letzte Akt. Dinge, die zum Wegwerfen zu schade, zum Mitnehmen zu viel, aber von fatalem sentimentalem Wert sind: Glaslampen aus Murano, alte, schöne stehen gebliebene Uhren, gefärbte Postkarten aus Capri und Pietra Ligure. Was tun damit?

Wie wäre es, wenn ich einen Flohmarkt hier in der Wohnung organisiere und alle Mitglieder der jüdischen Gemeinde einlade? Die Bedürftigen könnten sich ungestört bedienen, die anderen könnten sich eine Erinnerung an die Begründer ihrer Gemeinde, an ihren Vorstand aussuchen.

Meine Eltern liebten Flohmärkte! Die Idee ist hervorragend.

Sofort laufe ich in das Gemeindezentrum, das sich praktischerweise in unmittelbarer Nähe der Wohnung befindet. Am schwarzen Brett hinterlasse ich folgenden Aushang:

»Sonntag Gedenkflohmarkt bei Familie Altaras, 13 h. Bitte kommen Sie zahlreich. Die Tochter Adriana«.

Voller Elan platziere ich in den nächsten beiden Tagen die kleinen und großen Erinnerungsstücke. Manches stelle ich ins Licht, anderes ins Halbdunkel. Es sieht wunderbar aus. Die ganze Wohnung ein Flohmarkt.

Dann setzte ich mich in den Flur und warte. Warte und warte. Es ist Sonntag 13 Uhr, aber niemand kommt. Die Mitglieder der jüdischen Gemeinde lassen sich Zeit. Vielleicht hätte ich den Text auch auf Russisch verfassen müssen? Und wenn nun wirklich niemand kommt? Wenn Unbehagen vorherrscht, sie sich nicht trauen, den Stuhl ihres ehemaligen Vorsitzenden mitzunehmen? Das Brillenetui aus Samt? Das bronzene Männeken Piss?

Um halb vier kommen die Ersten. Sie sind ausgesprochen höflich und vorsichtig. Wir alle sind schrecklich verlegen. Ich rede ihnen gut zu. Sie verschwinden allmählich in den Zimmern.

Eine dicke Frau erreicht schwitzend den zweiten Stock.

Nein, sie wolle nichts, ihr Deutsch sei auch sehr schlecht. Ich bitte sie, sich zu setzen. Nein! Nein! Sie wolle nichts, nur etwas vorlesen! Unter Tränen liest sie: »Der Glick, das ich habe bekommen mit Vorsitz von Ihre Frau Mutter. Ohne sie ich wäre noch Sowjet und das gar nicht gut!« Wir weinen.

Die Nächsten sind die Guttmanns: »Herzliches Beileid. Gibt's was Elektrisches?« Ohne die Antwort abzuwarten, erreichen sie die Rotlichtlampe. Ich bin erleichtert, niemanden zu enttäuschen. Eine orthodoxe Familie beschwert sich über die Möbel. Nicht modern genug, findet der Sohn, der sich weigert, mir die Hand zu geben. Ich sei nicht koscher genug. Ich bitte um Entschuldigung für mich und die Möbel. Sie schnappen sich die hölzerne Miniatur des christlichen, kroatischen Nationalhelden Ninski und schwören, es sei Moses. Bin ich froh! »Echt jüdisch«, stammele ich, »koscher und modern!« Kein Durchkommen mehr. Jüdische Russen, russische Juden. Der Markt floriert. Am späten Abend ist fast alles weg. Als hätte sich ein Heuschreckenschwarm durch die Räume gefressen.

Wieder einmal hocke ich auf dem Boden, auch die Stühle sind weg, ich bin traurig und maßlos erleichtert, hätte es nicht für möglich gehalten, dass ein Aschenbecher aus Bakelit, eine Ente aus Muranoglas einem das Herz brechen können …

Ich warte, während die Ampel vor dem Fenster regelmäßig von Rot auf Grün schaltet.

Ich warte, dass mein Vater um die Ecke blickt, grinst und fragt: »Den Kaffee mit drei Stück Zucker? Oder haben sie den Zucker auch mitgenommen?«

heimweh

Die ersten Wochen zurück in Berlin als »Vollwaise« meistere ich bravourös. Nur selten greife ich zum Hörer, um dies oder jenes mit meinen Eltern zu besprechen. Sie wiederum reden mir kaum rein, nur ab und zu nachts, aber vielleicht ist Schlafen sowieso enorm überbewertet.

Trotzdem fehlen sie mir, auf eine unspezifische Weise.

Meine Astrologin ist dünn und lang, etwa in meinem Alter. Bei der Arbeit verwandelt sich ihr Gesicht, und sie gleicht einem Tiger, der auf Beute lauert. Während sie in ihrem dicken zerfledderten Buch die Zahlen fixiert, raucht sie eine nach der anderen. Sie sagt die traurigsten Dinge, aber in Anbetracht dessen, dass sie im Firmament eingebettet sind, wirken sie tröstlich.

»Was ist so schlimm an Einsamkeit?« ist ihr Fazit.

Ich kann es ihr nicht genau beantworten. »Nichts, glaube ich. Nur ein wenig ungewohnt vielleicht.«

Die Raubtieraugen starren mich an. Ich gebe ihr 100 Euro für ihre Hilfe.

Einsamkeit. Ich habe häufig versucht, mit meinen Eltern und meiner Tante über Einsamkeit zu sprechen. »Wie war das, plötzlich im Lager, alles aufgeben zu müssen? Herausgerissen zu sein, aus einem behaglichen Leben mit Freunden und Familie? Die Verhältnisse dort? Das Elend? Und bei den Partisanen? Hattet ihr Angst? Und nach dem Krieg, und die Toten?« Meistens wichen sie mir aus. Fanden meine Fragerei kindisch. Gelegentlich erzählten sie, eher aus Versehen. Mein Vater, der stolze Gockel, schien Einsamkeit nicht zu kennen. Er sprach immer nur vom Widerstand in den kroatischen Bergen, von der Partei, von den Frauen. Frauen liefen ihm seit jeher nach, und er ließ sie ungern stehen.

Aber Split, die Stadt seiner Kindheit und Jugend, die Stadt am Meer, fehlte ihm unendlich. Sein Heimweh war groß. Jedem Besuch oder Bericht aus der Heimat fieberte er entgegen. Seine Einsamkeit war sein Heimweh.

Meine Tante war mit 21 ins Lager gekommen, als wunderschönes junges Mädchen. Und so wie sie in das Lager hineingegangen war, kam sie wieder heraus. Sie blieb zeitlebens das Mädchen von 21 Jahren – in Stimme, Haltung und Gefühl. Sie hatte sich in einen Kokon aus Unberührbarkeit eingesponnen, und die Einsamkeit einer jungen Frau, die ihre Jugend verloren hat, verließ sie nie mehr. Sie bekam nie Kinder.

Meine Mutter schloss Türen mindestens dreimal ab, verriegelte die Fenster, ließ nachts das Licht brennen oder den Fernseher laufen. Auch sie hatte der Krieg verstört zurückgelassen. In ihrer Einsamkeit suchte sie das Alleinsein. Und die Bücher. Alles andere, vor allem Menschen, störte sie. Aus Enttäuschung über das, was Menschen ihr angetan hatten, aus Ekel vor Jugoslawien, vor den jugoslawischen Faschisten ließ sie kein Heimweh aufkommen, so schien es. Es war, als wäre das Alleinsein ihre letzte übrig gebliebene Würde – ihre Bastion.

Was war meine kleine Einsamkeit gegen die der Überlebenden?

Meine Mutter fuhr mit ihrem Renault Clio, Modell Baccara, von Dorf zu Dorf. Der Clio war zwar klein, aber Luxusklasse, hatte Ledersitze und eine Holzarmatur. Hessen dagegen ist groß, zieht sich von Fulda bis Mannheim und ist noch dazu gespickt mit winzigen Dörfern.

Man hatte meine Mutter nach einer Thrombose im Auge frühpensioniert. Ein halbes Jahr war sie nicht zu ertragen, alle waren schuld an ihrem Schicksal. Das Essen schmeckte ihr nicht, die Witze meines Vaters fand sie schal, und dass ich das Abitur bestanden hatte, quittierte sie mit einem Kopfnicken. Wenn sie nicht arbeiten konnte, wollte sie lieber sterben. So hatte sie es im Osten gelernt: Nur wer arbeitet, ist ein ganzer Mensch. Ich weiß nicht, wer oder was sie auf die Idee brachte – aber eines Tages begann sie, systematisch die hessischen Dörfer zu durchforsten.

Sie fuhr immer allein. In jedem Dorf in diesem Ober-, Mittel- und Unterhessen gab es ein Landjudentum, das sie aufspürte. Landjudentum mit respektabler Synagoge, Mikwhe, Schul.

Sie wollte alle finden, fotografieren, katalogisieren. Und sie fand sie alle. In den Bibliotheken hatte sie sich zuvor ein genaues Bild vom Leben dieses Landjudentums gemacht, die Grundrisse der Dörfer studiert. Nun war es für sie ein Leichtes. Kaum erreichte sie ein Dorf, lief sie zielstrebig auf ihr Ziel zu. Sie fand die alten Gebetshäuser alle, auch wenn sie jetzt Ställe waren, Garagen, Wohnhäuser, Ruinen. Wie ein Spürhund, ferngesteuert.

Sie klingelte. Dann passierte alles Mögliche. Manche umarmten sie, schrien auf und weinten vor Glück, dass sie wieder zurück war aus dem KZ. Ihre Ruth, Rifka, Judith …

Andere schlugen ihr die Tür vor der Nase zu. Wohl aus demselben Grund. Und überhaupt, sie würden nichts hergeben, den Teppich hätte man ihnen geschenkt, die Thonet-Stühle sowieso. Meistens durfte sie fotografieren. Am besten nur von außen. Mit ihrer kleinen Minox.

Zu Hause katalogisierte sie alles, malte Grundrisse nach und hauchte den vergessenen Gebäuden Leben ein. Es hatte sie also gegeben – die Landjuden. Die armen Juden. Die Bauern. Hessen staunte und tat so, als sei es Jahrhunderte her, dabei waren gerade mal 50 Jahre vergangen.

Meine Mutter arbeitete 20 Jahre lang an ihrem Lebenswerk. Sie fuhr im Winter bei Glatteis, sie fuhr nachts. Sie sah schlecht und hatte Angst vor den Straßen und den Wetterverhältnissen. Aber sie fuhr. Sie durchkämmte das hessische Land mit der ihr eigenen Genauigkeit. Aus 264 hessischen Dörfern: 276 architektonische Beschreibungen und Bauhistorien von Synagogen und Bädern. Aus kiloweise Notizen: zwei Bücher. Die Frau, die ihr den Leuchter schenkte, der Alte, der sich mit ihr fotografieren ließ, die Droh- und Dankesbriefe. All das gehörte dazu. Die Politik ehrte sie schließlich, etwas peinlich berührt und erleichtert, dass jemand diese undankbare Aufgabe übernommen hatte. Die Kirchen luden sie zu Vorträgen ein, man behängte sie mit hässlichen Orden.

Und sie? Was war mit ihr? Warum tat sie das alles? Ein Gebiet durchkämmen, das so gar nichts mit ihr zu tun hatte, haben würde? Die minutiöse Detailansicht eines riesigen Desasters? Aufarbeitung? Trifft's nicht. Berufsbedingte Neugier? Architektonische Werterhaltung? Nein. Reisefreude, Egomanie, Präzision? Die Toten ehren? Ihre Toten, die Vorfahren, Dorfjuden aus Bjelovar?

Im Gegensatz zu meinem Vater sprach sie nie von Jugoslawien. Sie sprach von »den Kroaten« und »den Serben« und zwei, drei Freunden. Das war's. Nie vom Land, den Gerüchen, den Leuten, dem Meer. Den Toten. Sie doch nicht. Sie hatte kein Heimweh ...

Ich habe mich geirrt. Hatte sie doch! Sie hatte schreckliches Heimweh. Sie fuhr durch Hessen, als sei es der Balkan. Und sie suchte nach den verlorenen Menschen, nach dem verlorenen Leben, als sei sie wieder zur Sommerfrische auf dem Land, bei ihrer Tante Alma und ihrem geliebten Onkel Marco. Natürlich. Sie war ein Gast geblieben. Nach vier Jahrzehnten. Wie viel »Gast-Sein« erträgt ein einzelner Mensch? Und wann möchte er dort, wo er ist, verwurzelt sein?

»Richte dich ein, als wär's auf ewig«, sagt Raffi immer – das hat ihm sein Vater beigebracht, eine alte, kluge Emigrantenweisheit. Das Exilpatent.

Sie hatte sich enorm eingerichtet! Sie hatte ihr Gebiet abgegrast. Sie hatte alles gesammelt, was dazu gehörte. Jede Information. Jede Aussage. Jedes Fragment. Sie wusste alles. Vielleicht hat sie es nie geliebt, aber gekannt hat sie es genau.

Sie kannte die verfallenen Gebäude, die zu Gast waren in Wabern und Oberursel. In den Dörfern Treysa und Lich. Zu Gast wie sie. Und die sich nun erledigt hatten und verfielen.

Das tat sie auch. Und starb.

Während meine Mutter mit ihrem Clio durch Hessen fuhr, hing mein Vater am Radio. Das war wohl seine Art, mit dem Exil, mit der Situation eines Politikers ohne Staat fertig zu werden.

Es gab keine Zeit, in der mein Vater nicht Nachrichten gehört hätte. Als ich klein war, nahm er immer einen winzigen Weltempfänger mit, auch wenn es nur an den Baggersee von Gießen ging. Er war ständig in Kontakt mit der großen weiten Welt und sie mit ihm. Wenn er sich am offenen Fenster sonnte, wenn er das Ärzteblatt las, selbst wenn er Opern hörte – immer liefen dazu die Nachrichten. Er war informiert, bereit, wenn man ihn gerufen hätte. Ein Reserveoffizier. Wenn es im Telefon ein Knacken gab, holte er meine Mutter. »Wir werden wieder abgehört, der Geheimdienst, sie wissen alles!« Es klang nicht nach einem Spiel, eigentlich hätte er auch Agent sein können. Er erklärte mir politische Zusammenhänge, die ich sofort wieder vergaß. Für sein Hirn waren sie bitterer Ernst, aber auch kreatives Spiel, Denksport, wie für andere Schach. Ein Faible, das David, mein großer Sohn, geerbt hat. Auch ihn beschäftigen Wahlergebnisse in den USA, Korruption in Peru, Gefangenenaustausch in Gaza mehr als seine Hausaufgaben in Mathematik.

Als ich im Jahr 2000 auf der Berlinale als Schauspielerin nominiert war, kam mein Vater angereist, um David zu hüten.

Der Jugoslawienkrieg war in vollem Gange. Kaum verließen wir das Haus, saßen die beiden vor dem Fernseher und sahen die Nachrichten und Reportagen, David war fünf, noch heute kennt er die Zusammenhänge zwischen Bosniern, Serben und Kroaten besser als manch einer seiner Lehrer. Jahre später rief er mich zur Schulzeit an, ich war alarmiert: War etwas passiert? Ja, es war etwas Sensationelles passiert: Soeben war Radovan Karadžić festgenommen worden. David beschrieb die Aktion minutiös, als wäre er dabei gewesen. Es wunderte mich, woher er das alles wusste, wo bislang noch nicht einmal das Radio davon berichtet hatte. Er musste seine Quellen haben, wie damals mein Vater. In den Nachrichten am Abend verfolgten wir gemeinsam die Festnahme. Mir fiel vor allem auf, dass Karadžić die gleiche Brille trug, die mein Vater getragen hatte. Es musste sie billiger gegeben haben damals. Ein Restposten ...

Mein Vater hätte sicher, so malte ich mir oft aus, eine glanzvolle politische Karriere hingelegt, wenn seine Genossen ihn nicht ausgeschlossen hätten.

Mein Vater ist Leiter des Militärkrankenhauses. Er ist Titos Leibarzt. Mein Vater pflegt den kranken Tito, außerdem ist er sein politischer Berater bei den Problemen, die er hat im Kosovo, in Albanien. Mit Serben und Kroaten, Mazedoniern und Bosniern.

Die Sonne scheint auf die Bucht von Split. Die Mannschaft um Tito ist perfekt. Als er stirbt, übernimmt mein Vater problemlos die Parteispitze. Es ist ungewöhnlich, dass ein Jude so weit nach oben kommt in einem kommunistischen Regime. Jugoslawien geht es gut.

Als die Krisen beginnen, entscheidet sich mein Vater klug fürs Exil in der Schweiz. Eine Zeit lang sieht es so aus, als würde er mit anderen Exilanten das Weltgeschehen aus der kleinen Schweiz heraus lenken. Zentralräte werden gegründet. Sozialis-

mus im Westformat. Nur knapp verfehlt mein Vater die Nobelpreisnominierung. Aber in welcher Kategorie?

Allerdings wird er mit der Ehrendoktorwürde zweier amerikanischer Universitäten ausgezeichnet und bekommt dort eine C17-Professur. Von den Staaten aus kann er die Unruhen in Jugoslawien beobachten, sogar schlichten.

Im November 1993 bricht ein erbitterter Kampf um die berühmte Alte Brücke in Mostar über der Neretva aus. Den Berichterstattungen zufolge stehen sich linksseitig serbische Orthodoxe und rechtsseitig kroatische Katholiken gegenüber. Mein Vater schickt einen Gesandten, der am 13. November nachmittags eintrifft und – man weiß nicht genau, durch was – eine Waffenruhe aushandelt. Geldsummen? Embargos? Nur Kenner der komplizierten Beziehungen der slawischen Volksgruppen konnten so gezielt eingreifen. Zeitlebens wird mein Vater für seine Taten honoriert, eine Stütze der Gesellschaft.

Eine märchenhafte Vita, zusammengesponnen, wie es kleine Töchter gerne tun: mein Vater, der Held.

Nach seinem Tod, inzwischen zählte die Jüdische Gemeinde an die 600 Mitglieder, setzte meine Mutter die Arbeit meines Vaters nahtlos fort: Sie übernahm sein Amt, das des Vorsitzenden der Jüdischen Gemeinde Gießen. Sie tat es mit hundertprozentigem Einsatz, obwohl sie die Aufgabe selbst nicht mochte. Ihr war es zuwider, täglich mit vielen Menschen persönlichen Umgang zu haben. Viel lieber hätte sie allein an ihrem Schreibtisch gesessen und an ihrem Buch weitergearbeitet.

Mit knapp 80 Jahren regelte sie bravourös, aber widerwillig die Geschäfte. Interne Querelen, schmutzige Machtkämpfe wurden ihr bald zur Hölle. Eine Gruppe russischer Einwanderer kämpfte um den Vorsitz und war in der Wahl der Mittel nicht zimperlich. Sie schienen von der russischen Mafia inspiriert zu sein: Um 4 Uhr morgens bekam meine Mutter Pizzalieferungen, die sie angeblich bestellt hatte, wurde nachts alle zwei Stunden angerufen, bedroht. Ich sorgte mich um sie, bat sie inständig, das Amt niederzulegen und nach Berlin zu ziehen. Doch sie lächelte nur und rückte keinen Zentimeter von ihrer Position ab. Die Jüdische Gemeinde war ihr Lebenswerk und das ihres Mannes. Sie war es den anständigen Juden und Nichtjuden, die dies alles mit ermöglicht hatten, schuldig, weiterzumachen, nicht aufzugeben, Widerstand zu leisten. Sie sprach pathetisch und feierlich, als wären wir im Bundestag. Wie ein Mantra wiederholte sie diese Sätze, es war kein Herankommen an sie.

Nur manchmal, wenn die Drohungen kein Ende nahmen, rief sie mich an, um sich auszusprechen. Gelegentlich, selten, weinte sie – um ihren Mann, um ihr Volk, um ihr Leben.

»Wir sind ein kleines, aber mieses Volk!« Dann legte sie trotzig auf und machte weiter.

Ich schlug ihr vor, sich von meiner Astrologin beraten zu lassen. Ich hatte herablassende Ablehnung erwartet, doch ich hatte mich einmal mehr in meiner Mutter getäuscht. Die Astrologin hat diese Telefongespräche aufgezeichnet:

Wissen Sie, nachts um vier, fünf Uhr plagen mich Bilder. Ich möchte gern schlafen. Aber die Bilder sind zu stark. Solch eine Hoffnungslosigkeit. Ich nehme Tabletten, morgens bin ich völlig zerschlagen. Ich möchte weg, alldem entfliehen, aber ich kann nicht. Ich schaffe es nicht. Ich sollte die Schriftsteller lesen, die ich liebe, die ich so lange vernachlässigt habe. Musik hören. Ich sollte das alles nicht so persönlich nehmen, abstrakter, als ein Drama der Allgemeinheit. Aber ich kann nicht. Ich kann nicht.

Ich habe keine Lust mehr, keine Kraft. Ich gehe nicht mehr weiter. Ich – diese Bilder! Ich bin wie gebannt von ihnen, erstarrt. Von allem. Was ich gesehen habe. Dabei war ich noch so jung, und alles hat doch so gut angefangen ...

Ich sehe meine Mutter vor mir im Krankenbett, kurz vor ihrem Tod. Nur noch ein Bein zeichnet sich unter der Decke ab. Sie fuchtelt wild mit den Armen, wie um etwas zu verscheuchen. Aber die Bilder lassen sie nicht in Ruhe. Sie schlägt um sich, aber der Feind bleibt.

Am Ende sterben sowieso alle. Die, die zu Hause geblieben sind, und die Gäste. Die, die ein »anderes« Leben geführt haben, ein geträumtes, und die, die das Leben der anderen katalogisiert haben. Das Gefühl der Leere und Heimatlosigkeit lässt sich nicht aufheben.

teta jele

Die Erbschaft zieht sich hin. Meine Schwester hat sich einen kroatischen Anwalt genommen, der nicht in der Lage ist, ihr das in deutscher Sprache verfasste Testament zu übersetzen und zu erklären. Das sei aber kein Problem, sie hätten gute Kontakte zu deutschen Kanzleien, beruhigte er sie. Der deutsche Anwalt nun schaut sich jede einzelne Quittung der letzten dreißig Jahre an, was dauert. Als ich sie anrief, um die Sache zu beschleunigen, stammelte sie: »Ich weiß nicht, der Anwalt wird schon alles richtig machen, glaubst du nicht?« Nein, das glaube ich nicht. Der Anwalt würde erst Ruhe geben, wenn sein Eigenheim finanziert wäre.

Es ist ein heißer Sommer, nicht nur in Berlin. Das Gras in ganz Europa hat eine rostbraune Farbe, die Menschen auch. Die Hitze macht mir weniger zu schaffen als die Mode. Seit Wochen sieht man ältliche Herren in kurzen Hosen, was in den seltensten Fällen vorteilhaft aussieht.

Meine Mutter fehlt mir. Erstaunlicherweise vermisse ich die bissigen Auseinandersetzungen mit ihr, die Telefonate, die regelmäßig mit Auflegen endeten.

Der Berliner Alltag hat mich eingeholt. Ich gebe mir mehr schlecht als recht Mühe, ihm gerecht zu werden. Häufig telefoniere ich mit meiner Tante. Schließlich gibt es nur noch sie und mich von unserem alten Clan.

»Naniza«, so nennt sie mich, »stell dir vor, was geschehen ist.«

Am Telefon erzählt sie, dass vor einigen Tagen wieder mal bei ihr eingebrochen worden sei und man ein Bild ausgetauscht habe. Es habe hinter dem Sofa gestanden und nun stehe ein anderes, viel hässlicheres dort. Die Schande ist nicht der Einbruch oder der Diebstahl, die Schande besteht darin, dass man sie gedemütigt hat, indem man wohl glaubte, sie würde nicht merken, dass ein teures, schönes Stillleben gegen ein billiges Porträt ausgewechselt wurde.

Sie erstattete Anzeige. Aber die Carabinieri machten ihr wenig Hoffnung. Also beauftragte sie einen Detektiv, dessen Arbeit sich darin erschöpfte, sein Honorar im Voraus zu bekommen – bei Detektiven so üblich –, um sich anschließend nie wieder blicken zu lassen.

Die Schlösser wurden wieder ausgewechselt, reine Routine, einmal jährlich inzwischen. Sie ist wütend, dass man ihr unrecht tut. Immer und immer wieder. Seit 1941. Alles Spätfolgen, denke ich mir, und ob die auch zum Erbe gehören?

Erbschaften sind eine vertrackte Geschichte. Der Tod meiner Eltern hat nicht nur ein Loch hinterlassen, er wirft auch ein völlig neues Licht auf Themen, die mir bisher gleichgültig waren: Nachfolge antreten, Staffelstab übernehmen, erben.

Bis vor Kurzem habe ich mir über das Erben kaum Gedanken gemacht. Jetzt verfolge ich die Lebenswege der Grimaldis und anderer Königshäuser mit Interesse. Sehe, wie Stephanie und Caroline bemüht sind, das Ansehen ihrer Mutter zu erhalten, und es nicht schaffen. Und wenn die Queen einmal stirbt, wird es der arme Charles auch nicht leicht haben. Die Sommer verbringen sie in ihren Sommerresidenzen, die Winter in Schweizer Chalets. Alles geerbt. Erst jetzt fällt mir auf, dass auch sie unbekannte Brüder, geheime Geliebte und haufenweise Twinsets geerbt haben müssen. Ich teile mein kleines Schicksal mit den Großen Europas.

Ich denke über die Möglichkeit nach, das Erbe nicht anzutreten. Die Schwester verleugnen, den möglichen Bruder gar nicht erst suchen, wenn ich die Neugierde im Zaum halten kann. Aber schließlich: Aus der Geschichte des 20. Jahrhunderts kann man nicht austreten.

Der Anwalt meiner Schwester interessiert sich inzwischen für den Zeitwert des 26 Jahre alten Mercedes unseres Vaters. Er liegt bei 400 Euro. Ferner forscht er nach angeblichen Aktien bei der Daimler-Benz AG. Keine auffindbar. Er kann sich wohl nicht vorstellen, dass es im Wirtschaftswunderland Deutschland jemanden gibt, der keine Mercedes-Aktien besitzt. Er möchte außerdem die Spendenquittungen für den Bau der Synagoge der Jüdischen Gemeinde einsehen. Ich gebe ihm die Telefonnummer der Stadtverwaltung Gießen. Vielleicht haben hessische Beamte mehr Verständnis für diesen Exzess deutscher Gründlichkeit. Ich bin ungeduldig, dränge meine Schwester, zu einem Abschluss zu kommen. »Lass doch, Nana. Solange der Anwalt arbeitet, ist Papa noch bei uns!« Wirklich eine sehr spezielle Art zu trauern.

Die Erderwärmung hat Berlin mit tropischer Hitze erreicht. Im Fernsehen diskutieren Wissenschaftler darüber, ob man in Deutschland die Siesta einführen soll. Ich warte nicht auf das Ergebnis und fange schon mal an. Die Hitze ist ungewöhnlich für Deutschland, aber klar ist: Man tut gut daran, sich langsam an sie zu gewöhnen. Es ist ein wenig wie in Miami, schwül und feucht. Mir wird schwummrig.

Naniza, du musst wissen, dass wir eine große Clique waren, zwanzig, fünfundzwanzig Jungs, ebenso viele Mädchen. Der Arthur Finzi und der Samuel Stein, fesche Jungs. Die Deutschen sind gekommen, die Ustascha haben sich ihnen angeschlossen. Unsere Jungs haben alle auf den Berg hinaufmüssen ... ich hab gedacht, das Herz wird mir zerspringen ... ich hab sie ja alle gekannt. Keiner kam zurück vom Berg ... den Leuchter hatten wir im Garten bei Teta Katha vergraben ... Den Schmuck aber haben wir zur Aufbewahrung verteilt. Später, nach dem Krieg, sehe ich: die Nachbarin, sie trägt meine Brosche. Ich sage: Das ist meine Brosche, und sie lacht mich nur aus!

Der Fritz! Wenn man noch einmal von vorne anfangen könnte ... das Leben ... verlorene Liebe, verlorenes Leben ... der Fritz. Der Fritz Epstein, der wär's gewesen, groß, blond, blauäugig. Dein Onkel? Primitiv, Katholik.

Onkel Vladko ... er war noch warm, als die Amerikaner kamen. Die haben ihn in den letzten Stunden umgebracht. In den letzten Stunden. Armer Onkel Vladko, ein Spinner, aber gutmütig. Warum, frage ich dich. Warum?

Das Klingeln des Telefons weckt mich. »Er ist tot, er ist tot!«, schreit meine Tante. Erst nach einer geraumen Zeit begreife ich, von wem sie spricht: Ihr Hund ist tot. Bevor sie vor Kummer droht, ihm zu folgen, verspreche ich, sofort anzureisen.

Ich frage sie noch vorsichtig, ob sie sich vorstellen könne, jemals einen neuen Hund zu haben. Sie jammert unter Tränen: »Niemals, aber er soll lange Haare haben. Und auf keinen Fall einen Rüden!«

Der Zug nach Mantua hat immer Verspätung. Er gehört noch ganz in die Garibaldi-Zeit. Als ich Kind war, hatte jede Sitzbank eine eigene Einstiegstür, die Bänke waren aus Holz. Das hat sich nun geändert. Alles andere, die Verspätung, das Tempo, sind geblieben. Auch die Landschaft ist noch genauso flach und ohne jede Abwechslung. Im Dunst wirkt alles noch öder und verlorener. Ich bin seit zwei Stunden unterwegs, von Mailand aus, und wir sind noch nicht einmal in Cremona. An mich kuschelt sich ein Hündchen, das Nachfolgemodell für »Gini«, den Yorkshireterrier, den meine Tante einschläfern lassen musste. Es ist ein Bologneser-Mädchen, klein, weiß und weich wie ein Wattebausch. Es wird perfekt zum weißen Haar der Tante passen, und unter den *portici*, den Torbögen in Mantua, werden alle Passanten anhalten und die beiden bewundern. Nach wenigen Tagen wird das unschuldige Tier völlig verzogen sein, und wir werden uns streiten, ob ein Tier mit am Tisch sitzen darf.

Meine Tante ist die Reinkarnation des britischen Königshauses, was die Manieren anbelangt. Sie ist derart vornehm, dass man sie zuweilen für eine geborene Gräfin hält. Aber bei einem Hund wird sie schwach und lässt die Welt des guten Benehmens völlig hinter sich. Ich jedenfalls finde es eklig und unpassend, wenn ein Hund mit im Bett schläft. In dieser Hinsicht passt sie vermutlich auch zum englischen Königshaus.

Damals, 1964, kam meine Tante mit ihrem Mann, meinem bereits glatzköpfigen Onkel, von Mantua zu uns nach Zagreb. Ich wurde in Decken gehüllt, sollte schweigen und unter dem Vorwand einer Augenoperation schmuggelten mich Tante und Onkel auf dem Rücksitz ihres Fiats nach Italien. Es war dunkel, als ich an der Grenze aufwachte. Ein Zöllner schaute mich an. Nichts passierte. Ich fragte ihn höflich, ob wir schon in Italien seien. Meine Tante schrie hysterisch, ich solle den Genossen arbeiten lassen. Also schlief ich weiter. Als ich das nächste Mal aufwachte, war es Tag, sehr heiß und sehr hell. Ich lernte, dass *acqua* Wasser heißt, *cane* Hund und begann, mich in der Fremde zu orientieren.

Mein Onkel, Geometer Giorgio Motta, war ein dürrer, blasser, nicht sehr attraktiver Mann. Auf seiner großen Nase saß eine schwarze Hornbrille mit extrem dicken Gläsern. Trotzdem sah er schlecht. Er führte das Büro seiner Familie weiter, in dem schon sein Vater und Großvater Geometer gewesen waren. Er baute Häuser, erstellte Statiken und war zuständig für die Feldvermessung. Wenn Korn- oder Reisfelder durch Hagel beschädigt worden waren, verlangte die Versicherung Angaben über den Schaden. Mein Onkel zog sich eine riesige grüne Gummihose an, ähnlich einer Anglerhose, fuhr zu den Bauern hinaus und stakste durch deren Felder. Diese Ausflüge nahm mein Onkel sehr ernst, zelebrierte jeden Vorgang mit größter Bedeutung. Wenn ich mitfahren durfte, war ich immer schrecklich beeindruckt von seiner Wichtigkeit. Ich habe Onkel Giorgio nur einmal in Badehose gesehen, im Sommer am Gardasee. Sein weiches weißes Fleisch war sogleich in der Sonne verbrannt, sodass man ihn tagelang pflegen musste. Von da an blieb er im Halbdunkel des Hauses, schaute aus dem Fenster und kontrollierte von dort jede unserer Bewegungen.

Jelka und Giorgio hatten sich schon in Selce kennengelernt, wo er als Soldat stationiert gewesen war, und wo meine Tante mit vielen anderen Flüchtlingen angespült wurde. Schon bald wurde sie von der Küste zuerst in das Gefangenenlager Kraljevica, dann in das KZ auf der Insel Rab gebracht. Dort tauchte mein Onkel wieder auf – ließ sie aber im Unklaren darüber, ob er zufällig nach Rab versetzt worden war. Jedenfalls kümmerte er sich besonders intensiv um Jelka. Als die Italiener kapitulierten, waren sofort etliche jugoslawische Partisanen zur Stelle. Sie entwaffneten die noch übrig gebliebenen italienischen Soldaten und setzten sie in ein Fischerboot Richtung Italien. Mein Onkel nahm seinen ganzen Mut zusammen und bat meine Tante, mit zu ihm nach Norditalien zu kommen. Jelka und zwei weitere jüdische Freundinnen, Lea und Heli, wurden auf dem Fischerboot versteckt.

Erst haben die Partisanen nach uns gesucht. Mit Bajonetten haben sie in der Kajüte rumgestochert, wo wir ganz still, versteckt unter Decken lagen. Dann wurden wir aus der Luft von den Deutschen beschossen, sie jagten jetzt ihre neuen Feinde: die Italiener. Es war fürchterlich.

Sie schafften es bis nach Cervia, in der Nähe von Ravenna, an die nördliche italienische Küste. Dort waren die Faschisten noch immer an der Macht. Die Bevölkerung half schnell und gab ihnen heimlich Zivilkleidung. Die Carabinieri bestellten die drei jüdischen Frauen zu sich ins Kommissariat und stellten ihnen gefälschte Papiere aus. Das sei ihre Form von Widerstand, behaupteten sie stolz. »Elena Motta«, so hieß meine Tante von nun an in Italien, würde die nächsten zwei Jahre bei der Familie Motta verbringen, halb versteckt auf dem Dachboden, halb als »entfernte Cousine aus Bergamo«.

Die Familie unterstützte die Wahnsinnstat meines Onkels, und gemeinsam brachten sie meine Tante durch den Krieg. Dennoch: Meine Tante fühlte sich fremd und einsam. Sie lebte wie eine Gefangene, und die beengten, katholisch-kleinbürgerlichen Verhältnisse machten ihr sehr zu schaffen. Im Mai 1946 heiratete sie aus Dankbarkeit Giorgio Motta in Mantua, denn schließlich hatte er ihr das Leben gerettet.

In Zagreb habe ich das Leben einer verwöhnten Tochter aus sehr reichem Hause geführt. Mit achtzehn machte ich den Führerschein und fuhr als erste Frau eines der wenigen Autos Zagrebs. Ich spielte Tennis, fuhr Ski, schwamm, hatte in jungen Jahren bereits halb Europa bereist, kannte alle führenden Hotels und sprach so ziemlich alle nötigen europäischen Sprachen. Ich war schön und ich wusste es. Wahrscheinlich war ich ein Snob.

Jelka hatte zu Hause immer als gute Partie gegolten und standesgemäß heiraten sollen. Aus diesem Grunde hatte Vater Sigismund Fuhrmann ihr das Studium untersagt und sie an die Kasse des Hauptgeschäftes seiner Firma gesetzt, wo sie sich langweilte, nebenbei aus alten Büchern Sprachen lernte, aber jeder sie bewundern konnte.

1939 tauchte Fritz Epstein auf. Er kam aus Hamburg mit anderen deutschen Juden, gerade noch entkommen auf der Flucht, egal wohin. Fritz und Jelka verliebten sich. Fritz wollte Jelka mitnehmen, aber ihr Vater Sigismund glaubte den Schreckensberichten aus dem fernen Deutschland nicht. Er verbot Jelka mitzureisen. Fritz, groß, blond und blauäugig, rettete sich nach Australien. *Fritz Epstein, der wär's gewesen.*

Stattdessen wurde es Giorgio, dein Onkel. Primitiv, Katholik. So lautete der Lebensrefrain meiner Tante. Mein Onkel war ein Held im kleinen Rahmen. Aber er war nicht Fritz, und das konnte ihm meine schöne Tante nie verzeihen.

Meine Tante war die Prinzessin aus Zagreb, die nun aus Dankbarkeit gegenüber dem Onkel und aus Furcht vor der Welt in Mantua hängen geblieben war. Wirklich freiwillig war sie nicht hier, und das ließ sie meinen Onkel immer spüren. Er, bei aller Gutmütigkeit doch auch Choleriker, schrie, wobei er gelegentlich auch zuschlug. Dann bereute er es gleich wieder, schenkte ihr Haushaltsgeräte und Topfsets, während sie unter dem Madonnenbildnis in ihrem Zimmer weinte. Kinder blieben aus. Stattdessen wurde ich von meinem Onkel aus Kroatien herausgeschmuggelt und aufgenommen. Wie gesagt: Er war ein Held en detail, nicht en gros.

Wir hatten immer viele Tiere. Die Bauern bezahlten meinen Onkel mit Lebensmitteln oder Tieren. Ihm verdankten wir einen regelrechten Zoo. In der Waschküche legten Hühner ihre Eier, die Katzen vermehrten sich unter dem Fiat, und bis zu fünf Hunde gaben vor, das Haus zu bewachen. Eine Zeit lang wohnte in der Garage Francesco, der Esel. Er war fast verhungert, als mein Onkel ihn zu uns brachte. Bei uns fraß er so lange, bis er eines Tages platzte. Bis dahin hatte ich nicht gewusst, dass so etwas technisch überhaupt möglich war. Die gesamte Nachbarschaft, so an die dreißig Kinder, versammelte sich um ihn herum und starrte fasziniert auf die Gedärme im Gras.

Später hatten wir Gänse, brutale Tiere, die mir nachliefen und mir in den Hintern bissen. Ich fürchtete sie sehr, nicht selten flüchtete ich mich auf den Aprikosenbaum, um in einem Moment ihrer Unaufmerksamkeit ins Haus zu huschen. Sie waren besser als jeder Hund und jeder Carabiniere, nichts entging ihrer Kontrolle.

Ich kann mich nicht erinnern, meine Mutter sonderlich

vermisst zu haben, und wurde von meiner Tante bestens versorgt, erzogen, geliebt. Ich war zu beschäftigt: Die fremde Sprache, die neue Umgebung, die Menschen, die Tiere. Ich bekam einen Collie geschenkt, den ich natürlich Lassie nannte. Wir waren unzertrennlich und verständigten uns auf Kroatisch.

Wir lebten in einer Villa vier Kilometer außerhalb Mantuas. Zum Hausstand gehörten, außer den Tieren, auch die Mutter meines Onkels, die »böse Schwiegermutter« in Person, und deren mongoloide Schwester Valeria. Valeria war über fünfzig, enorm dick und sagte von sich: »Sono matta, ma non sono stupida.« Was so viel heißt wie: »Ich bin verrückt, aber nicht dumm.« Diese beiden alten Damen bestimmten den Alltag. Hatten sie Hunger, gab es zu essen. Sprach der Papst im Fernsehen, wurde gefastet – und alle mussten andächtig seinen Worten lauschen. Immer waren die Fensterläden geschlossen, so war es selbst im heißesten Sommer dämmrig und kühl im Haus.

Meine schöne Tante war die Sklavin in diesem Betrieb. Sie kochte, wusch, sorgte für das Funktionieren des gesamten Haushalts. Morgens fuhren wir ins Büro in die Stadt. Mein Onkel saß an seinem Schreibtisch und arbeitete. Was genau er am Schreibtisch arbeitete, habe ich nie verstanden – er saß. Rennen, tippen, telefonieren, das erledigte alles meine Tante. Mittags fuhr man nach Hause in die Villa, es gab täglich Pasta. Dann schliefen alle, bis es wieder kühler wurde, und man fuhr wieder ins Büro. Alles blieb immer gleich, nur die Fiat-Modelle änderten sich. Aus dem Fiat 500 wurde ein Fiat 650, der in den Mincio-Kanal rollte, weil meine Tante vergessen hatte, die Handbremse anzuziehen. Eine Zeit lang hatten wir sogar einen dunkelblauen Alfa Romeo Giulietta, wie ihn die Carabinieri fuhren. Ich bekam einen schwarzen Schulkittel mit einem weißen Kragen und einer rosa Schleife und ging in die Schule oder die Kirche – je nachdem, was auf dem italienischen Stundenplan stand. Nachmittags spielte ich im Parco San Virgilio, auf der Piazza Pavone und aß Eis. Wenn es dunkel war, promenierte man in der Altstadt unter den Bögen hindurch, besah sich die Geschäfte, grüßte nach links und rechts und fuhr zum Abendessen wieder nach Hause. Jeden Abend brachte meine Tante mich ins Bett und betete auf Deutsch mit mir:

»Lieber G'tt, ich geh zur Ruh, schließe meine Augen zu. G'tt ja, aber Jesus nein, hörst du? Jesus ist nur eine Erfindung der Christen und hat mit uns gar nichts zu tun. Er war ein kluger Mann, so eine Art Messias vielleicht, aber mehr auch nicht – das musst du dir merken! Wir sind Israeliten, verstehst du? Man hat uns hier aufgenommen, was ausgesprochen freundlich ist. Deshalb ist es höflich, möglichst gut ihre Sprache zu lernen, ihre Flüsse und ihre Städte. Sie sind nicht so wie die Deutschen, aber sie sind Katholiken. Der Papst, schau ihn dir an – ein falscher Hund! Aber das sagt man nicht, das darf man nur denken. Die Valeria ist nicht unsere Familie, wir haben keine Irren in unserer Familie, bei uns gibt es keine Irren. Es ist der Neid, der die Nichtjuden bewegt, größtenteils, das musst du wissen. Sie beneiden uns um alles Mögliche, da kann man nichts machen. Vorsichtig musst du sein – das kann nie schaden. Bitte lass die Augen dein über meinem Bette sein. Proteggi tutti i miei cari, beschütze und behüte all meine Lieben: Mama e Papa, Teta Jele, Cika Giorgio, Lassie und all unsere Toten. Amen. Gute Nacht.«

Für eine Weile ging das Leben seinen italienischen Gang, sehr familiär mit ausgezeichnetem Essen und vielen Spielkameraden auf der Straße ... Ich liebte meine schöne Tante sehr.

Mein Vater arbeitete inzwischen in Zürich und in Konstanz am Bodensee meine Mutter. Sie trafen sich am Grenzübergang, am Schlagbaum, denn meine Mutter durfte nicht in die Schweiz einreisen. Gelegentlich kamen sie nach Mantua zu Besuch. Bis sie irgendwann beide Arbeit in Deutschland fanden, in Gießen. Dort kamen sie auf die Idee, mich nach Deutschland zu holen und auf ein Waldorf-Internat zu schicken. Ich verschanzte mich mit Lassie in der Hundehütte und weinte stundenlang. »Wenn du in Italien bleibst, wirst du ein verwöhntes italienisches Ding«, sagte meine Mutter. »Du wirst herumlaufen wie all diese albernen Italienerinnen«, und meldete mich im Internat an. »Eine alte Villa, vierzig Kinder, überschaubar, Waldorfschule, Garten, keine Nazis«, gab der Rabbiner Auskunft und empfahl diesen Ort. Im Herbst 1967 kam ich in die Waldorfschule in Marburg und in das dazugehörige Internat. Ich war sieben und sprach kein Wort Deutsch.

Ich kann mich erinnern, wie meine Tante mich auf dieser ersten Zugfahrt nach Deutschland begleitete. Wir saßen uns gegenüber, spielten Briscola, das Gras wurde immer grüner, je näher wir der Grenze kamen. Sie sprach mir Mut zu. Die ganze Fahrt über trug sie eine große Sonnenbrille. Während des gesamten Aufenthaltes in Gießen wechselte sie kein Wort mit meinen Eltern.

Bis die Schule anfing, blieb ich bei meiner Großmutter Hermine, der »Baka«. Meine Mutter hatte sie aus Zagreb nach Gießen geholt. Täglich ging sie mit mir ins Schwimmbad. Mein Lieblingsspiel dort war, mich tot zu stellen, bis der Bademeister mich aus dem Wasser fischte. Dann wartete ich kurz, um mich wieder tot zu stellen. Arme Baka. Wir hatten etwas gemeinsam: Beide waren wir völlig deplatziert in dieser desolaten Kleinstadt.

Von da an lebte ich zwei Leben. Von Frankfurt aus flog ich jede Ferien mit der Lufthansa nach Mailand, ein durchsichtiges Plastiktäschchen um meinen Hals mit meinem Namen und meinem Reiseziel. Dort holte mich meine Tante ab. Im Zug nach Mantua erzählte ich ihr von Deutschland, und sobald wir in Mantua ankamen, war ich wieder Italienerin.

Ich liebte Italien. Das verwinkelte Haus voller Geheimnisse, die verrückte Valeria, die Kinder auf der Straße. Immer gab es etwas zu entdecken. Auf dem Dachboden in einem staubigen Schrank fand ich das letzte Ballkleid meiner Tante, das sie 1941 zum Journalistenball angezogen hatte und in dem sie Ballkönigin geworden war, hellblauer Tüll mit Perlen (wo hatte das den Krieg verbracht?). Gleich daneben hing die Uniform meines Onkels, die er ausgezogen hatte, als er mit der gesamten italienischen Armee »desertiert« und mit meiner Tante von Rab nach Mantua gekommen war. In der Ecke lehnte sein Bajonett. Es war sagenhaft.

Meine deutsche Kleidung wurde in Italien bis auf Weiteres eingemottet. Ich blieb immer bis über die Ferien hinaus – eine deutsche und eine italienische Schulausbildung, man kann ja nie wissen! Jüdische Kinder sollten auf alles vorbereitet sein. So besuchte ich regelmäßig beide Schulen, bis ich zwölf war. Ich kannte mich gut aus: von Eurythmie bis zur Beichte. Im Grunde war der Unterschied nicht so gewaltig, außer vielleicht, dass es in der Mädchenschule etwas braver zuging als in der Waldorfschule. In der italienischen Mädchenschule verfolgte mich tagaus, tagein der vorwurfsvolle Blick des an der Wand hängenden Jesus. In Deutschland starrte Rudolf Steiner von seinem Porträt aus nicht weniger vorwurfsvoll in jeden Winkel der Klasse hinunter.

Den Engel Gabriel aber, den ich immer mit dunklen Haaren malte, ließen die Antroposophen nicht durchgehen. Engel sind blond, auch wenn in Italien die Menschen meistens dunkelhaarig ausfallen.

Die Lebensmodelle meiner Mutter und meiner Tante wurden zum Maßstab meiner Erziehung. Ballett in Italien, Judo in Deutschland. In Gießen trug ich einen burschikosen Haarschnitt und Hosen. »Wie siehst du denn aus?«, lächelte meine Tante, wenn sie mich in Italien empfing. In Mantua bekam ich Schleifen ins Haar und lange Faltenröcke, ganz nach der italienischen Mode. »Welches Mädchen läuft heutzutage noch so albern rum?«, knurrte meine Mutter, wenn ich nach den Sommerferien wieder in Deutschland ankam.

Im Internat kontrollierte Tante Hildegard die Tagesabläufe. Während des Zweiten Weltkrieges war sie »Reichskindertagesstättenbeauftragte im Großraum Berlin« gewesen. Beritten hatte sie die Vororte der Reichshauptstadt durchstreift, die damals bis weit ins heutige Polen reichten, und deutschstämmige Kinder aufgesammelt, um sie in deutschen Kindergärten aufzuziehen. Ich möchte gar nicht wissen, was sie sonst noch tat.

Das deutsche Volksliedgut ist mir seitdem genauestens vertraut, wie auch Übungen, in denen man über Stunden in eiskaltem Wasser waten muss, um seinen Körper für harte Zeiten zu stählen. Meine Tante war außer sich. Sie verabscheute »Tante Hilde«, wie wir sie zu nennen hatten, sofort und zutiefst. Sie machte meinen Eltern eine Szene, aber die ließen sich nicht beeindrucken. Der Rabbiner aus Frankfurt hatte die Waldorfschule ausdrücklich als nicht judenfeindlich eingeschätzt.

»Zwölf Jahre Internat! Das ist ja schrecklich.«

Wenn ich irgendwo punkten will, muss ich nur beiläufig erwähnen, dass ich zwölf Jahre im Internat verbracht habe – für die folgenden zweieinhalb Stunden brauche ich mich um Gesprächsstoff nicht zu sorgen.

Schrecklich? Keine Ahnung, kein Gefühl. Mir fehlt der Vergleich. Es war nicht schrecklich. Es war, wie es war. Mit der Zeit wurde es immer besser. Ich gewöhnte mich ans deutsche Essen, an die deutsche Sprache und an die Internatsriten. Am Anfang war es nicht ganz einfach, wieder eine neue Umgebung, wieder eine neue Sprache. Meine Tante fehlte mir, ich fühlte mich allein. Doch ich behielt mein Heimweh für mich. In meinem Zimmer war ein gleichaltriges Mädchen, Anne, sie war so blond, wie ich dunkel war. Sie schaukelte sich, ich weinte mich in den Schlaf. Wir wurden unzertrennlich.

»Ich heiße Adriana und komme aus Zagreb.« Das war so ungefähr das Einzige, was ich auf Deutsch konnte. Bis ich die Sprache einigermaßen gelernt hatte, spielte ich allen die mir fehlenden Begriffe vor: Frühling, Blockflöte, Logarithmen. Überhaupt spielte ich viel Theater, das war in der Waldorfschule sehr gefragt und machte mir Spaß. Außerdem wollte ich ja sowieso Schauspielerin werden.

Es gab folgende Wochen-Ordnung: montags Singen und Frikadellen, dienstags Basteln und Nudeln, mittwochs Spieleabend und Grießbrei, donnerstags Vorlesen und Leber, freitags Aufräumen und Fisch, samstags Nachhausefahren, sonntags kaltes Essen und früh ins Bett.

Zwölf Jahre dasselbe Programm. Abendessen um 18.30 Uhr, Licht aus um 21 Uhr. Wer danach noch schwatzte, musste vor der Tür stehen oder Kartoffeln schälen – und Kartoffeln gab es täglich.

Die Regeln waren merkwürdig, zum Beispiel: Reden und Wassertrinken beim Essen nicht erlaubt. Für Italiener unvorstellbar. Mein Heimweh plagte mich, aber höchstens Anne durfte an meiner Schwäche teilhaben. Irgendwann hatte ich mich an alles gewöhnt, das Internat wurde eine Art Zuhause. Anne und ich passten aufeinander auf, so gut es ging. Sie brauchte Stunden, um ein Essen, das ihr nicht schmeckte, herunterzuschlucken. Ich leistete ihr Gesellschaft, denn nur wer aufgegessen hatte, durfte aufstehen. Manchmal wurde es Nachmittag darüber. Mir dagegen war es unmöglich, die richtigen Fingersätze für die Blockflöte zu lernen, geduldig übte Anne sie mit mir. Gemeinsam lernten wir alle Strophen sämtlicher deutscher Volksweisen. Wir banden Adventskränze und häkelten, wir wanderten und bastelten. Anne wurde an den Wochenenden oft nicht abgeholt, so nahm ich sie mit nach Gießen zu meinen Eltern, und in den Ferien fuhren wir zusammen nach Italien. Wir hatten uns arrangiert, waren Kindersoldaten, sehr geschickt und sehr misstrauisch.

Tante Hilde trug gerne Dirndl, wir taten es ihr gleich, Anne in Blau, ich in Rot. Stolz liefen wir zu Annes Konfirmandenunterricht, fanden nicht pünktlich zurück. Abends gab es für jeden eine Ohrfeige und viele Kartoffeln zu schälen. Anne weinte, doch so etwas ließ mein Stolz nicht zu. Ich zeigte keine Schwäche, im Gegenteil. Ich perfektionierte mich im Organisieren meines kleinen Kinderlebens. Nur selten unterlief mir ein Fehler, der mich angreifbar machte. Ich dachte, wenn ich besser, schneller und geschickter bin als die Leitung, bin ich ganz klar im Vorteil. Meine Schlafecke war extrem aufgeräumt, jeden Abend legte ich meine Anziehsachen minutiös zurecht, sodass ich am nächsten Morgen im Nu angezogen war und überpünktlich am Frühstückstisch saß. Ich war eine sehr gute Schülerin und eine Koryphäe im Adventskranzflechten. Mein Taschengeld hatte ich gespart: 100 DM. Mein Plan war, jederzeit nach Italien fliehen zu können. Eines Tages würde ich losfahren und meine schöne Tante, die Teta Jele, von ihrem Martyrium befreien. Gemeinsam würden wir ausbrechen aus diesem Jammertal. Wahrscheinlich hätte man mich niemals ohne Pass am Brenner durchgelassen, aber der Gedanke wirkte beruhigend und wiegte mich in den Schlaf.

Das Internat war kein elitäres Heim, eher eine Sammelstelle für Kinder aller Art. Persische Geschwister, geparkt, bis die politische Lage sich entschärfen würde. Die Tochter von Hoteliers, die keine Zeit für die Erziehung ihrer Erbin hatten. Joachim, der es satthatte und auf einem gestohlenen Fahrrad floh, es bis nach Österreich schaffte. Heute lebt er immerhin in Australien. Oder Helmut, der gerne mit Chemie experimentierte, dem dabei etwas schiefgegangen war und der nun eine Armprothese trug. Die Hand ließ sich »per Gedanke bewegen«, wie er immer behauptete. Wenn er mir nachstellte, hielt er mir seine zuckende Faust vors Gesicht, und ich musste ihm Leberwurstbrote schmieren.

Die Größeren spielten Knecht Ruprecht, ängstigten die

Kleinen mit der Rute oder brachten sie in der Johannisnacht mit Schauergeschichten zum Weinen.

Die Internatsköchin war untersetzt und unfreundlich, sie öffnete gerne Dosen mit Ochsenschwanzsuppe, eine Spezialität der 60er-Jahre. Ihre Vorratskammer hielt sie verschlossen, wie auch den begehbaren Kühlschrank. Allerdings kam es nicht selten vor, dass ein vermisstes Kind dort gefunden wurde.

Peter war Sohn eines CDU-Politikers aus Bonn. Ein Schwafler und Petzer. Wir prügelten uns regelmäßig, meine Bisswunden waren Trophäen und im »Eier-Catch« macht mir noch heute keiner etwas vor. Auf winzigen Zetteln beichtete mir Ingo seine Liebe, wir küssten uns auf dem Treppenabsatz, ich hätte schwören können, es hat keiner davon gewusst.

Es war wirklich immer etwas los im Internat, es rettete mich vor dem Einzelkinddasein und meinen exzentrischen Eltern. Vielleicht waren zwölf Jahre ein wenig lang. Die letzten Internatsjahre verbrachte ich damit, Nutella mit einem Esslöffel direkt aus dem Glas zu futtern.

Schön, dass der Zug so lange braucht, dann können wir schon einige Dinge in Ruhe besprechen: Auf dem jüdischen Friedhof in Mantua möchte ich beerdigt werden, auf keinen Fall neben deinem Onkel auf dem christlichen. Hai capito? Er wollte nie, dass ich in die Synagoge gehe. Jetzt kann er sehen, wo er bleibt. Auf dem christlichen Friedhof mit den Seinen ohne mich! Ascoltami bene: Sechs Wochen hast du Zeit, das Erbe anzutreten. Danach bekommt alles der italienische Staat. Hinten im Glas mit den Muscheln liegt der Schlüssel zum Schrank, in dem liegt mein Testament. Guarda di sbrigarti, beeil dich!

Das war nicht anders zu erwarten: Meine Dibbuks sind zweisprachig und fahren gerne Bahn!

Der Zug hält, endlich sind wir in Mantua. Auf dem Bahnsteig steht meine Tante, vornehm und klein, mit ihrer überdimensionalen Sonnenbrille. Sie weint vor Glück – ob über mich oder über den Hund, lässt sich nicht ausmachen.

Es ist Ferragosto. Taxis fahren keine, wir laufen durch die heiße, leere, alte Stadt. Wir sind ein eingespieltes Team. Sie erzählt mir die wichtigsten Neuigkeiten: Wieder einmal hat man bei ihr eingebrochen. Eine Aktentasche fehlt, die zwar leer, aber sehr praktisch war. Vor zwei Wochen ist man auch in ihre Ferienwohnung am Gardasee eingebrochen: Sie kann es beweisen, der Wasserhahn tröpfelte, den sie mit absoluter Sicherheit gut abgestellt hatte. Detektivisch gehen wir alle Möglichkeiten durch, wie es passiert sein könnte, bis wir die schwere Holztür zu ihrer Wohnung mit dem wer-weiß-wievielten neuen Schloss erreichen.

Nach dem Tod meines Onkels zog meine Tante in das ehemalige Büro in der Stadt. Die Wohnung liegt im jahrhundertealten Verwaltungstrakt des Palazzo Ducale, direkt unter dem Hungerturm. Die Tür ist mehrfach verriegelt, das neue Schloss schließt noch schwer. Drinnen ist es dunkel und feucht. Die drei Zimmer sind vollgestellt mit den herrlichsten Antiquitäten, in einer Vielzahl, dass die Wohnung einem sizilianischen Museum gleicht. An die zehn Uhren ticken tapfer vor sich hin. Zur vollen Stunde schlagen sie, da sie nicht exakt gleich gehen, alle hintereinander: Fünf Minuten lang herrscht ein Höllenlärm, dann setzt wieder das regelmäßige Ticken ein. Es ist staubig, ich niese, räume mir eine Sitzgelegenheit frei, es staubt noch mehr. Ich darf mir auf keinen Fall vorstellen, wie ich später einmal dieses Chaos lichten muss, sonst trifft mich auf der Stelle ein Allergieschub, von dem ich mich nie wieder erholen werde.

Meine Tante erfuhr nach Kriegsende durch das Rote Kreuz, dass ihre Mutter und ihre Schwester Thea noch lebten. 1948 fuhr sie zum ersten Mal wieder nach Zagreb, sie hatte die beiden fünf Jahre nicht gesehen. Von da an besuchte sie Thea und ihre Mutter regelmäßig, dort fühlte sie sich nicht so allein. Sie war eine schöne Frau, und die Affären blieben nicht aus. Doch auch die konnten sie nicht dazu bringen, wieder in ihre alte Heimat, die ihr so unrecht getan hatte, zurückzukehren.

Wenn ich nach Zagreb gefahren bin, habe ich immer Geschenke mitgebracht, schöne Kleider. Einmal habe ich ein paar herrliche Schuhe für Thea dabei ... mühsam zusammengespart. Komisch, dass mir gerade jetzt diese Schuhe wieder einfallen. Bruno Magli, blau mit einer kleinen silbernen Schnalle. Ich habe auch Erspartes in ein hellblaues Leinenkleid für mich investiert. Es steht mir ausgezeichnet. Dazu ein Hut, ein Strohhut, göttlich!

»Soll ich diese italienischen Schuhe etwa beim Straßenbau tragen?«, schreit Thea. »Beim Wiederaufbau des sozialistischen Staates? Unmöglich, Brigadeführerin zu sein, wenn der personifizierte Kapitalismus zu Besuch kommt. Wie siehst du überhaupt aus mit diesem albernen Hut? Damit will ich nichts zu tun haben!«

Meine Schwester brüllt mich auf offener Straße an, dann wechselt sie in ihren übergroßen Männerstiefeln die Straßenseite ...

In den Augen meiner Mutter war meine Tante in Italien zur »brutalen Kapitalistin« mutiert. Sie sparte, um dann das Geld für feine Kleidung oder alte Möbel auszugeben, oder versuchte, es in kleinen Immobilien anzulegen. Wenn sie nach Jugoslawien kam, brachte sie teure Geschenke mit. Meine Mutter, glühende Kommunistin, wollte mit »so etwas« nicht zusammen gesehen werden. Sie lieferten sich die erbittertsten politischen Diskussionen.

»Du warst schon immer feige, Jelka. Ein feiger Mensch. Hast du jemals unserem Vater widersprochen? Nicht, dass ich mich erinnern könnte. Und deinem Mann? Nie. Lieber ist die stolze Jelka

hinterher beleidigt und tyrannisiert einen jeden mit ihrem Beleidigtsein. Wie ich dich dafür verachte! Dich und deine lächerlichen Geschenke, mit denen du später alles wiedergutmachen willst. Du bist eine Kapitalistin und nichts weiter. Und glaubst du wirklich, irgendetwas könnte wieder so werden wie früher?«

»Ach Thea, hör du doch auf mit deinen kommunistischen Parolen. Du bist ein Parteimensch. Wenn du etwas in der Partei gelernt hast, ist es Phrasendreschen. Die Arbeit! Die Partei! Arbeit! Und noch mal Arbeit! Das ist dein Mantra, als gäbe es darüber hinaus nichts anderes auf der Welt. Du bist verkümmert und armselig. Arme kleine Thea. Glaubst du wirklich, man könne die Menschen verändern? Schau dich doch um in deinem Sozialismus, wie armselig ihr hier lebt!«

Die Kämpfe fanden erst ein Ende, als meine Mutter starb. Die Schwestern waren von jeher unterschiedlich gewesen, sich selten einig. Mit der Befreiung aus dem Lager begannen sie, zwei gegensätzliche Lebensmodelle zu verfolgen. Diese Modelle pflegten sie mit einem speziellen Ehrgeiz, konsequent, unerbittlich und unvereinbar. Trug die Tante Kaschmir-Twinsets in klaren Grüntönen, suchte sich meine Mutter Rüschenblusen in Pastell aus, die überhaupt nicht zu ihr passten. Liebte die »Italienerin« das Kochen, speziell ihrer Pastagerichte, aß meine Mutter wochenlang an einer Hühnersuppe, die auf dem Herd vor sich hin köchelte, und sang ein Loblied auf die deutsche Kartoffel. Sonntagnachmittags telefonierten sie regelmäßig, selten verliefen die Gespräche reibungslos und ohne, dass die eine oder andere den Hörer auf die Gabel knallte. Manchmal verloren sie sich in ihrer Kindheit, vergaßen zu streiten. Doch sobald die Sprache auf politische Themen kam, wurde es laut. Thea verteidigte diesen oder jenen politischen Schachzug. Für Jelka gab es im Exjugoslawien nichts mehr zu holen, geschweige denn zu verteidigen. Faschisten oder Kommunisten: Mörder, Verbrecher allesamt.

Einen überaus empfindlichen Punkt stellte die italienische Politik im Allgemeinen, Berlusconi im Besonderen dar. In den Augen meiner Tante war er ein Mann mit Format, der den »sozialistischen und kommunistischen Machenschaften« ein Ende bereitet hatte. Ein Mann, der die Renten und die Anzahl der nachmittäglichen Soaps im italienischen Fernsehen gleichermaßen anhob, konnte kein schlechter Mann sein. Meine Mutter spuckte am Telefon Gift und Galle, schalt ihre Schwester eine Idiotin und einiges mehr.

»Eigentlich ist deine Tante gar nicht so blöd, wie sie tut, aber bei Berlusconi ist sie auf beiden Augen blind«, sagte sie, wenn sie wieder einmal den Hörer auf die Gabel geknallt hatte und es ihr leidtat.

Als ich auf Anraten meiner Mutter Frauenrecht als Abiturthema wählte, war meine Teta Jele sprachlos. Nicht, dass sie gegen die Rechte der Frauen gewesen wäre, aber darüber reden und dazu öffentlich im Abitur? Gab es nichts Sinnvolleres, zum Beispiel Französisch?

Meine ersten Freunde nahm ich nach Italien mit. Für die Liebe und Gefühle war meine Tante zuständig. Meine Mutter hätte die vielen »Versuche«, die in der Regel Fehlversuche waren, nicht ausgehalten (»kannst du dich mal für einen entscheiden?«) oder mir zu stark hereingeredet (»reine Zeitverschwendung! Lies lieber ein Buch, da hast du mehr davon.«).

In Sachfragen oder Fragen des Berufes allerdings war sie einsame Spitze. Ihr Urteil war scharf und genau. Sie sagte jedem ihre Meinung, auch und vor allem ungefragt. Während meine Tante stets lächelte und schwieg.

»Die Baka hat nur deine Tante geliebt«, klagte meine Mutter.

»Dein Großvater war launisch wie deine Mutter, er hat sie vergöttert, mich nie!«, beschwerte sich meine Tante.

Allein waren beide. Gemeinsam waren ihnen ihre Kindheit

und ein kleiner Teil ihrer Jugend. Ich reiste als Kind hin und her. An beide Varianten passte ich mich perfekt an. Irgendwann hatte ich von beiden das Beste und Schlimmste verinnerlicht.

Nach dem Tod meines Onkels Mitte der Neunzigerjahre trauerte meine Tante ein Jahr um ihn, weinte, war untröstlich, bissig. Dann erholte sie sich, begann zu reisen, machte Urlaub, um sich erneut auf Reisen zu erholen. Sie verjüngte sich von Tag zu Tag. Auch heute, wo wir in der mittaglichen Hitze von Mantua den Hund ausführen, kichert sie fröhlich vor sich hin.

Ich finde, wenn man schon alt werden muss, dann am besten in Italien, am allerbesten in Mantua, die alten Herrschaften, die sich unter den *portici* begegnen, wirken zufrieden. Sie tragen ihre Hüte und dicken Hornbrillen mit Würde. Manche sind stolz auf ihre Turnschuhe. Sie bleiben stehen und beglückwünschen sich zu ihren Hunden und ihrer Gesundheit. Nicht selten führen sie ein Enkelkind an der Hand. Die Stadt ist ebenfalls alt, sehr alt, die Renovierungswut hat aus Geldmangel nur die Banken und Ramschläden erreicht. Ansonsten ist alles wie immer, wie vor hundert, zweihundert oder fünfhundert Jahren. Meine Tante ist, speziell im Winter, mit ihrem ausladenden Nerz und ihrer russischen Pelzmütze in diesem Seniorenballett die Schönste. Sie sieht dann aus wie Anna Karenina – hätte die sich damals nicht vor den berühmten Zug gestürzt.

Der kleine weiße Bologneser macht sich wirklich perfekt neben ihr. Passanten verlangsamen ihre Schritte und schauen ihr nach. Sie lächelt. Ich werde im Alter nicht so aussehen, dafür bewege ich mich zu viel und zu hektisch. Ich habe sicherlich manches von meiner schönen Tante geerbt, aber es hätte ruhig noch mehr sein können. Das meiste habe ich von meiner Mutter, die verbissene Arbeitswut, den Wunsch, die Welt zu verbessern, auch wenn niemand einen darum gebeten hat. Das Ergebnis sind die Magenfalten um den Mund, die meiner Tante selbstverständlich erspart geblieben sind – meiner Mutter und mir nicht. Sie lassen einen verhärmt und sehr kritisch aussehen, selbst wenn man an gutes Essen denkt.

Wenn meine Freunde meine Tante kennenlernen, sind sie verzückt, lächeln sie verklärt an – sie schmunzelt vielsagend zurück. Keiner weiß, dass sie Berlusconi wählt und den elektrischen Stuhl für Vergewaltiger befürwortet. Ab und zu reißt mir der Geduldsfaden, und ich streite mit ihr über Umberto Bossi und seine *lega nord*. Sie will nicht einsehen, dass deren Ausländerfeindlichkeit auch die Juden betrifft. Sie schüttelt den Kopf und zieht sich beleidigt in sich zurück. In der Nacht betet sie dann leise. Sie betet lange, auf Kroatisch:

»G'tt, ich danke Dir für Deine Taten, für Deine unendlich guten Taten. Bitte, oh G'tt, bitte sorge dafür, dass kein Hitler mehr auf diese Erde kommt. Nie mehr. Trage Sorge, dass die deutschen Wiedergumachungszahlungen nicht aufhören mögen, denn das ist meine Rente, oh Herr. Ich bitte Dich um Gesundheit und Glück für all meine Lieben ... lieber G'tt ...«

Sie lassen sie nachts nicht schlafen. Damals nicht und heute auch nicht. Ihre Dibbuks lassen auch sie nicht schlafen, und Jahr für Jahr muss sie den Nachweis erbringen, dass sie noch lebt, indem sie sich persönlich in der Botschaft in Mailand einfindet, damit die Wiedergutmachung aus Deutschland weitergezahlt wird. Einmal, als das Geld aus Deutschland nicht pünktlich eintraf, bat ich sie, dort anrufen zu dürfen, statt sich nur auf Gebete zu verlassen. Sie flehte mich an, es nicht zu tun. Immer wieder versicherte ich ihr, dass die Deutschen das Wiedergutmachungsgeld zahlen müssten, zahlen würden, dass ich mir schlimmstenfalls einen Anwalt nehmen würde. Es änderte nichts: Ihre Angst blieb.

Wir sitzen auf dem Sofa im Wohnzimmer, beide in unseren Sommer-Twinsets, und sprechen – was selten ist – über meine Mutter.

»Sie hat immer für etwas gekämpft. Das hat sie nicht überlebt«, sagt meine Tante. Sehr verkürzt, aber sehr wahr, wie ich finde. Im Fernsehen läuft eine von Berlusconis unsäglichen Shows. Die Frauen sind mehr als nackt, die Männer wirken komplett zugekokst. Ich stelle heimlich leiser, was meine Tante sofort bemerkt. Sie schimpft: »Ich höre bestens, ich weiß nicht, was du hast!« und stellt wieder lauter.

Anstatt zu reden, brüllen wir uns an.

»Mit der gleichen Vehemenz«, schreit meine Tante, »mit der sich deine Mutter ihren politischen Zielen verschrieb, liebte sie deinen Vater. Sie war ihm völlig verfallen. Er wusste, er war ein begehrter Mann. Und er brauchte sie. Eine pragmatische, kluge Frau an der Seite ist Gold wert für jeden, der nach oben will.« Es ist merkwürdig, die Tante so offen und unsentimental über die eigenen Leute sprechen zu hören.

»Deine Mutter hätte mehr lächeln und schweigen sollen, das sind meine Waffen gewesen. Dein Vater war ein unglaublicher Charmeur. Sie versuchte, alle Frauen um ihn herum wegzubeißen. Und litt. Die Frauen aber blieben. Die Ehe: ein Partisanenkampf. Dennoch, sie hat ihn nie verlassen. Sie ist bei ihm geblieben, aus Liebe, Gewohnheit, Müdigkeit? Diesen Kampf mit ihm hat sie alleine ausgefochten, ohne mich, ohne dich ...«

Wir starren auf den Fernseher. Jetzt ist Berlusconi selbst Gast in dieser stumpfsinnigen Show seines eigenen Senders, die er nach wenigen Minuten komplett dominiert. Er ist halbseiden, seine Anspielungen sind schlüpfrig.

»Sarkozy ist auch Jude«, fällt meiner Tante dazu ein. Ich weiß nicht genau, worauf diese Bemerkung abzielt.

der kroatische saftladen

»Schön, dass du wieder da bist! Du musst heute Abend unbedingt mitkommen. Um 19 Uhr hole ich dich ab. Keine Widerrede! Bis gleich!«

Raffi nimmt mich mit zu einem seiner berüchtigten »Ich-zeig-dir-mal-was«-Treffen. Er soll über eine Buch-Neuerscheinung berichten und will recherchieren. Ich habe mich breitschlagen lassen, obwohl ich aus Erfahrung weiß, dass solche Abende meist schlecht enden. Den letzten haben wir auf der Polizeiwache in Wilmersdorf verbracht, weil Raffi schon auf der Hinfahrt den S-Bahn-Kontrolleur als Nazi beschimpft hat, der einen schwarzfahrenden Nigerianer aus der Bahn gezerrt hatte.

Heute sitzen wir in vornehmen Sesseln am Wannsee, trinken kühlen, leichten Weißwein, vielleicht habe ich mich ja geirrt, und es wird ein netter Abend. Eine Doktorandin stellt ihr Buch einer handverlesenen Gesellschaft vor. Die Leute kennen sich, es scheint sich um eine Art Club oder Salon zu handeln. Es geht, so viel wird bald klar, um die Geschichte des Clubs in den Jahren der Naziherrschaft. »Warum müssen wir uns das wieder antun?«, flüstere ich Raffi zu, aber der schläft schon selig in seinem teuren Sessel. Wer sich hier trifft, scheint zur Crème de la Crème zu gehören. Intellektuelle, Historiker von Rang, namhafte Journalisten und Juristen, staatstragende Elite. Die Namen klingen, wenn sie sich zu Wort melden, wie ein Who-is-who der preußischen

Geschichte. Das Buch ist nicht sonderlich gut geschrieben, auch birgt es keine Enthüllungen. Nichts, was nicht in anderen Gesellschaftsschichten genauso vonstattengegangen ist. Ich nippe gelassen an meinem Wein, ausgezeichneter Jahrgang. Plötzlich wird es lebhaft. Die Doktorandin hat einen empfindlichen Punkt getroffen: Dieser Salon mit dem guten Namen, der vor dem Krieg noch viel renommierter gewesen ist, dessen Mitglieder nicht nur intelligent waren, sondern aus der politischen und finanziellen Spitze der Gesellschaft stammten – dieser Salon ist genauso kleinmütig gewesen wie ein Kleingartenverein aus Reinickendorf. Man war mit seinen jüdischen Mitgliedern nicht anders verfahren, als es von außen erwartet wurde. Man hatte sie höflich gebeten zu gehen, ihre Mitgliedschaft war nicht mehr erwünscht.

Raffi ist aufgewacht. Der alte Hund weiß, wann es spannend wird. Empörung geht durch die Reihen. »Das kann nicht sein ... viele sind aus Solidarität mit ausgetreten ... einige sind in den Widerstand zur ›Roten Kapelle‹ ... manche sind sogar ermordet worden ...«

»Die Armen. Sie wollen nicht wahrhaben, dass die Mitglieder ihres feinen Clubs Feiglinge gewesen sind, nicht anders als die vielen anderen auch«, flüstert mir Raffi zu. Wir packen leise unsere Sachen. Damit müssen sie allein zurechtkommen. Wir können ihnen keine Absolution erteilen. Sie tun mir fast ein wenig leid in ihrer Enttäuschung. Als wir die Tür hinter uns schließen, höre ich noch einen Notar sagen: »Übertrieben ... So kann man das nicht sagen. Zu einseitig ... Die Wirklichkeit ist viel ambivalenter ... Es stimmt alles so nicht, so extrem war es gar nicht.« Dann klappt die schwere Holztür zu.

Am nächsten Tag ruft Raffi an. Wir haben beide einen Kater, nicht nur vom Alkohol, ganz unbeschadet haben auch wir den Abend nicht überstanden.

»Einen Witz? Warum nicht?« Etwas scheint ihn zu bedrücken.

»Über der Synagoge hängt ein großes Schild. Mendel liest: Ohne Kippa zum Gottesdienst zu gehen ist genauso schlimm wie seine Frau zu betrügen.

›Ich habe beides probiert‹, sagt Mendel, ›man kann das eine mit dem andern nicht vergleichen!‹

Wir lachen kurz, dann wird er ernst:

»Ich muss nach Amerika. Genauer gesagt, nach Kanada, dorthin schickt mich das Goethe-Institut auf eine Vortragsreise: ›Juden heute in den deutschen Medien‹.«

»Ist doch super«, sage ich. »Mein Traum!«

Raffi aber denkt ans Sterben und benimmt sich wie Oblomow, den allein die Eventualitäten schon derart strapazieren, dass er überhaupt nicht mehr handeln kann. Dabei ist es ein Coup! Das deutsche Goethe-Institut schickt einen schwer über Deutschland nörgelnden Juden zu den Kanadiern, um ihnen das Deutschtum näherzubringen. Denn »die Vermittlung und Förderung der deutschen Sprache und des Deutschtums im Ausland ist die vordringliche Aufgabe des Goethe-Instituts«.

»Siehst du, Raffi, wie gut du es hast? Sie bezahlen dich sogar für deine Zweifel. Sie finanzieren dir eine Reise mit Kost und Logis, damit du lauter Fragen stellst, die du dir dann selbst beantwortest. Wenn das kein Luxus ist? Wenn das kein aufgeklärtes Land ist, das sich so etwas leistet? – Raffi, hallo, bist du noch dran?«

»Ja, ja.« Er klingt müde und wenig überzeugt.

»Du schimpfst doch sonst pausenlos über Berlin. Gehört doch zu deinem Beruf, sozusagen. Jetzt plötzlich, wo du dich für zehn Tage, zehn schlappe Tage trennen sollst, um im Ausland zu nörgeln, bekommst du Panikattacken.«

Ich rede und rede, klug und pragmatisch, aber am anderen Ende wird es stiller und stiller.

»Was soll während deiner Abwesenheit passieren?«, scherze ich. »Das Café an der Ecke wird noch genauso dastehen und auf dich warten, du wirst einen Minztee bestellen, ohne dass die Bedienung überhaupt merken wird, dass du verreist warst. Wahrscheinlich wirst du es selbst kaum spüren. Und der Salon von gestern Abend wird dir sicher nicht fehlen, denke ich ...«

»Du hast leicht reden. Du bist hart wie Stahl. Aber ich? Hast du alles vergessen? Wenn man keine Heimat hat oder wenn einem die Heimat genommen wurde, werden die unglaublichsten Dinge dazu. Eine Straße, eine Kreuzung, ein bestimmtes Café, die Musik, die dort nachmittags läuft, die hässliche Kellnerin, der Kiosk mit dem furzenden Schäferhund. – Ich habe nur noch das, wenn man mir das nimmt, sterbe ich. Sofort.«

Ich schweige, denn ich weiß, was er meint. Es gibt Tage, da liebe ich sogar meine Poststelle.

»Ich weiß sehr viel davon, Raffi. Ich verspreche dir, auf alles aufzupassen, bis du wiederkommst. In Ordnung? – Du aber musst für uns herausfinden, wie es in Kanada ist. Ob wir da nicht viel besser aufgehoben gewesen wären, und warum sie verdammt noch mal nicht dorthin ausgewandert sind. Nach Übersee. Nach Kanada. Nach Amerika. Damals, als man sie rausschmiss, aus allen Clubs und so ...«

Während ich noch vom Auswandern in das Wunderland Amerika träume, erreicht mich ein Anruf aus Kroatien. Meine Cousine Dara bittet mich, so bald wie möglich nach Zagreb zu kommen, um das Grab meines Großvaters Sigismund zu übernehmen, sprich auf meinen Namen umschreiben zu lassen, jetzt, da meine Mutter tot ist. Eine Lappalie im Grunde.

Es ist nicht das erste Mal, dass ich in mein Geburtsland reise. Irgendwann in der Pubertät, als mir klar wurde, was das ungefähr hieß, »mosaischen Glaubens«, wollte ich mehr, Genaueres wissen. Woher kamen wir, wie sah das »früher« aus, wer lebte noch dort?

Bis dahin hatte es nur meine Eltern in einem Neubau in Gießen gegeben, meine Tante mit ihrem italienischen Leben und ein paar dazugehörige Fotografien. Wir hatten keine Verwandten, nur eine Handvoll »neue Freunde«, einen Leuchter, der alles überlebt hatte, und später im Alter hatten meine Eltern ihre zunehmende Religiosität. Es war alles ziemlich verwirrend.

Damals, mit 14, fuhr ich das erste Mal wieder nach Zagreb und war angetan von der Schönheit der Stadt und ihrer Frauen. Sie trugen leuchtend roten Lippenstift und sahen aus wie Pariserinnen. Auf eine ihrer berühmten Listen hatte mir meine Mutter Namen und Adressen von Freunden aufgeschrieben. Es kam durchaus vor, dass ich klingelte und eine Frau angestürzt kam, mich umarmte, küsste und rief: »Thea, Thea, bist du wieder da?« Dass ich meiner Mutter so ähnlich sah, war mir vorher nicht klar gewesen. Auf der Straße hielten mich Bekannte meiner Eltern zuweilen an: »Bist du die Tochter unseres Jakobs? Sei gesegnet.« Ich sah anscheinend auch ihm ähnlich. Man küsste mich, kniff mir in den Arm. Obwohl es mir peinlich war, bewegte ich mich nicht, ließ die Gefühlsausbrüche geschehen. Die Größe des Augenblicks war mir irgendwie bewusst. Ich besuchte Teta Katha, die unseren Leuchter versteckt und zurückgegeben hatte. Sie wirkte auf mich wie eine Heilige, denn ihre Güte hatte sich in den Erzählungen über die Jahre vervielfacht. Ich glaubte, auch die Brosche am Revers einer Nachbarin zu erkennen. Die Brosche meiner Tante, die sie zum 18. Geburtstag bekommen hatte, die zur Aufbewahrung über die Kriegsjahre bei der Nachbarin gelandet war. Ich grüßte kalt und abweisend, ließ mich nicht umarmen, nicht küssen. Die Brosche blieb an der Jacke der Nachbarin kleben wie Fliegendreck an der Fensterscheibe.

Meine Eltern hatten eine Vergangenheit – das war neu für mich. Sie hatten Nachbarn, Freunde, Schulfreunde, sie hatten eine Geschichte. Bald freundete ich mich mit den Kindern ihrer Freunde an und stellte mir vor, auch in Zagreb zu leben.

Mehrmals im Jahr reiste ich hin und her, verliebte mich, tat alles, was man tut, wenn man eine Stadt neu für sich entdeckt. Wenn ich zurück nach Gießen kam, fragten mich meine Eltern vorsichtig aus. Sie wollten nicht zu neugierig erscheinen, und das Heimweh durfte auf keinen Fall genährt werden. Selbst hinzureisen kam für sie nicht in Betracht, die Angst, nicht wieder ausreisen zu dürfen, war – wenn vielleicht auch irrational – viel zu groß. Sie waren überzeugt, dass man sie spätestens an der Grenze festnehmen, verhören und foltern würde. Also reiste ich allein. Auf dem Hinweg schmuggelte ich kleine Transistorradios und Uhren von namhaften deutschen Firmen, auf dem Rückweg Baccalar, Stockfisch und Gavrilović, die beste Salami Jugoslawiens. In meinem Koffer stank es enorm folkloristisch.

Einmal bat mich sogar das kroatische Fernsehen, bei einem Quiz mitzumachen, Preisfrage: »Wer ist die echte Adriana, Tochter des Partisanenführers Jakob?«

Die Sendung wurde im Studio vor Publikum aufgezeichnet und später übertragen. Zwei andere Mädchen gaben vor, ebenfalls »ich« zu sein. Eine von ihnen wurde als die wahre Adriana identifiziert, ich war es nicht. Ich hatte zu gut gespielt, oder man hielt meinen Akzent für unglaubwürdig. Noch nach Bekanntgabe der Lösung wollte mir keiner so recht glauben.

Jahre später, 1999, Jugoslawien gab es nicht mehr, die Karten waren per Krieg neu gemischt, die Regionen umverteilt und umbenannt, hielt es mein Vater nicht mehr aus: Unter dem Vorwand, seinem Enkel Split zeigen zu wollen, kündigte er an, dass er mit uns reisen würde.

Und so standen wir eines Tages im Juni an der Promenade in Split. Er schnappte sich seinen Enkel und lief los. Traumwandlerisch bewegte sich dieser alte Mann durch die Gassen der Altstadt. Keine Abkürzung, kein Versteck hatte er vergessen, er war Kind und Greis in einem.

Hier an dem mittleren Fenster haben wir gesessen, auf dem Peristil-Platz haben sie im Sommer alle großen Opern gespielt. Die gesamte Riege italienischer Tenöre hat hier gesungen! Mario del Monaco? Mein Freund!

Merkst du, wie es hier stinkt? Drunter ist Schwefel! Das mögen die Fliegen nicht, deshalb ist unsere Fischhalle die einzige auf der Welt ohne Fliegen und Mücken! Sagenhaft!

Das eine Fenster gehört zur Musikschule, das andere zu Teta Angelina. Wenn es bei uns knapp wurde mit dem Essen, gab es bei ihr immer noch etwas zu holen. Hier Fußball, da Pingpong, das Klassische Gymnasium ... und wenn man den linken großen Zeh von der Statue des berühmten kroatischen Bischofs Grgur Ninski berührt, hat man Glück, ewig Glück!

Gegen Abend setzte er sich in das Café am Platz und hielt Audienz. Da kamen sie alle – Gemeindemitglieder, Ärztekollegen, Partisanen, Freunde, Genossen. Im Stundentakt kamen sie und er hörte ihnen zu. Manche brauchten eine Operation in Deutschland, andere eiferten sich über die Ungerechtigkeit der neuen Regierung, sie, die Partisanen, nicht zu ehren! Hatten denn nicht sie das Land befreit, zu dem gemacht, was es war? Hatten nicht sie die Ustascha bekämpft ohne Rücksicht auf Verluste in den kargen Bergen Kroatiens?

Einige saßen nur da und weinten. Sie waren alle entsetzlich alt.

Ab und zu setzte ich mich dazu. An einem Nachmittag machte die Thorarollengeschichte die Runde: Die Faschisten hatten sich als nächstes Ziel die kleine Synagoge gegenüber ausgesucht und sie in Brand gesetzt. Mein Vater, 18 Jahre alt, war hineingestürzt und hatte die Thorarolle aus der brennenden Synagoge gerettet. Er musste sogar für einige Stunden ins

Gefängnis. Er war ein Heiliger, ein Held. Sie wussten es und er wusste es. Wir gingen hinüber in die kleine Synagoge. Dort hatte mein Vater Bar-Mizwa gehabt, und es gab einige, die dabei gewesen waren. Man schenkte Sliwowitz ein, so lange, bis nichts mehr wehtat und alle Erinnerungen zu einer wurden.

Es ist 7 Uhr morgens. Ich lande in Wien, Flughafen Schwechat. Umsteigen nach Zagreb. Wie sieht unser rundes Haus jetzt aus? Ob ich es erkenne? Vielleicht finde ich es gar nicht. Ob ich weinen muss? Und was ist aus dem Glasgroßhandel und dem dazugehörigen Wohnhaus geworden? Warum ist meine Mutter mit ihrem Restitutionsantrag gescheitert? Wieso haben sie den Steiners die Restitutionsansprüche bewilligt und uns nicht? Weil sie jetzt Amerikaner sind und einen amerikanischen Anwalt haben?

Meine große Schwester ist wahrscheinlich noch kleiner geworden ... Sie hat einen Sohn, einen Exehemann und einen riesigen Hund. Meine Cousine Dara hat vor allem einen arbeitslosen Ehemann, der während des Krieges beim Militär war und den jetzt niemand mehr braucht. Er sitzt den ganzen Tag im Garten und braut Sliwowitz. Sie haben außerdem eine Tochter. Dara ernährt die Familie, zudem ihren Bruder, der Regisseur ist, und dessen Frau und Kind. Wahrscheinlich habe ich ihr gerade noch zu ihrem Glück gefehlt. Gut, dass meine Cousine Sanja aus Split keine Zeit hat zu kommen. Auch ihr Mann war früher beim Militär, wurde aber von der Polizei übernommen und sammelt jetzt Pistolen. Er hätte wahrscheinlich zur Lösung aller Probleme seine Waffensammlung mitgebracht ...

Genau die richtigen Gedanken für diese Uhrzeit. Die Nacht war auch nicht besser, was erwarte ich auch von einem »Heimaturlaub« in der Fremde. Die Wartehalle ist überfüllt. Müde starre ich in die Runde: Riesige Koffer, Fahrgäste mit Bergen von Tüten – Wien ist eben doch schon Orient, auch wenn es das nicht gerne hört. Niemand scheint hier von den amerikanischen Nichtraucher-Kampagnen gehört zu haben. Durch Rauchschwaden hindurch sehe ich Menschen, verstehe ich deren Gespräche. Warum auch nicht – Kroatisch ist ja eigentlich meine Muttersprache ... Zehn Jahre war ich nicht in Zagreb. Jugoslawien gibt es nicht mehr, ich habe einen Krieg verpasst. Und einen Frieden.

»Schade, dass Wien nicht bei den Russen geblieben ist«, pflegte meine Mutter hämisch zu sagen. »Das wäre doch die gerechte Strafe gewesen. Für diesen Schmock von Hitler mit all seinen österreichischen Anhängern.« Die Hoffnung auf eine noch nachträgliche Sowjetisierung Wiens hegte meine Familie zeitlebens.

In der Servitengasse lebten deine Urgroßeltern. Waschechte Wiener Juden, die in ihrer Wohnung geblieben sind bis zu ihrem Abtransport. – Nur zwei Kinder von ihnen haben sich retten können, nach Melbourne, glaube ich, oder Adelaide, Perth? Unsere Leute sind tot, und Wien ist frei und vergnügt und tut scheinheilig so, als hätte es von alldem nichts gewusst. Dabei konnten sie es gar nicht erwarten, in die Wohnung deiner Urgroßeltern zu ziehen, diese Denunzianten ...

Meine Mutter und meine Tante sind sich in diesem Punkte absolut einig. Selten genug.

Ich könnte einen anderen Flieger nehmen. Ausgang 12: Tirana, Ausgang 13: Minsk, Ausgang 14: Bukarest, Ausgang 15: Odessa.

Gut, gut, ich bleibe bei Ausgang 11 und fliege tapfer nach Zagreb. Der Flieger riecht nach billigem Putzmittel und ebenso billigem Sprit. Müdigkeit, Übelkeit, ich schließe die Augen ... Sie empfangen mich mit offenen Armen. Am Flughafen schon darf ich den Vertrag zwischen Kroatien und der Bundesregierung über unsere Restitutionsansprüche unterschreiben. Dann fährt man mich in einer schwarzen, imposanten Limousine zum »Trg Jossipa Broza Tita«. Als wir am Tito-Platz halten, malen drei uniformierte Staatskünstler auf ein großes farbiges Schild: »Trg Sveta Democracija«, ich bin beeindruckt und kann es kaum fassen: der Platz heißt nun »Platz der Heiligen Demokratie«. Alle sprechen nahezu akzentfrei Deutsch, der Vorsitzende der Jüdischen Gemeinde sitzt händchenhaltend mit Präsident Tudjman neben mir. Schön. Eine zehn Meter hohe Gedenktafel, noch eingehüllt, steht imposant vor mir – ich darf am Zipfel ziehen und der Text wird sichtbar: »Den jüdischen Partisanen ihre Heimat Kroatien! Ihr Land, ihre Leute.« Der Oberbischof Zagrebs und ich gratulieren uns gegenseitig. Europas Geschichte ist endlich an ihrem liebevoll erfüllten Ziel.

Die Limousine wartet auf mich. Der Chauffeur ist freundlich, sein Akzent österreichisch – wie schön Europa doch ist! Man sollte die Kroaten sofort in die EU aufnehmen. Sie haben es verdient, allein ihrer feinen Aussprache wegen und der herrlichen Palatschinken dazu. Man wird mich zu meinem Bruder bringen. Er ist beschäftigt und empfängt in seinen Büroräumen. Er ist Minister oder noch was Feineres.

Ich muss lächeln. Mein Kroatisch geht mir samtweich von den Lippen. Man verliert eben nie seine innige Beziehung zur Muttersprache. Die Straßen rauschen vorbei. Alles ist viel schöner geworden, renovierter. Die Mädchen sehen immer noch aus wie Pariserinnen – dafür sind die Jungs auch eleganter geworden. Vergnügt sitzen sie mit riesigen Sonnenbrillen auf ebenso riesigen Rattanmöbeln in der Sonne. Mit überdimensionalen Strohhalmen trinken sie Cocktails in Regenbogenfarben. Ich werde hierher ziehen. Mitglied der Jüdischen Gemeinde Zagrebs werden und mit den Kindern und Kindeskindern der Freunde meiner Eltern ein ganz normales, riesiges Leben führen. Ich wühle nervös in meiner Handtasche nach meiner Staatsangehörigkeit. Die *Domovnica*, sie ist noch da! In einer überdimensional großen Klarsichthülle.

Ich werde hier untertauchen, ganz von vorne beginnen – ein beseelendes Gefühl. Ich werde unser Haus zurückbekommen und es liebevoll renovieren. Der Wagen hält an einer Kreuzung, ich lese: »Glavna kavana Corso«. Operncafé. Hat mal meinem Großvater Sigismund gehört. Die Gäste winken mir zu. Vielleicht freuen sie sich ja, die Enkelin kennenzulernen, und brühen mir einen besonders starken guten Kaffee ...

»Dragi putnici, mi cemo se skoro spustiti u Zagrebu.« Die Stimme des Kapitäns läutet die Landung ein, schon ertönt die Nationalhymne in voller Lautstärke, die Passagiere klatschen, singen mit. Ich schrecke hoch.

Ja! Und da bin ich auch schon. Der Flughafen – ich lese, verstehe, mein Herz klopft vor Glück! *Zagreb glavni Aerodrom.*

»Adriana! Adriana! Dobro došla! Wie schön, dass du gekommen bist!« Ich schaue in ein Gesicht, das in einfachem Kroatisch laut und überdeutlich mit mir spricht. Es ist ältlich, nicht gerade schön, aber es öffnet und schließt seinen Mund. Wo ist der Chauffeur mit dem österreichischen Flair? Wo ist meine k. u. k.-Limousine? Ich verstehe nicht. Das Gesichtchen, das zu mir spricht, gehört meiner Cousine Dara, und der riesige Chauffeur ist ihr Mann, die Männer scheinen hier wirklich Übergröße zu haben. Er spricht kein Wort Deutsch, stattdessen nimmt er meinen schweren Koffer und wirft ihn spielend in den Kofferraum. Mit ihrem klapprigen Auto fahren wir direkt zum Friedhof. Zum städtischen Friedhof Mirogoj in Zagreb. Das Verwaltungsbüro ist muffig. Ich lege meine Unterlagen auf den Tisch. Es wird geraucht, geplaudert, im Zeitlupentempo werden Formalitäten erfasst. Das Grab meines Großvaters Sigismund soll heute auf mich umgeschrieben werden. Der Rauch landet fortwährend bei mir, ich habe nicht gefrühstückt, mir ist schlecht. Das ist also die Wirklichkeit.

Drei rot gefärbte Slawinnen bestreiten hier den bürokratischen Alltag, wobei sie sich möglichst wenig bewegen. Ihre

Haare erinnern mich an Milva oder an die Puppen auf der Kirmes, die man an den Schießbuden gewinnen kann, deren Haare fuchsrot sind und leise knistern. Die Rothaarigste grinst mich schließlich an, ohne das Rauchen oder den Redeschwall zu unterbrechen. Meine Exjugoslawisch-Kenntnisse lassen zunehmend nach, aber einen Satz verstehe ich klar und deutlich: »Ne ide. Es geht nicht. Ne možete vise dobiti. Sie können das Grab nicht mehr bekommen.«

Der Mirogoj Friedhof liegt auf einem der Hügel Zagrebs. Es ist eng, es gibt wenig Platz für die zukünftigen Toten. Widerwillig begleitet sie uns zum jüdischen Teil des Friedhofs.

Merkwürdigerweise sehe ich überall nur Kreuze, große und kleine, mit Gold eingeritzten Namen von Toten. Kränze, Blümchen. Wo bleibt der jüdische Teil? Und auf einmal erkenne ich unter all den Kreuzen die Steinplatten. Mit hebräischen Buchstaben, Davidsternen.

Die jüdischen Gräber werden mittlerweile von den Christen genutzt, umgewidmet sozusagen, weil keine Verwandten mehr Ansprüche erheben. Ein ganz normaler Vorgang, höre ich die Rote sagen. Bisher habe sich auch noch niemand beschwert! Wer soll sich denn bitte schön beschweren? Die Toten? Das Augenlid der Roten zuckt nervös. Immerhin. Wie kann ich aber auch einfach hier auftauchen und den »Normalisierungsprozess« des kroatischen Staates stören? Kerngesund und relativ lebendig erhebe ich Anspruch auf das Grab von Sigismund Fuhrmann, wo doch schon ein christlicher Anwärter wartet ...

Eine Vorahnung von einem nicht ganz so traumhaften Aufenthalt schleicht sich in mein Bewusstsein. Man heißt mich nicht ganz so willkommen, wie ich dachte.

»Wir haben uns immer um das Grab meines Großvaters gekümmert! Wir haben immer gezahlt! Nicht alle von uns sind tot, auch wenn diese Nachricht Sie ärgern wird, und überhaupt sind jüdische Gräber nicht leer, sondern heilig und unantastbar, wenigstens für uns!«, rufe ich, meine Cousine lächelt tapfer und angestrengt. Die rauchende Rote ist verschwunden. Wir stehen am Grab meines Großvaters.

Als ich mich niederknie, um ein Kreuz, das auf dem Stein liegt, zur Seite zu schieben, sehe ich, dass ein weiterer Stein an dem meines Großvaters lehnt: *Anna Gaun, geboren in Zagreb, gestorben in New York.*

Ich erinnere mich.

»Adriana, hör zu!« Meine Mutter schreit ins Telefon. Weiß sie nicht, dass Telefone die Verständigung erleichtern sollen?

»Du wirst den Grabstein nach New York bringen. Unsere arme Cousine Anna ist in New York gestorben. Am Schluss hat sie niemanden mehr gehabt dort drüben. Ich nähe dir eine Tasche zum leichteren Transport. Du bringst den Grabstein rüber und stellst ihn auf einem Jüdischen Friedhof auf, davon gibt es reichlich in Brooklyn. Ja, egal auf welchem. Auf dem Rückweg bringst du die Partisanenmütze deines Vaters und meine Stiefel in das Washington Holocaust Memorial-Museum. Du bekommst freien Eintritt. Wir haben ihnen schon geschrieben. Sie erwarten dich. Es wird sicherlich interessant. Ist dein Pass noch gültig? –

Warum WIR nicht fahren??? Nie! Aber auch nie kann man dich um einen Gefallen bitten! Du denkst immer nur an dich! Arme Anna!«

Annas Grabstein lehnt zärtlich an dem meines Großvaters. Wie ist der Stein nach Zagreb gekommen? Und wieso überhaupt hierher? Weil sie hier geboren wurde? Und wo genau liegt sie? Ich weiß nichts von ihr bis auf ihre Grabsteinproblematik.

Ich schiebe die Kränze und Blumen beiseite. Die gefärbte Rothaarige ist zurück. Sie hat Verstärkung mitgebracht, einen Friedhofswärter, der den Klitschko-Brüdern unglaublich ähnlich sieht. Sie grummelt, der Platz sei bereits reserviert. Ich starre sie an. Meine Mutter hätte die rote Friedhofsraucherin kurzerhand angebrüllt. Den Friedhofsboxer blamiert. Aber ich schweige. Mir fehlt das geeignete kroatische Beschimpfungs-Vokabular. Ich denke, dass die Rote nicht weiß, dass man die jüdischen Toten nicht stören darf. Nicht aus-, nicht umgraben. Dass sie die ewige Ruhe genießen dürfen, endlich.

Aber wie soll sie das wissen, wo die jüdischen Lebenden sie auch nicht interessieren. Ich denke, dass ich etwas sagen muss, aber es ist zu groß, das Thema, und meine Mutter und Großvater Sigismund sind tot. Ich denke an meine Mutter und daran, dass Kroatien noch lange nicht fertig ist mit uns.

Irgendwann atme ich wieder.

Man zupft mich am Ärmel. Es ist meine Cousine, sie redet auf mich ein, es sei Zeit zu gehen, hier würde heute nicht mehr viel passieren ... Sind Minuten vergangen oder Jahre?

Ich werde sie verklagen, die rauchende Rote aus dem Friedhofsbüro mitsamt ihrem Friedhofs-Luden und den gesamten kroatischen Saftladen! Ich bin auch noch lange nicht fertig mit ihnen! Ich werde dafür sorgen, dass der Botschafter Kroatiens in Deutschland kein Auge mehr zubekommt, dass die Presse von nichts anderem mehr berichten wird, und dass Kroatien nie, nicht in zehn, nicht in zwanzig, nicht in hundert Jahren Mitglied der EU wird!

Mein Hass wird bis ins letzte Glied gehen, ich werde auf sämtliche gestohlene Silberlöffel Restitutionsansprüche erheben! Das Grab meines Großvaters eigenhändig besetzen, und wenn ich 104 darüber werde! Ich werde ...

Man hat mich in die Wohnung meiner Cousine gebracht und mir erstmal Sliwowitz eingeschenkt. Jetzt reicht mir meine Cousine einen starken Tee. Sie ist Apothekerin und Schlimmeres gewöhnt. Der Fernseher läuft auf Schwerhörigen-Lautstärke. Das Essen ist schwer und fettig. Die übrige Verwandtschaft lächelt mich an. Sie haben sich abgefunden.

»Leben im Sozialismus« steht dreibändig im Regal. Wenn's nur der Sozialismus wäre! Was ist mit dem noch munter lodernden Hass der Kroaten gegen die Juden? Und mit einer Kirche, die nicht nur zusieht, sondern auf der Welle eines nationalchristlichen Chauvinismus mitsurft? Es ist dieser Cocktail aus Sozialismus, Antisemitismus, Katholizismus und dem neuen Frühlingsnationalismus, der selbst einen Simon Wiesenthal niederstrecken würde!

Der Nachtisch ist süß und ebenfalls fettig.

Mein Cousin und meine Cousinen sind längst bei anderen Themen. Ihre Mutter Cili ist schwer krank, sie wohnt bei ihnen, und sie pflegen sie im Wechsel, schon seit einigen Jahren. Tag und Nacht. Nun soll auch ihr das Bein amputiert werden. Eine Familienspezialität! Nein, es gibt keine Pflegeversicherung, kein Pflegeheim, kein Geld. Ich habe ganz anderes über den Sozialismus gelesen, aber eben nur gelesen.

Und da komme ich, fasele vom antisemitischen Friedhofsvorsteher: Luxusprobleme. An ihrer Stelle würde ich auch milde lächeln und rauchen. Unvermittelt stehe ich auf, küsse alle überschwänglich und oft, ich muss raus an die Luft, atmen, denken, rennen ...

»Die Lufthansa hat mich vorhin angerufen, ich fliege früher als geplant ...«, lüge ich rasch. »Ich muss los, sofort!« Lufthansa? Sie sind beeindruckt und perplex. Sie scheinen mir zu glauben oder geben zumindest vor, es zu tun.

Die Luft draußen ist kalt. Ein Bilderbuchhimmel über Zagreb, keine schlechte Geburtsstadt, schade eigentlich. Die Oberstadt mit ihren kleinen Gassen, darunter die Kathedrale Svetog Stjepana. Auf dem Marktplatz verkaufen die Frauen in Trachten ihr Gemüse, ihren Käse, sir i vrhnje. Ich probiere, es schmeckt nach früher. Ich glaube, ziellos umherzustreifen, und stehe doch wenig später vor unserem runden Haus. Es ist genauso schön, wie ich es von den Fotos her kenne. Sie hatten es zwangsverkaufen müssen an die Nazis. Meine Tante hat mir erzählt, dass man ihnen eine Stunde Zeit gab, um es zu räumen. Ihre beiden Hunde durften sie nicht mitnehmen. Einer wurde gleich erschossen.

Wenn ich schon dabei bin ... ich laufe weiter zu unserem Glasgroßhandel. Und stehe vor dem Haus, das nicht mehr unseres ist, wie auch diese Stadt nicht mehr meine ist und dieses ganze Land erst recht nicht. Ich weine nicht. Das Haus und ich sind uns fremd, ich fühle nichts, während das Gebäude mich anzustarren scheint. Man muss nur noch ein wenig Zeit vergehen lassen und es wird einfach in sich zusammenfallen, dann hat sich das Thema Restitution endgültig und von selbst erledigt.

Fehlte nur noch ... Auf der Hauptpost finde ich tatsächlich die Adresse eines Adriano Altaras. Adriano! Sollte meine Halbschwester nicht gelogen haben? Und wieso sollte mein Bruder Adriano heißen? Wie ich! Waren alle anderen Namen ausverkauft?

Als ich wenig später vor der Türklingel meines angeblichen Bruders stehe, läute ich nicht. Ich brauche dieses Land nicht mehr, genauso wenig wie es mich. Und auf einen eventuellen Bruder, der auch noch Adriano heißt, kann ich auch verzichten.

Wenn ich nicht schon im Exil wäre, ich würde auswandern, und zwar sofort.

der kotzbrocken

»Wie kannst du nur ein Wiener Schnitzel bestellen, das ist so langweilig«, herrscht mich Raffi nach einer Schweigeminute an. Er hat ja recht. Ich bin umsonst in Kroatien gewesen und schrecklich verheddert in alle möglichen Familiengeschichten zurückgekommen, von Fortschritten in Sachen Restitution ganz zu schweigen. Raffi ist noch dünner als gewöhnlich. Sein Kanadabesuch hat an ihm gezehrt, ein kompletter Reinfall. Was immer er Kritisches über Deutschland berichtete, die Exildeutschen wussten es besser, wandten alles gegen ihn, schrieben es seiner überspannten Wahrnehmung zu, hielten ihn für ideologisch voreingenommen. Nach seiner Rückkehr hat er sich gleich mit einigen Redaktionen überworfen, hat sie als langweilig, antisemitisch, philosemitisch und neokonservativ bezeichnet. In welcher Reihenfolge, weiß er nicht mehr. Wir sind Versager, beide.

»Mir schmeckt's trotzdem«, posaune ich. »Ich bin froh, wieder im amerikanischen Sektor zu sein, und das Borchardt, obwohl ein Politikerschuppen, hat eins der besten Wiener Schnitzel der Stadt!«

»Was hat das eine mit dem anderen zu tun?«, giftet Raffi. Es scheint ernst zu sein.

»Hast du Ärger mit deinen jüdischen Liebschaften?«, frage ich, nicht ganz ohne Häme.

Das aktuelle Versuchsmodell, eine Israelin, lässt ihn nicht arbeiten. Die erste Zeit der absoluten Nähe sei himmlisch gewesen. Nun brauche er seine Ruhe, seinen Laptop und einige Stunden Konzentration. Eifersüchtig überwache sie jede seiner Bewegungen, das tue sie aber, weil sie ihn so unendlich liebe, ihn so gut verstehe. An Arbeit sei nicht mehr zu denken, alles aus dem Wunsch nach Nähe zu ihm ...

»Ich fliege zurück nach Tel Aviv!«, drohe sie stündlich, wenn er arbeiten wolle.

»Lass sie fliegen«, sage ich und kaue weiter.

»Sie ist ein Traum«, sagt Raffi.

»Dann erst recht«, sage ich. Und so weiter und so weiter.

Raffi ist beleidigt. »Rat mir gut, aber rat mir nicht ab!« Eine alte Familienweisheit, die immer wieder verdammt gut passt, denke ich.

»Du machst dir was vor!«, beginnt er einen wohl länger konzipierten Gedanken. »Deine Deutschen sind auch nicht besser, im Gegenteil. Ich mache mir Sorgen um dich ...«

»Um mich?« Fast hätte ich mich verschluckt. Raffi macht sich Sorgen um jemand anderen als um sich selbst.

»Ja, um dich. Du lebst in einer Lebenslüge ...«

Aha! Jetzt geht es wirklich um mich! Er will sich rächen. Dummerweise trifft er damit einen wunden Punkt. Die Lebenslüge! Eine meiner größten Sorgen ist, in einer Lebenslüge gefangen zu sein und es gar nicht oder erst viel zu spät zu bemerken: der Mann, der einen betrügt, die Kinder, die einen hintergehen, Verwandte, die einen ausnehmen. Ein ganzes Meer von Lügen, Geheimnissen. Wahrscheinlich bin ich deshalb eine große Verehrerin von Ibsen.

»Lebenslüge?«, stammele ich. »Wieso ich? Sprachen wir nicht gerade von dir und deiner unglücklichen Liebschaft mit der Israelin?«

»Im tiefsten Innern bleiben deine Liebhaber immer Deutsche. Alle, die du glaubtest zu lieben und die dich ebenfalls zu lieben vorgaben.« Er lässt nicht locker, zudem wird er auch noch poetisch!

»Sie fühlen und denken deutsch. Sie können nichts von dir verstehen, von uns. Wenn sie das überhaupt wollen. Ich schwöre es dir!«

Raffis Gesicht ist gelb. Die Deutschen treiben ihm die Galle hoch, was ihn noch mehr ärgert.

»Meine Ex zum Beispiel!«, fährt er fort. »Wir haben neulich irgendetwas gefeiert, und mein Vater hat sich danebenbenommen. Das tut man nicht, aber er tut es halt, das ist nichts Besonderes, er hat schlechte Manieren. Als er zur Tür raus ist, schreit sie: Ich hasse euch Juden! Alle! Und das vor dem Kind.«

»Die übergetretene Ex?«, frage ich.

»Ja, die.«

»Was hast du gemacht?«

»Ich habe mich souverän benommen wie diese Männer im Kino, wie ein Deutscher oder Amerikaner. Ich habe sie angeschrien: Reiß dich zusammen!«

»Und? Hat sie das?«

»Ja, hat sie, plötzlich schwieg sie.«

»Sie ist eben keine Jüdin. Bei einer Jüdin hätte das nicht funktioniert«, bemerke ich lakonisch.

»Sie hörte sofort auf zu zetern und schwieg. Gehorsam, autoritätsfixiert.«

»Das spricht nicht unbedingt gegen sie. Sie benimmt sich daneben und schämt sich dafür«, gebe ich zu bedenken. »Eine Jüdin wäre noch jetzt am Keifen ...«

Ein Punkt für mich, mein lieber Raffi!, denke ich. Ich bin der eindeutige Sieger, was unsere Wette angeht. Jedenfalls bis jetzt.

»Weißt du, Raffi, zwei Juden zusammen sind ...«

»Das ist nicht lustig!« Raffi ist ernst, fast möchte man meinen: verkniffen.

»Hey, Raffi!«, scherze ich, »ist doch nur eine Wette, mehr nicht ...« Jetzt ist er wütend. Er kann nicht verlieren.

»Raffi, schau es dir doch mal an! Du und deine Israelin! Zwei Juden, die Potenzierung aller Neurosen. Es ist so ungeheuer anstrengend, dass ihr zu nichts anderem mehr kommt ... nicht zum Arbeiten, nicht zum Einkaufen, Essen. Ihr geht aneinander drauf.«

»Ja, es ist anstrengend. Aber es ist ehrlich. Ein ehrlicher Tod.«

Ist ein ehrlicher Tod gesünder als ein unehrlicher?, denke, aber sage ich nicht. Heute ist mit Raffi nicht zu spaßen. Wir hängen unseren Gedanken nach. Sie sind sexuell. Meine zumindest. Ich gehe im Geiste durch, ob es wirklich sexuelle Vorteile bei den jeweiligen Partnern gibt. Raffi schwärmt in seinen Berichten mir gegenüber meist von den unglaublichsten erotischen Abenteuern, um die ich ihn schwer beneide, wenn ich auch etliche für erfunden halte. Meine spielen sich im eher bescheidenen, konventionellen Rahmen ab. Ich schreibe das mehr dem Zufall als der Religionszugehörigkeit zu.

Wir teilen uns das Dessert. Es ist ausgezeichnet. Das hebt unsere Stimmung nicht im Geringsten. Raffi spricht wieder über sich, seine Sorgen, wechselt schnell zu seinen Depressionen. Mit wenigen Stichworten halte ich seinen Redefluss im Gang.

Die Liebe lassen wir kurzzeitig außer Acht.

»Hast du schon gehört? Ben Becker ist plötzlich Jude geworden.«

»Der Tennisspieler?«, frage ich.

»Nein, der Schauspieler.«

»Aber er war doch als Schauspieler ganz erfolgreich – wozu dann das?«

Wir löffeln weiter.

»Anne Frank hat einen Ausstellungsraum im II. Hinterhaus unter dem Dach bekommen. Haargenau wie ihr Versteck. Passend zu ihrer Geschichte. Also ...«

Mir graut vor der Parallele.

»Ein Zufall«, sagt Raffi.

Wir bestellen Kaffee, als sich ein dicklicher Herr unaufgefordert zu uns setzt. Er scheint ein Kollege Raffis zu sein – jedenfalls klopft er ihm derart freundschaftlich auf die Schultern, dass ich fürchte, Raffi könnte sich auf den Dessertteller übergeben. Ein wichtiger Redakteur, vermute ich. Bleich steht Raffi auf, entschuldigt sich und verschwindet in Richtung Toilette.

Die Zähne des Dicken sind gelb, als er grinst und nach meiner Serviette greift. »Für den Schweiß«, feixt er und verteilt diesen gleichmäßig über das ganze Gesicht. Ich verschwinde allmählich in der Espressotasse.

»Warum sind eigentlich alle Juden solche Kotzbrocken?«, fragt mich dieser Berg völlig unvermittelt.

Ich hebe den Kopf. Von Raffi keine Spur. Die Zähne vor mir sind eher hellbraun als gelb.

»Äh, hm. Ja, also ...«

Er scheint auf eine Antwort zu warten.

»Alle?«, frage ich. »Wer genau?«, und kratze pedantisch den Zucker vom Boden meiner Espressotasse.

»Nun, Raffi, Henryk, Michel, Maxim, wie sie alle heißen, ist doch nicht auszuhalten. Einfach nicht mehr auszuhalten. Nicht mehr. Die Zeiten sind vorbei, wo man sich von solchen Leuten tyrannisieren ließ. Die Zeiten sind vorbei. Sind Sie auch eine?«

»Freundin, meinen Sie?«, frage ich. »Ja, ich bin eine alte Freundin von Raffi. Seit vielen Jahren«, übertreibe ich.

»Nein, meine Liebe. Nein. Ich meine Jüdin und so.«

»Ach so, na ja, das bin ich, ja, bin ich – wieso?« Ich lispele – Gott, ich lispele plötzlich. Ich bin blöder als sonst. Gott, bin ich blöd.

Der dicke Mann, der aussieht wie ein aufgedunsener Tenor, zeigt mir seine hässlichen Zähne jetzt ganz aus der Nähe. Ich kann nicht fassen, was da gerade passiert.

Die übrigen Gäste löffeln ihre Suppen. Ein Zahnstocher klemmt zwischen seinen Seitenzähnen. Er zieht ihn hin und her, aber er will sich nicht bewegen. Da könnte ich ein wenig nachhelfen, denke ich. Ich bin mir inzwischen sicher, dass Raffi auf der Toilette des Restaurants mindestens duscht.

»Man kann es den anderen nicht mehr zumuten. Solche Kotzbrocken. Ich kann sie bei uns nicht mehr dulden.«

Er kann mit eingeklemmtem Zahnstocher sprechen!

»Den anderen?«, frage ich schließlich.

»Ja«, grinst er.

»Wem genau? Den Nichtjuden?«

»Ja denen, genau, und allen anderen.«

Warum hat der sich gerade mich als Gesprächspartner ausgesucht in einer 3,5-Millionen-Metropole? Gott weiß es.

»Sagen Sie doch mal«, macht er weiter, »Sie als Jüdin, sagen Sie mal ... wie Sie das so sehen ...«

»Ich, ich ...«

Bisher war ich felsenfest davon überzeugt, dass Raffi eine Paranoia hat von der Art: »80% aller Deutschen sind Antisemiten, glaub es mir ...«

Hat Raffi das hier eingefädelt, um mich zu radikalisieren?

»Ich, ich ...«

Ich stottere sonst nie. Schwitze auch nicht. Aber jetzt rollen mir kleine Schweißperlen den Rücken herunter. Es wäre schon angebracht, wenn ich jetzt etwas sagen würde.

»Es geht doch um Inhalte«, stammle ich. »Inhaltliches.«

»Bitte?«, höre ich den Brocken singen.

»Ja, Inhalte, Werte. Vielleicht, könnte ja sein, haben diese ›Kotzbrocken‹ etwas zu sagen. Etwas Interessantes eventuell. Nicht ganz so lustig, unpassend für Sie. Sie sagen es vielleicht zu direkt, aber sie haben eben etwas zu sagen. Etwas, das all diesen ›Anderen‹ nicht passt.«

Raffi scheint auf der Herrentoilette des Borchardt entführt worden zu sein, keine Spur von ihm weit und breit.

»Bitte?«, schreit jetzt der Dicke: »Sie wollen mir vorschreiben, was mir nicht gefällt?«

»Mein Gott«, schreie ich jetzt zurück. »Ich kenne Sie doch gar nicht. Geben Sie mir meine Serviette zurück und halten Sie Abstand. Vielleicht sind gerade Sie so ein ›Kotzbrocken‹. Nur kotzen Sie mit anderem Inhalt!«

Ein Gelächter bricht aus diesem Monstrum hervor. Der Zahnstocher macht sich los und landet knapp neben meinem rechten Auge.

»Herrlich! Sie sind ja ein Herzchen. Nicht wie die anderen. Nee, mit Humor! Kotzbrocken mit Inhalt! Humor haben Sie ja, herrlich. Richtiggehend Humor! Ich muss los, gebe Ihnen mal meine Karte. Schicken Sie mir mal was von sich. Ich tue was für Sie, Herzchen – herrlich. Und grüßen Sie mir Ihren tragischen jüdischen Freund Raffi.« Er steht auf und geht.

Ich starre ihm fassungslos hinterher. Was hat der denn genommen? Oder fantasiere ich jetzt schon in der Öffentlichkeit?

»Siehst du?«, Raffi steht plötzlich hinter mir. »Ein kleiner Einblick in die Gehirne des deutschen Kulturbetriebs. Das ist der Durchschnitt, alles andere ist Ausnahme. Jetzt sag mir: Wenn es in den Gehirnen so aussieht, wie soll es im Bett oder in der Liebe anders sein?«

aktenberge

Adriana, na endlich. Wo warst du denn die ganze Zeit, wir haben lange auf dich gewartet. Hat dir Zagreb nicht gefallen? Es ist doch deine Geburtsstadt! Du nimmst alles zu persönlich!

Wir haben uns Sorgen gemacht, uns gefragt, ob du wohl gar kein Interesse mehr an uns hast. Du bist ja plötzlich fort und warst doch gar nicht fertig mit uns und all den schönen Dingen aus der Vergangenheit. Schau mal, was wir noch alles für dich haben. Du wirst dich wundern. Komm, komm mit! Nein, wir sind nicht beleidigt. Wir wollen nur unser Recht. Sei froh, dass du uns hast!

Meine Dibbuks sitzen auf der Kellertreppe und empfangen mich mit vorwurfsvollen Mienen. Todesmutig steige ich hinab und komme mit zwei Koffern und einem Karton wieder hinauf. Am 13. Oktober, Freitag, dem 13. Oktober – für die Chassidim ein Glückstag, heißt es. Ich nehme Platz auf dem alten Perserteppich, in einem Arbeitsoverall, mit meiner Lesebrille auf der Nase und mit einem Mundschutz gegen den Staub. Wenigstens vor meiner Allergie kann ich mich schützen. Vor mir die zwei hellbraunen Lederkoffer mit all den Papieren, die ich schon so lange durchgehen wollte ... Es ist ein Reflex, ich weiß nicht, warum ich tue, was ich tue, herumwühle in diesem staubigen Allerlei, weiß nicht genau, wonach ich suche. Ich tue es und weiß, dass ich am nächsten Morgen aussehen werde, als sei ich die Überlebende.

Wieder habe ich die Zeichnungen meiner Mutter in den Fingern. Vom Lager, von der Fahne am Lagereingang, von Blanka Weinreb. Sie scheinen mir mehr Auskunft zu geben als Worte. Zwischen den Zeichenblättern liegen ein paar Fotos. Die beiden Schwestern posierend beim Starfotografen von Zagreb. Jelka trägt eine Perlenkette und Thea strahlt. Wie hübsch sie sind!

Jelka auf der Promenade von Split 1941. Am Arm von Fritz Epstein. Fritz ist mager. Er hält Jelka ganz fest, aber er wird es nicht schaffen, sie mit nach Australien zu nehmen.

Ein Gruppenfoto in Bačvice, dem Strandbad von Split. Frühling 1941, steht hinten auf dem Foto. Meine Mutter und meine Tante haben die Mäntel über den Arm gelegt, die Sonne scheint, die jungen Männer um sie herum tragen Hüte. Nur noch wenige Tage und das alles wird vorbei sein – für immer und ewig.

Dieses Wissen lässt jedes Foto unwirklich erscheinen. Meine Großmutter mit ihrem Mann, ihrer Schwester, ihrem Schwager. Die Fotografie stammt aus Wien, ich glaube, den Heldenplatz zu erkennen. Ein halbes Jahr später sind alle auf dem Foto außer meiner Großmutter tot, ermordet.

Es ist eben etwas anderes, ob ein Foto mit dem winzigen Hinweis »unbekannt« im Jüdischen Museum hängt, oder ob diese zwei Mädchen an der Hand einer schönen Dame meine Mutter und Tante sind und die Hand der schönen Dame meiner Großmutter gehört.

Es gibt erstaunlich viele Fotos, Briefe und Dokumente dafür, dass sie durch den Holocaust hindurchmussten.

Dazwischen ein Brief aus New York. Er ist vom April 17th 1962 und mein Onkel Reverend Albert Altaras schreibt:

```
To whom it may concern.
This is to certify that I, Rev. Albert Al-
taras, am able and willing to take care of
```

```
my brother, Dr. Jakob Altaras, Assistant
Professor on the medical staff at the Uni-
versity of Zagreb. Upon his arrival in the
United States, he can remain in my home,
1315 Sheridan Ave. Bronx, N.Y., for the
extend of his stay.
```

Sie haben also zu diesem Zeitpunkt bereits ans Emigrieren gedacht. Es gab also schon 1962 konkrete Gründe zu emigrieren, obwohl der Schauprozess gegen meinen Vater erst im Sommer 1964 begann.

Warum, um Himmels willen, sind sie nicht nach Amerika ausgewandert? Raus, weg aus diesem schmutzigen Europa zu Reverend Albert Altaras: Rabbiner, Cantor, Shohet, Marriage Performer, Experienced Teacher of Modern Hebrew. Performs all Religious Functions. Ich wäre jetzt »New Yorkerin« ...

Irgendwann halte ich einen besonders dicken Ordner in der Hand.

Es ist spät, ich bin müde, zögere ihn aufzumachen, andererseits, wenn ich schon mal dabei bin ...

In etlichen Anträgen bittet meine Mutter als deutsche Jüdin um den Erhalt der deutschen Staatsbürgerschaft. Sie müsse zunächst Asyl beantragen, erhält sie als Antwort, und diesen Antrag ausführlich begründen. Sie schildert ihre Flucht aus Kroatien und die Verfolgungen der Juden innerhalb der Partei.

Der Antrag wird vom *Bundesamt für die Anerkennung ausländischer Flüchtlinge* abgelehnt:

```
Nach Paragraph 10 des BVFG kann ein Ver-
triebener Rechte und Vergünstigungen nur
dann in Anspruch nehmen, wenn er spätestens
6 Monate nach dem Zeitpunkt, zu dem er die
zur Zeit unter fremder Verwaltung stehenden
Ortsgebiete verlassen hat, seinen Antrag
```

gestellt hat. Wir bedauern, daß wir Ihnen
unter diesen Umständen den Vertriebenenausweis nicht ausstellen können.

Sie antwortet, sie sei zunächst in Italien gewesen, weil sie keine Arbeitserlaubnis für die Bundesrepublik Deutschland hatte und ohne diese und so weiter und so fort ... Der Antrag wird zurückgewiesen, weil sie ihn mit Bleistift geschrieben hat.

Nein, sie habe Italien nicht aus eigenem Verschulden verlassen müssen, sondern endlich in Konstanz eine Stelle als Architektin gefunden. Sie schreibt nun auf einer Schreibmaschine. Drei Jahre später erhält sie den Vertriebenenausweis, gültig für ein Jahr. Sie bittet nochmals um den Erhalt der deutschen Staatsbürgerschaft, sie sei doch deutscher Abstammung, deutsche Jüdin. Sie beschreibt ihre Kindheit, in der immer Deutsch gesprochen wurde, die deutsche Schule in Zagreb, die zwar evangelisch ist, aber auf die die jüdischen Kinder gehen, um Deutsch zu sprechen.

Wir hatten eine schöne Kindheit und Jugend. Mein Vater war reich, er war Besitzer
des größten Porzellan- und Glashandels in
Kroatien. Bis zum 2. Weltkrieg lebten wir
im Wohlstand. Von 1930-1938 besuchte ich
die deutsche Volks- und Mittelschule, die
der evangelischen Kulturgemeinde angehörte.
Alle Fächer wurden auf Deutsch unterrichtet,
ausgenommen Kroatisch und Französisch. Von
1938-1940 genoß ich eine zweijährige Ausbildung an der deutschen Handelsschule »Klara
Herzog«. Im Zweiten Weltkrieg 1941-1945 muß-
te ich meine Ausbildung leider unterbrechen.
Seit 1941 wurden wir als Juden verfolgt.

Ihr Antrag wird abgelehnt. Die Begründung: Wie könne sie Asyl beantragen, wenn sie behaupte, eine Volksdeutsche zu sein? Mir verschlägt es die Sprache. Spätestens jetzt hätte ich einen Anschlag auf die nächstbeste deutsche Behörde verübt, auch wenn es nur die Poststelle gewesen wäre oder ein nahe gelegener Briefkasten! Meine Mutter aber bleibt diszipliniert, demütig, zielbewusst und gibt nicht auf. Sie stellt weiterhin den Antrag auf die bundesdeutsche Staatsbürgerschaft. Für sich, ihre Tochter und ihren Mann.

> Mein Vater beherrschte die deutsche Sprache perfekt in Wort und Schrift. Er bediente sich derer hauptsächlich, denn es war seine Muttersprache. Nach mündlicher Überlieferung stammt die Familie Fuhrmann aus Deutschland, meine Ahnen lebten in Frankfurt an der Oder, was mein Vater und seine Brüder öfter voller Stolz betonten.
> Zu Hause wurde nur Deutsch gesprochen. Wir wurden im deutschen Geist erzogen, denn mein Vater bemühte sich um die Aufrechterhaltung der deutschen Tradition.

Die Überprüfung werde einige Zeit in Anspruch nehmen, antwortet man ihr, sie solle derweil ihre Kriegszeit schildern, und warum sie nun wirklich nach Deutschland wolle.

Sie beschreibt minutiös die italienischen und die deutschen Lager und warum sie einen gelben Davidstern tragen musste. Sie endet mit folgendem Absatz:

> Bereits nach der Diplomprüfung befaßte ich mich mit dem Gedanken, Jugoslawien zu verlassen und nach Deutschland zu gehen. Freunde hatte ich keine mehr. Die meisten Fa-

> milien, die den Krieg überstanden hatten, blieben im Ausland. Ich fühlte mich einsam und stets mehr oder weniger als Fremde behandelt. Man warf uns auch vor, Deutsche zu sein. So wuchs und reifte mein Wunsch, nach Deutschland zu gehen und zu versuchen, mich in der Heimat meiner Ahnen niederzulassen. Der jetzige Aufenthalt und die Berufstätigkeit verstärken meine Überzeugung, den richtigen Weg zur Regelung meines Lebens gewählt zu haben.

Der Staat seinerseits bzw. dessen eifrige Vertreter bleiben völlig unsentimental: Man bittet sie, einen Zeugen zu benennen. Sie wiederum bittet Herrn Adolf Rotownik, den Prokuristen in der Firma ihres Vaters, für sie Zeugnis abzulegen. Der arme Mann macht es gern, auch wenn er inzwischen gebrechlich im dänischen Exil lebt:

> Als junger Beamter zuvor, Prokurist und Direktor nachher, war ich über fast zwanzig Jahre (1922-1941) in der Firma des Herrn Sigismund Fuhrmann in Zagreb tätig und kannte, auch als Vertrauensperson und Freund desselben, alle Einzelheiten der Lebensweise und der Gewohnheiten der Familie Fuhrmann.
> Deshalb kann ich bestätigen, daß Herr Sigismund Fuhrmann, Großkaufmann für Glas und Porzellan, nicht nur Fachmann in seiner Branche, sondern auch ein gebildeter und feiner Mensch war. Die Firma konnte ihr Ansehen dem Herrn Fuhrmann verdanken, er war mit seiner Familie von allen geschätzt und geachtet.

Der Herr Fuhrmann hatte eine deutsche Ausbildung, beherrschte die deutsche Sprache in Wort und Schrift, führte Geschäftsgespräche und diktierte Briefe hauptsächlich in deutscher Sprache. Es war seine Muttersprache, nachdem er und seine Brüder aus Deutschland stammten und ihre Ahnen in Deutschland lebten. Die vollkommene Sprachkenntnis des Herrn Fuhrmann bestätigte diese Herkunft.
Die Familie lebte im Wohlstand bis zum Zweiten Weltkrieg. Sie besaß eine Villa im Villenviertel, eine Wohnung in der Stadt, zwei Kraftfahrzeuge und konnte sich Chauffeur, Kinderfräulein und Hauserzieherin leisten. Der Herr Fuhrmann hatte zwei Töchter: Jelka, (geb. 1920) und Thea (geb. 1924). Das Aufrechterhalten der deutschen Kultur und Sitten, wie auch die Schulausbildung in deutschen Schulen für seine Kinder, war Herrn Fuhrmanns Wunsch. So wurden nur Deutsch sprechende Kinderfräulein im Hause aufgenommen: meine Frau Milly war die erste und durfte mit den Kindern nur Deutsch sprechen. Nachher hatten sie eine Erzieherin aus der deutschen Schweiz und zuletzt kam Fräulein Auguste von Schmidt, an die ich mich sehr gut erinnere. Sie war die Tochter eines österreichischen Oberst in Ruhe, konnte nur Deutsch und pflegte fast bis zum Ausbruch des Zweiten Weltkriegs, etwa 7 Jahre lang, die Ausbildung und Erziehung der beiden Töchter Fuhrmann.
Die Familie Fuhrmann unternahm oft Reisen, mindestens zweimal jährlich nach Wien und

nach Graz. Nach Wien wurde niemals eine Reise in die Wintersaison unterlassen, um den beiden Mädchen die Möglichkeit zu bieten, in die Theater und in die Oper zu gehen, wo sie dem Wunsch ihres Vaters nach den Vorstellungen der berühmtesten Werke deutscher Klassiker und Opern beiwohnten.

Fräulein Thea Fuhrmann musste als Jüdin den Judenstern tragen vom Mai 1941 bis Februar 1942, was ich selbst gesehen habe. In diesen 9 Monaten lebte sie unter den schlimmsten Bedingungen unter dauernder Spannung und Angst vor der Entführung in das Konzentrationslager. Sie war als Jüdin verfolgt und versteckte sich bei Freunden und Bekannten, von wo sie auch im Februar 1942 die Flucht aus Zagreb unternommen hatte.

Mit dem Tode des Herrn Fuhrmann (kurz nach Kriegsausbruch) wie auch durch den Krieg selbst wurden das Familienleben und der Wohlstand der Familie zerstört und die Schulausbildung der Töchter unterbrochen.

Ich erkläre mich bereit, die Richtigkeit obiger Angaben jederzeit vor Gericht und allen sonstigen Behörden durch Eid zu bekräftigen.

Kopenhagen, den 12. Juni 1969
Adolf Rotownik

Die Anträge stammen aus den Jahren 1966 bis 1970. Vier Jahre lang schreibt meine Mutter Anträge und füllt Formulare aus, um von den zuständigen Verwaltungsbehörden die deutsche Staatsbürgerschaft zu erlangen. Ich frage mich, welche Art von Geisteskranken in den deutschen Ämtern saßen oder was für Leuten man über vier Jahre lang erklären musste, wie es in KZs zugegangen war. Dass man einen Judenstern auch in Kroatien tragen musste. Dass deutsche Juden Deutsch sprachen. All das scheint dem zuständigen Verwaltungsbeamten absolut neu gewesen zu sein. Ihre Hausaufgaben haben diese Beamten jedenfalls nicht gemacht! Wo waren diese Leute während des Krieges? Ich wage kaum, es mir vorzustellen. Ich schäme mich – für die Ämter, für meine Mutter. Was für eine Erniedrigung, sich derart anbiedern zu müssen. Sie beschreibt in ihrer unerschütterlich pingeligen Art haargenau jedes Möbel und dessen Position im berühmten »runden Haus« in Zagreb, und dass der Flügel, ein Bösendorfer aus Wien, enteignet worden sei. Die Enteignung, so entschuldigt sie sich, sei geschehen, ohne dass sie es habe verhindern können.

Mein Gott! Man hätte doch diesen gebeutelten Nachkriegskreaturen allein aus Dankbarkeit, dass sie überhaupt wieder deutschen Boden betraten, die Staatsbürgerschaft hinterhertragen müssen! Sie großzügig einladen, sie auf Knien bitten, in Deutschland zu bleiben, statt sie mit zentnerschweren Anträgen erneut zu demütigen! Ich wäre gerade gerne überall, in Amerika bei Onkel Albert, in Kanada, sogar in der Schweiz, nur nicht hier in Deutschland. Ich schäme mich so sehr. Und ich koche vor Wut.

Ich muss Raffi anrufen.

»Weißt du eigentlich, wie spät es ist?«

»Halb zwei?«, rate ich.

»Viertel nach drei, aber kein Problem, um was geht's?«

Es ist hell, als ich den Ordner zuklappe, aus dem ich Raffi vorgelesen habe. Er hat drei Stunden zugehört, jetzt sagt er: »Komm, lass uns treffen und frühstücken.«

»Manchmal bist du ein Schatz.«

»Ich weiß«, sagt er.

Wir haben »Frühstück Royal« bestellt, es schmeckt ausgesprochen gut. Wir sprechen über alles Mögliche, verlieren kein Wort über die Akten. Was soll man dazu auch sagen? Zwischendurch niese ich, die Stauballergie ist hartnäckiger als jeder Mundschutz.

»Ich bin frisch verliebt«, gesteht Raffi nach einer Weile. Ich rechne heimlich nach, die Letzte hat ihn doch gerade erst vor einer Woche verlassen und ist beleidigt nach Tel Aviv abgereist? Er habe seine neue Liebe noch gar nicht kennengelernt, fährt er fort, er habe nur über E-Mail mit ihr verkehrt. Ich finde das – sagen wir – mutig. Für mich wäre das nichts, ich rieche immer gern an Dingen.

Wenn Raffi gute Laune hat, ist er von unschlagbarem Charme. Er ist höflich und geistreich, hat sogar Interesse an seinen Mitmenschen. Wenn seine Internetfreundin vor ihm stehen wird, wird er diese gute Laune unbedingt brauchen. Na, was geht's mich an.

»Was macht die Geschichte mit deinem Bruder?«, wirft er beiläufig ein.

»Keine Ahnung«, murmele ich. »Ich habe nicht weitergesucht. Stell dir vor, ich hätte noch weitere Geschwister, wo soll das enden? Soll ich mit der Suche nach ihnen meinen Lebensabend verbringen?« Ich klinge betont lässig. Wahrscheinlich heißen eh alle Adriana oder Adriano …

»Aber was? Das ist das Wichtigste überhaupt!« Er ist ehrlich entrüstet. »Wir fahren hin, gemeinsam. Ich komme mit.«

Die Vorstellung, zusammen mit Raffi in Zagreb vor der Haustür meines Bruders zu stehen, irritiert mich. Als wäre nicht einer von uns beiden schon genug fürs Unglück.

»Nicht jetzt«, erwidere ich. »Das Wetter in Zagreb … Regen, Wind. Wie immer im Herbst. Vielleicht ein andermal. Außerdem will ich die Papiere zu Ende ordnen …«

»Meine Liebe«, Raffi bekommt einen nörgelnden Ton, »so

geht das nicht. Wir müssen den Dingen auf den Grund gehen, auch wenn sie ernüchternd sind. Gerade dann!«

Sätze, die mit »Meine Liebe« anfangen, verderben mir generell den Appetit. Ich schiebe meinen Obstjoghurt zur Seite.

»Solange du das mit deinem Bruder nicht geklärt hast, kommst du nicht weiter. Es wird dich als schwarzes Geheimnis immer belasten, du wirst keine Ruhe haben. Die Papiere sind tot, aber dein Bruder lebt!«

»Blödsinn! Werd jetzt nicht auch noch pathetisch! So viele Menschen wissen nur Ungefähres von ihren Brüdern oder Halbbrüdern und werden trotzdem Ärzte, Bürgermeister, Förster.«

»Eine gute Freundin von mir, sie ist Schriftstellerin«, fährt Raffi unbeirrt fort, »hat gerade erfahren, dass ihr Vater gar nicht ihr Vater ist. Ein Denunziant aus Russland hat bei ihr angerufen und die Bombe hochgehen lassen. Jetzt hat sie eine Schreibblockade und möchte sterben.«

Ich starre Raffi an. Was für eine Geschichte, sehr animierend. Raffi ist nun in Fahrt und möchte mit großer Geste in meinem Leben Ordnung machen. In diesem Moment klingelt sein Handy. Er läuft rot an, stammelt etwas und läuft zum Telefonieren aus dem Lokal. Im Nieselregen sehe ich ihn aufgeregt hin und her gehen. 2020 werde ich mit Raffi nach Zagreb fahren. Ich habe noch ein paar Jahre, um mich seelisch darauf vorzubereiten. Gemeinsam werden wir vor der Tür meines angeblichen Bruders stehen und klingeln. Ich werde höflich fragen: »Sind Sie mein Bruder?« Wenn er »Ja« sagt, haben wir etwas zu feiern. Sagt er »Nein«, habe ich immer noch Raffi.

»Sie kommt! Am Freitag.« Raffi steht pitschnass vor unserem Tisch.

»Wer kommt am Freitag?«, fragen ich und die Kellnerin unisono.

»Meine Brieftaube!«, säuselt Raffi. Er ist glücklich. Seine Wangen haben einen Hauch Farbe bekommen. Er sieht aus wie ein Mensch. Mich und meinen Bruder hat er, Gott sei Dank, vergessen.

Sobald ich zu Hause bin, mache ich mit den Papieren weiter. Die Kinder sind in der Schule, mein Mann auf der Probe, und außerdem hagelt es: der beste Moment, um mir den Karton mit der Beschriftung RESTITUTION BESITZ ZAGREB vorzunehmen.

Wir sind im Jahr 1998. Meine Mutter stellt wieder einen Antrag.

Sie hat seit rund 25 Jahren die deutsche Staatsbürgerschaft, als in Kroatien der Krieg ausbricht. In Kroatien und im Wohnzimmer meiner Eltern. Der Fernseher wird nicht mehr ausgeschaltet, auch nicht nachts, man muss jederzeit auf dem Laufenden sein. Die Wohnung meiner Eltern wird zum Außenlager der jugoslawischen Berichterstattung. Das Telefon steht nicht mehr still, alle ausgewanderten Freunde meiner Eltern melden sich bei uns, um mitzureden. Und es sind einige.

Meine Tante und meine Mutter können sich nicht einigen, wer brutaler und verbrecherischer in diesem Balkankrieg daherkommt, bis zu dem Tag, als der deutsche Außenminister Genscher vorauseilend den kroatischen Staat anerkennt. Plötzlich und einmalig sind sich die beiden Schwestern einig: Dieses Verbrecherland wird so ohne Weiteres anerkannt, in die EU gehoben! Die beiden Schwestern toben, dann sind sie sich mehr als einig: Der verlorene Besitz muss zurückgefordert werden, und zwar jetzt und sofort!

Meine Mutter holt sich Rückendeckung von einem befreundeten Staatsminister, dem diese Kroatiengeschichte auch nicht sonderlich schmeckt. Er vertritt sie als Anwalt. Ich halte ihren Briefwechsel in der Hand:

Am 4.8.1998 schreibt er ihr, dass die Kroaten Restitutionsansprüche nur von kroatischen Staatsbürgern geltend machen würden. Dass aber eine doppelte Staatsbürgerschaft in Deutschland nicht erlaubt sei. Mit einer befristeten Staatsbürgerschaft wäre es zwar möglich, aber das Reichs- und Staatsangehörigkeitsgesetz der BRD unterstelle den Personen dann, dass sie ausgewandert seien. Wenn auch nur befristet.

Meine Mutter fürchtet um ihre mühsam erworbene deutsche Staatsbürgerschaft. Sie will ihren rechtmäßigen Besitz zurück, was kann daran so kompliziert sein?

Der Anwalt schreibt an die deutsche Bundesregierung:

```
Als Staatsminister des Landes Hessen glaube
ich, dass gerade im Falle von zwangsent-
eigneten jüdischen Mitbürgern ein überra-
gendes öffentliches Interesse im Ergebnis
anerkannt würde. Ich bitte die jeweiligen
Ministerien um Mithilfe.
```

Diese wird ihm zugesichert.

Es passiert nichts.

Er wendet sich wiederholt an die kroatische Botschaft, die eine generelle Entscheidung ablehnt und jeden Einzelfall gesondert prüft. Entschieden wird nichts. Wieder wendet er sich an seine Regierung, die ihm mitteilt, der kroatische Staat werde unmittelbar nach dem Eintreten in die EU mit dem Aufarbeiten der Restitutionsanträge beginnen. Meine Mutter hat die Nase voll! Diese Form von Politik widert sie an, sie schreibt ihrem Anwalt, sie werde von ihren Ansprüchen zurücktreten.

»Tun Sie das nicht«, bittet sie der Staatsminister. »Nehmen Sie sich einen kroatischen Anwalt.«

Nach einer kurzen Verschnaufpause tut meine Mutter genau das: Sie nimmt sich eine kroatische Anwältin und prozessiert bis zu ihrem Tod erfolglos gegen den kroatischen Staat.

Ich weiß nicht, wie schwer diese Niederlagen meine Mutter getroffen haben.

Sie sprach selten von Zagreb, fast nie vom Lager. Ich finde ein mit Bleistift handbeschriebenes Blatt. Ein einziges Mal machte sie ihrer Enttäuschung Luft:

Was man so alles erlebt als »Ausländerin« und noch dazu als Frau. Das Alter spielt wohl auch eine Rolle bei diesen Un-Menschen. Sie mögen nur sich selbst und das, was sie machen. Eine Überheblichkeit, so tief verwurzelt, daß sie sich derer gar nicht bewußt sind. Der Maßstab ist wohl nur die Zugehörigkeit zu der Meute, die alles darf, der alles erlaubt ist – und wenn es auch blödsinnig und böse ist: Es wird akzeptiert und womöglich noch verschönert.

Sonst wäre es ja nicht möglich, die wenigen Ausnahmen, die etwas abweichend denken, nicht zu Worte kommen zu lassen. Die Ohnmacht, in die man versetzt wird, fällt einem sehr schwer – da kaum einer von der Meute Verständnis dafür hat.

Die Machtausübung dieser Meute ist eigenwillig, aber konsequent. Das Gefühl, stark zu sein, gibt ihnen auch die Kraft, die Macht zur Geltung zu bringen. Politisch sind sie das, was man im Moment braucht, was gerade Mode ist. Die Parteizugehörigkeit ist nur eine zusätzliche Möglichkeit, die Meute, in der man ist, zu stärken. Im Grunde feige und uninteressiert, wenn es um einen außerhalb der Meute geht.

Ist das wirklich von meiner Mutter oder hatte sie zu viel Canetti gelesen?

Ich will Raffi anrufen, es ihm vorlesen, aber er ist nicht

erreichbar. Vielleicht sollte ich mir einen Whiskey einschenken, obwohl: am helllichten Tag? Ich werde den Verdacht nicht los, dass meine Mutter alles vorsätzlich gesammelt und archiviert hat. Es muss eine Absicht dahintergesteckt haben. Sie kann unmöglich daran gedacht haben, dass ich, ihre Tochter, eines Tages vor dieser Sammlung sitzen und sie Stück für Stück durcharbeiten würde. Ebenso akribisch und manisch, wie sie das alles einst gesammelt hat. Oder doch? Ist es eine Art Vermächtnis? Ein Appell: Lass dir nichts vormachen! Es ist genau so und nicht anders gewesen!

Der Whiskey ist 30 Jahre alt und noch aus den Restbeständen der Wohnungsauflösung meiner Eltern ... Wie gut, dass sie mir den überlassen haben. Oder war auch das Absicht?

Endlich erreiche ich Raffi. »Hör mal« fange ich an, aber er fällt mir ins Wort:

»Morgen fliege ich nach Paris!«, schreit er in den Hörer, »nach Paris, mit ihr, meiner großen Liebe!«

»Welcher Liebe?« Ich bin überrumpelt. »Wohin?«

»Na, die aus dem Internet, die jüdische Amerikanerin. Ich bin so glücklich, wir werden heiraten, Kinder bekommen. Sie ist ein Traum. Nach dem Eiffelturm und ein paar Petits Fours werden wir zurückkommen. Wir wollen den Alltag in Berlin erleben. Wir werden zusammen leben. Bei mir. Wir melden uns.«

»Raffi, warte! Alles ist ein Plan! Die Dokumente, die Akten! Für uns! Verstehst du?«

»Die Zeitungen sind voll von Sarkozy und Carla Bruni. Was für ein Vorbild für uns! A bientôt, ma petite amie!«

»Sarkozy hat Segelohren und stellt sich auf die Zehenspitzen, um Carla überhaupt küssen zu können. Aber er ist immerhin Präsident«, rufe ich in den Hörer. Doch Raffi hat schon aufgelegt.

Paris. Vielleicht sollte ich nach Paris auswandern?

Als ich dreizehn war, zeigten meine Eltern mir Paris. Meine Mutter hatte dort ein Jahr studiert. Sie kannte sich aus, zeigte mir ihre Lieblingsplätze, die von da an auch meine wurden. Wir nahmen den Schlafwagen am Heiligabend.

Sobald die Weihnachtsfeierlichkeiten begannen, buchten meine Eltern regelmäßig einen Schlafwagen, und wir fuhren ins Ausland. Ich war am ersten Weihnachtstag morgens schon in Zürich, Rom oder Amsterdam aufgewacht. Hauptsache, nicht in Gießen, wo die anderen gemütlich um den Weihnachtsbaum saßen. Mir tat es immer leid, wurde ich doch über Wochen in der Waldorfschule auf die Ankunft Jesu vorbereitet, mit Liedern, Gedichten und dem Basteln von Adventsschmuck und Geschenken. Und nun: wieder nichts. Meine Eltern bemühten sich, den Mangel an Christentum durch den Reichtum an Reisen wettzumachen. Aber kein Ort, nicht einmal der schönste, der frei gewesen wäre von unserer speziellen Geschichte. Kein Tag, an dem die Vergangenheit uns nicht einholte und mit uns spazieren ging. In Paris, Zürich oder Brüssel, wohin auch immer uns der Nachtzug gerade entführt hatte.

Ich war auch in Paris, aber es liegt mir gar nicht, höre ich meine Tante.

Ich habe deine Mutter in Paris besucht, 1952, nein, 53. Sie hatte schrecklich viel zu tun, und so bin ich allein in dieses Museum gelaufen, dieses Holocaustmuseum, da hab ich sie zum ersten Mal gesehen: Die Tafeln mit den ganzen Namen, Fuhrmann Leo, Fuhrmann Vladko, Fuhrmann Zlata, da habe ich zum ersten Mal das Ausmaß verstanden, es waren alle tot, alle. Millionen. Die ganze Nacht hab ich nicht schlafen können. Ja, natürlich wussten wir, Bruchstücke, Details, aber das Große und Ganze habe ich an diesem Morgen in Paris verstanden. Die Namen der Toten, die ganzen Namen der Toten.

Paris ist auch Vichy. Und Paris ist auch offener Antisemitismus heute. Charmant ausgeprägt vielleicht, französisch eben, aber vorhanden. Da lob ich mir mein unerotisches Deutschland: Es hat – zunächst verordnet, dann nach 68 geradezu in einem Aufarbeitungswahn – verhältnismäßig viel seiner dreckigen Geschichte thematisiert. Und ist noch dabei, es zu tun. Nein, Paris ist auch keine Alternative. Die Finkelsteins und Goldenbergs in der *Rue des Rosiers* tun mir leid. Sie verkaufen lustige Kippas mit bunten Stickereien und anderen Judenkitsch an Touristen. Sie wirken bedrückt. Blass und jenseitig schauen sie durch die Scheiben ihrer Geschäfte nach draußen, während Ströme von Touristen zu ihnen hereinschauen. Vrais Juifs!

Raffis Paris wiederum hat mit alldem nichts zu tun, natürlich nicht, es ist das Paris der Liebe, und das geht immer, irgendwie. Sogar für jemanden wie ihn.

Der Whiskey ist wirklich gut. Ein edler Tropfen, das ist mir dieser Aktenmarathon wert, der sowieso nie mehr enden wird, jedenfalls nicht in meinem Jahrhundert.

Die Dokumente, die ich diesmal hervorziehe, sind noch älter, sie betreffen die Eltern meiner Mutter.

Meine Großmutter Hermine Fuhrmann, geborene Lausch, kam am 23. Februar 1895 in Veliki Bukovec in Kroatien zur Welt. 1919 wurde sie die Frau von Sigismund Fuhrmann, meinem Großvater, geboren 1881 im ungarischen Bonyhád. Anfangs war Sigismund ein einfacher Glasbläser. Ich halte seinen Lehrbrief aus dem Jahre 1901 in den Händen. Er ist in Sütterlin geschrieben, unterzeichnet von Jakob Groß, Glas-, Porzellan- und Sodawasserfaktorei aus dem jugoslawischen Vukovar. Oben rechts prangt ein österreichischer Stempel: Habsburger Doppeladler, die k. u. k., österreichische Großmonarchie.

Ich finde Aufstellungen seines Vermögens. Aus der Inflationszeit der Jahre 1927 bis 1929 ein Bündel Schuldscheine:

Er hat vielen Leuten Geld geliehen, in Millionenhöhe. Er sieht auf dem Foto seines Reisepasses von 1932 aus wie ein deutscher Offizier: weißhaarig, stramm, wichtig. Ein Mann, der weiß, was er wert ist.

Hermine bekommt einen Brillanten aus Antwerpen. Ich finde die Wertgarantie für diesen Stein neben Sigismunds Totenschein aus dem Jahre 1941. An den Totenschein angehängt ist der Taufschein meiner Großmutter. Taufschein?

Zusammen mit meiner Mutter lässt sich meine Großmutter bald nach der Beerdigung ihres Mannes taufen. Meine Mutter erhält zusätzlich den Namen Franziska. Sie heißt nun Thea Franziska Fuhrmann. Meine Tante Jelka lässt sich nicht taufen.

Das christliche Bekenntnis sollte Hermine nicht lange helfen. Wenige Wochen später muss sie fliehen. Es gelingt ihr, sich mit ihren Töchtern einige Monate lang zu verstecken. Schließlich werden sie im Zug erwischt und deportiert. Ich finde ihren Lagerausweis, ausgestellt von Italienern: Campo Internati Civili Porto Re. Die Italiener hatten von den Deutschen sofort mit dem Beistandspakt 1941 die Verwaltung des eroberten Kroatien übertragen bekommen, somit waren sie auch die Leiter der Konzentrationslager, Gott sei Dank, denn als sie kapitulierten, öffneten sie die Lagertore und ermöglichten allen inhaftierten Juden die Flucht. Die Ustascha beschwerten sich häufig bei den Deutschen über die Laxheit der Italiener den Juden gegenüber. Warum sind einige Völker judenfreundlicher als andere?, geht mir durch den Kopf.

Tag ihrer Ankunft: 1. November 1942. Das Feld »giorno dell'uscita dal campo« (Tag der Abreise aus dem Lager), ist nicht ausgefüllt. Ein ärztlicher Befund vom Frühling 1945 aus dem amerikanischen Militärkrankenhaus Santa Maria di Leuca, Süditalien: Sie stellen bei meiner Großmutter eine halbseitige Gesichtslähmung als Folge des Lageraufenthalts fest. Arme Baka, so kannte ich sie: schief im Gesicht, dabei sehr höflich. Sie sah aus wie ein trauriger Clown. Ich konnte sie hervorragend nachmachen. Sie nahm es mir nicht übel, kochte mir stattdessen »Paradeissuppe« oder machte Palatschinken und gab mir einen schiefen Kuss.

In derselben Mappe finde ich drei Briefe: Drei Verwandte schreiben meiner Großmutter. Sie haben überlebt, aber der Krieg hat sie weit auseinandergetrieben.

Im ersten Brief ihrer Nichte Julka, 1949 aus Melbourne, schreibt diese, es gehe ihr gut – trotz allem. Der zweite ist aus Banghalore, von Tante Rosa. Sie tut sich schwer mit dem dortigen Klima. Doch bald wird sie ihrem Sohn nach Los Angeles folgen. Ob es da auch so schwül sei? Ach, das gute Wien fehle ihr so, trotz allem … Der dritte Brief stammt von Nichte Francis, geschrieben am 6. August 1951 in Nairobi in deutscher Sprache, jedoch mit einer Schreibmaschine, die die deutschen Umlaute nicht beherrscht:

```
Liebe Tante Hermine!
Vor drei Tagen erhielt ich einen Brief von
Leo, worin er mir die freundliche Nach-
richt Eures Wohlbefindens mitteilte und
mir Eure Adresse uebermittelte. Ich glau-
be, ich kann nicht in Worten ausdruek-
ken, wie ich mich darueber gefreut habe,
nachdem ich glaubte, daß leider niemand
von unserer großen Verwandtschaft am Leben
geblieben ist.
Vor vielen Jahren ist in Tanganjika ein
Jugoslawe aufgetaucht. Er war von Zagreb
und dieser Idiot hat mit Namen alle meine
lieben Verwandten aufgezaehlt, die in der
schrecklichen Zeit des Krieges ums Leben
gekommen seien. Darunter wart auch ihr.
```

Ich habe vor Freude zu heulen begonnen, wie ich Leos Brief erhielt. Bitte schreibt mir ueber Euer Wohlbefinden, und wo ihr die ganze Zeit verbracht habt, und wer alles sich womoeglich noch gerettet hat.
Jetzt werde ich Euch kurz berichten, wie es mir seit meiner Auswanderung aus Oesterreich ergangen ist: Im Jahre 38 sind wir in Cypern gelandet und waren dort für 3 Jahre. Ich habe sehr schoen als Schneiderin verdient. Leider haben wir damals unseren armen Eltern nicht helfen koennen, da wir nur temporary visas hatten. Julka war in der Zwischenzeit in Australien gelandet, und gerade, wie sie es fertigbrachte, fuer die Eltern die Einreise dorthin zu bekommen, brach der Krieg aus, und unsere armen Eltern konnten Wien nicht mehr verlassen. Sie sind 3 Jahre spaeter in einem Konzentrationslager ums Leben gekommen. Das erfuhr ich erst sehr viele Jahre spaeter durch Red Cross. Das Geld hat eine große Rolle gespielt, da die Eltern nicht ohne einen Heller auswandern wollten. Als wir mit zehn Mark in der Tasche aus Wien wegfuhren, hatte Papa noch seine Pension, und als wir endlich etwas machen konnten, war es bereits zu spaet. Weißt du noch, wie wir bei ihm spielten in der Servitengasse?
In Cypern blieben wir bis 1941. Dann wurden wir in wilder Hast evakuiert und kamen nach Palaestina. Aber leider gab man uns dort auf keinen Fall eine Aufenthaltsgenehmigung, und nach 6 Monaten hatten wir die

```
Wahl zwischen Tanganjika oder Nyassaland in
East Africa.
```

Der Brief ist in blauen Lettern getippt und endet mit:

```
Also, der Brief nimmt mich mit Unterbre-
chung schon den ganzen Tag in Anspruch.
Jetzt hoere ich auf und warte mit Sehn-
sucht auf recht ausfuehrliche Nachricht.
Ich hoerte vom Onkel, daß Du in Jugoslawien
lebst: Kann ich vielleicht auch Dir irgend-
wie behilflich sein?
```

Erst 1951 erfährt auch meine Großmutter, dass nicht alle tot sind. Dass verstreut noch der eine oder andere lebt. Kleiner Trost im großen Desaster.

Unter dem Brief liegen ein kroatischer antifaschistischer Ausweis meiner Großmutter und Essensmarken. Sie ist bettelarm, bittet in mehreren Anträgen die kroatische antifaschistische Regierung um die Rückgabe ihres Vermögens. Aber keiner fühlt sich zuständig. Außerdem herrscht jetzt Sozialismus, und da gehört das Vermögen allen, vor allem der Arbeiterklasse. Ganz sicher nicht der jüdischen Weltherrschaft. Sie fädelt Perlen auf für ein paar Groschen, ich finde einige Lohnquittungen. Sie schlägt sich durch. Als ihre Tochter Thea nach Deutschland auswandert, bleibt sie zunächst in Zagreb. Theas Briefe kommen aus Gießen, Jelkas aus Mantua. Beide bitten ihre Mutter, zu ihnen zu kommen.

1965 bemüht sich meine Großmutter gleich um zwei Aufenthaltsgenehmigungen: in Italien bei der einen Tochter, in Deutschland bei der anderen. Auch ärztliche Befunde häufen sich: Schwächezustände, Osteoporose – Spätfolgen. Sie erhält eine Ausreisegenehmigung für Deutschland und wird im

Universitätskrankenhaus in Gießen, in dem inzwischen mein Vater arbeitet, untersucht. Von nun an lebt sie in Gießen.

1970 beginnt sie, krank und anfällig, einen ausführlichen Briefwechsel mit der Eidgenössischen Justizabteilung, Meldestelle für Vermögenswerte, Schweiz.

Hermine bittet um die Aushändigung des Geldes ihres Onkels Ludwig, das sich auf Konten einer Schweizer Bank befindet.

```
Sehr geehrte Herren,
mein Onkel Ludwig Lausch aus Ludbreg/Ju-
goslawien lebte in Zagreb (Jugoslawien),
Djordjicéva 7, bis zu seiner Deportation
in das Lager, wo er starb. Er war ein wohl-
habender, reicher Mann und hatte Geld in
Schweizer Banken. Seine Frau Lilly Lausch,
die Tochter Zora Konrad, geb. Lausch aus
Varaždin, der Sohn Artur und das Enkelkind
wurden schon 1941 in das Lager verschleppt
und getötet.
Der verstorbene Ludwig Lausch war der Bru-
der meines Vaters Samojlo Lausch aus Bje-
lovar. Ich, die Tochter seines Bruders, bin
die einzig überlebende Erbin. Mir sind aber
die Bank, die Höhe der Geldanlage sowie die
Kontonummer nicht bekannt.
```

Die Schweizer Seite antwortet 1971 umständlich, aber genau:

```
In Beantwortung Ihrer Anfrage vom 22. Mai
1970 senden wir Ihnen beiliegend unsere
Orientierung über die Bedingungen des oben
genannten Erlasses. Für jeden einzelnen an-
```

geblichen Vermögenseigentümer (gilt auch
für Ehepaare) ist ein separates Formular zu
verwenden.

Und so weiter.

Hermine füllt die Formulare aus. Meine Mutter hat die Kopien archiviert. Ihre Schrift ist unregelmäßig und krakelig. Sie will es wissen. Wo ist das ganze Vermögen hin?

Sie erhält am 30.6.1972 Antwort aus der Schweiz.

Wir teilen Ihnen mit, daß wir in unserem
Register die entsprechenden Nachforschungen angestellt haben. Soweit nachweisbar,
sind uns von den gesetzlich zur Anmeldung
verpflichteten Verwahrern (Banken, Versicherungsgesellschaften etc.) bis heute weder Vermögenswerte irgendwelcher Art noch
Schrankfächer mitgeteilt worden.
Hochachtungsvoll, Eidgenössische Justizabteilung – Meldestelle für Vermögen verschwundener Ausländer oder Staatenloser
Betroff: Artur Lausch, Ludvig Lausch, Cilly Lausch geb. Friedrich, Zoa Konrad geb.
Lausch sowie das Enkelkind Kukica Konrad.

Es gibt also keine Vermögenswerte in der Schweiz. Noch nie? Nicht mehr? Hat sich meine Großmutter geirrt? Haben Schweizer Banken oder Versicherungen die Vermögen nicht gemeldet, also unterschlagen? Ich finde keine Antwort. Meine Großmutter auch nicht.

Die Sterbeurkunde von Hermine Fuhrmann ist auf den 31.1.1973, 14.45 Uhr, datiert. Ich erinnere mich, dass es sehr kalt war, als mich meine Eltern von der Schule abholten und wir zur Beerdigung der Baka fuhren. Ich war 13 und mehr pubertär als traurig. Hermine liegt auf dem kleinen jüdischen Abschnitt IV des ansonsten christlichen städtischen Friedhofes in Gießen, dort, wo meine Eltern nun auch liegen.

Ich schaue hoch. Mir laufen die Tränen unter der Lesebrille herunter. Mein Anti-Staub-Mundschutz ist nass. Ich sehe aus wie ein Zombie, ein Untoter zwischen all den Toten.

Mein Mann steht kopfschüttelnd in der Tür: Es ist 6 Uhr morgens.

»So geht das nicht. Du musst irgendeine Form von Distanz aufbauen, sonst gehst du drauf!«

Ich nicke ergeben, niese. Der Mundschutz ist durchweicht und unwirksam.

»Hier«, er reicht mir das Telefon. »Raffi ist am Apparat, er sagt, es sei dringend. Was ist mit euch, braucht ihr Juden jetzt neuerdings keinen Schlaf mehr?«

»Warum hast du angerufen?«, fragt mich Raffi schnell.

»Nichts. Es ist nichts passiert. Brauchst dir keine Sorgen zu machen. Es ist wirklich nichts Schlimmes passiert. Ich habe gelesen. Ich habe in zwei Tagen 12 Jahre Naziregime, 25 Jahre jugoslawischen Sozialismus und 20 Jahre BRD durchlebt, anhand von Unterlagen, Briefen und Dokumenten aus zwei alten hellbraunen Lederkoffern. Mir geht's gut ...«

Langsam schließe ich die beiden Lederkoffer. Es war der 13. Oktober, als ich in den Keller gestiegen bin, um sie raufzuholen. Der 13. Oktober, ein Glückstag für die Chassidim. Und für mich?

die macht der gewohnheit

Die Premiere von »Die Macht der Gewohnheit« findet an einem verschneiten Novemberabend statt. Mein Mann hat die Theatermusik arrangiert, ich darf den Abend nicht verpassen. Meine Tante aus Italien ist zu Besuch, sie kommt mit, obwohl wir nicht sicher sind, ob ihr Thomas Bernhard wirklich liegen wird. Ich habe das Stück noch nie gesehen, es wird selten gespielt. Bernhard verlangt nach besonderen Schauspielern.

Georg hat von den Proben schon einiges erzählt: Er hat sich als Orchester ein Quintett russischer Akkordeonisten ausgesucht: sehr viel Seele, sehr virtuos. Der Hauptdarsteller des Stücks, ein Berliner Theaterstar, will jedoch in den Momenten, in denen er spielt, von den Musikern, die pausieren, nicht gestört werden. Er will, wie er betont, nicht in deren »tote Augen« schauen. Nichts soll ihn oder von ihm ablenken. Deshalb werden die Musiker sofort nach jeder Nummer mit der Drehbühne aus der Sichtlinie befördert. Das klappt in der Regel gut. Verhakt sich allerdings die Drehbühne, geht der Hauptdarsteller mitten im Satz ab und kehrt erst nach mühsamer Intervention des Intendanten an seinen Arbeitsplatz zurück. Nur wenn absolute Konzentration und Ruhe herrschen, können die Proben fortgesetzt werden. Ich bin beeindruckt von diesen Berichten und gespannt auf die Premiere. Meine Tante ist seit den hohen Feiertagen bei uns. Sie hat sich, schon schwach vom Jom-Kippur-Fasten, nach der Synagoge erkältet und friert immerzu. Zur Premiere trägt sie ein neues Kaschmir-Twinset, eine Merino-Strickjacke und darüber ihren Nerz. Man rät ihr an der Garderobe, den Nerz abzugeben. Aber der Blick meiner Tante verbietet jedes weitere Insistieren. Einzig ihre Pelzmütze nimmt sie ab und hält sie stolz auf ihrem Schoß. Wir sitzen in der zehnten Reihe Mitte. Die Premiere ist ausverkauft, die Luft im Raum nach kurzer Zeit sehr stickig. Alle sind da, ich grüße nach rechts und links. Kollegen, Intendanten anderer Theater, mitunter auch ein wenig zahlendes Publikum. Es riecht nach Parfüm und Bühnenarbeitern. Das Theater ist frisch renoviert, aber die Sitze sind eng und ungemütlich geblieben.

»Deutschland hat eine florierende Theaterlandschaft.« Ich bemühe mich, meiner Tante etwas Feuilleton zu bieten, derweil sie versucht, es sich auf dem Sitz doch irgendwie bequem zu machen. »Der Drang der Deutschen nach Höherem ist bekannt ... Streckenweise habe ich Mühe, ihrer militanten Wahrheitssuche zu folgen, aber ...« Meine Tante lächelt mir freundlich zu, ohne mir im Geringsten zuzuhören.

Die Akkordeonisten setzen mit dem Forellenquintett ein. Sagenhaft, was Musiker mit ihren Instrumenten alles anstellen! Das Stück beginnt, eine junge Frau fällt immerzu in Ohnmacht, während der Hauptdarsteller dazu spricht.

Er hält offensichtlich brillante Monologe, denen ich nicht ganz folgen kann – aber der Duktus ist erhaben. Ich begreife, dass es ums Zirkusleben geht, das erkennt man an den Kostümen. Immer wieder gibt es Pausen im Dialog, in denen die Musiker nach vorne zum Publikum gedreht werden, um zu spielen.

Vor einiger Zeit bin ich genau an diesen Pausen gescheitert. Es ging um ein ganz anderes Stück, in dem immer wieder unerbittlich Pausen und Stille zwischen den Sätzen gefordert wurden. Diese Momente der Stille machten mir Schwierigkeiten. Sie hielten nicht nur die Zeit an, sondern legten tiefere Bedeutung nahe, sorgten für große Gefühle, für wahre Momente. Ich nahm sie schrecklich ernst, ohne sie wirklich zu begreifen, geschweige denn füllen zu können, und der Abend schleppte sich dahin wie eine parlamentarische Sitzung. Ich ahnte, dass ich hier an einen überaus wunden Punkt der deutsch-jüdischen Geschichte rührte: Die »jüdische Hast« hielt mich gefangen. Ich war nicht fähig zu diesen Momenten der Stille. Wenn ich sie aber nicht aushalten konnte, gab es für mich offenbar auch keine Tiefe, keine Bedeutung, keine Wahrheit, keine Erlösung. Nichts. Ich war verloren und würde den Gral niemals finden, Wagner würde mir auf ewig verschlossen bleiben.

Damals endete meine Theaterarbeit mit einer aufgebrachten Intendantin, die mich schüttelte und fragte, was los sei: Alles sei so fürchterlich langsam und langweilig. Dafür hätte sie mich nicht engagiert. Ich war ratlos, dabei hatte ich doch nur endlich auch mal Pausen machen wollen, Stille walten lassen. Ruhe und Tiefe finden. Ich hatte alles richtig machen wollen.

Nein, ich hatte viel mehr gewollt: Ich hatte in die Abgründe der deutschen Seele eintauchen wollen, mitschweben im Luftreich ihrer Metaphysik, Wagner lieben, einmal so sein wie sie.

Ich kehrte zu mir und meinem Tempo zurück. Die Aufführung dauerte die Hälfte der ursprünglichen Zeit. Sicher, der Theaterabend war nun vital und spannend, aber die wirkliche Wahrheit, die Pausen, die bedeutsame Stille waren mir verschlossen geblieben. Der Gral. Ich würde ihn nie finden. Ich dachte an die »Herrenmenschen« und das auserwählte Volk und wusste tief innen: Wir hatten nichts gemeinsam.

Inzwischen sind fast vierzig Minuten vergangen. Der Hauptdarsteller spricht, die junge Frau fällt weiterhin in Ohnmacht, und es ist entsetzlich warm. Ich versuche, meiner Tante aus ihrem Nerz zu helfen. Aber feste Gummis um die Handgelenke machen ein unauffälliges Herausschlüpfen, ohne aufzustehen, unmöglich. Ich weiß: Der Hauptdarsteller duldet keine Unruhe im Raum, er wird ohne zu zögern abgehen – und das bei einer Premiere. Also lasse ich vom Mantel ab und gebe der Tante ein Bonbon, um sie wenigstens von ihrem Hustenreiz zu befreien. Wieder fällt das Mädchen im Zirkusrock auf der Bühne um, mir ist nicht ganz klar, warum. Ich hätte das Stück zu Hause lesen sollen, denke ich, als meine Tante neben mir zu japsen beginnt. Sie holt Luft, zwei-, dreimal, verharrt dann mit gestreckten Armen in einer bizarren Stellung. Wieder ziehe ich am Nerz, doch ihre Arme sind steif, es bewegt sich nichts mehr.

Mein Nachbar, ein sympathischer schwuler Herr, rückt zur Seite, um Platz für meine vergeblichen Hilfeleistungen zu schaffen. Auf der Bühne ist es nun verdächtig still. Ist der Hauptdarsteller schon abgegangen? Ich will ihn nicht stören, aber das Gesicht und die Augen meiner Tante sind grau, hellgrau, der Mund ist weit aufgerissen – vielleicht ist sie tot. Wie soll ich, ohne zu stören, einen Krankenwagen hier hereinbekommen?

Ich muss etwas tun, Premiere hin oder her. Entschlossen erhebe ich mich aus der Mitte der zehnten Reihe und schleiche, so leise ich kann, hinaus. Alle müssen der Enge wegen aufstehen, um mich vorbeizulassen. Aber sie tun es zuvorkommend, verständnisvoll und relativ leise. Die Theater-Ärztin wird aus einem anderen Theater gerufen. Ich bitte sie, meine Tante zu retten – falls überhaupt noch etwas zu machen ist –, aber sie solle auf keinen Fall die Vorstellung beeinträchtigen. Daraufhin gibt sie mir eine Spritze und rennt in den Zuschauerraum. Die Frau des Intendanten eines benachbarten Theaters ist herausgekommen, eine Thomas-Bernhard-Spezialistin. Sie hält meinen Kopf und redet mir gut zu: Bei einer derart langweiligen Inszenierung wäre es das Beste, in Ohnmacht zu fallen, meint sie lakonisch.

Die Ärztin kehrt zurück und sagt: »Die Dame in Rot lebt.«

Ich schreie: »Meine Tante ist nicht in Rot, sondern im Nerz!«, und die Ärztin verschwindet wieder im Zuschauerraum.

Irgendwann schließlich hört man Applaus, meine Tante ist wieder bei Bewusstsein, sie kommt am Arm des freundlichen Sitznachbarn aus der Vorstellung.

»Das Bonbon, das du mir gegeben hast, war schuld!«, bemerkt sie knapp. »Und die Aufführung war auch nichts Besonderes ...«

Ich werde von der Intendanz und den Kollegen zurechtgewiesen: Sich auf einer Premiere so unkollegial zu verhalten, sei mehr als ein Fauxpas. Der Hauptdarsteller tobt.

Die Kritiken schreiben von einem öden Abend, an dem in der zehnten Reihe eine Dame sogar eingeschlafen sei. Ich werde krank, meine Tante bekocht mich mit Hühnersuppe. Im Fieber denke ich nach: über Pausen und Stille und die tiefe, tiefe Wahrheit. Und dass ich sie nicht wirklich verstehe, nicht einmal annähernd. Von Wagner ganz zu schweigen.

ein satz in südafrika

»Wir gehen ins Kino, und zwar alle!« Meine Stimme klingt nach Morgenappell. Wenn man zwei Söhne hat, ist das nicht zu vermeiden. »Einmal im Monat kann man wirklich mal was zusammen machen. Nein, Sammy, der Film ist nicht erst ab sechzehn. David, es ist mir egal, ob du keine Lust hast, ich habe in dem Film mitgespielt, und damit basta! Nein, Georg, er läuft nur in Mitte. Können wir jetzt los? Daaavid, wir warten!«

»Warum soll ich mir einen Film anschauen, aus dem du rausgeschnitten wurdest. He?« Wenn er will, kann David sehr scharfsinnig sein ...

Eine große deutsche Produktionsfirma hatte sich das Leben einer ebenso großen deutschen Schauspielerin und Sängerin vorgenommen, um daraus einen großen Kinofilm zu machen. Die Chansonette hatte sich Ende der 40er-Jahre in einen amerikanischen Juden verliebt, der sie mit zu seinen Eltern nach L.A. nahm, um ihnen seine große Liebe vorzustellen. Die Eltern waren vor den Nazis aus Deutschland geflohen, nur knapp der Vernichtung entkommen. Der Besuch wird ein Desaster: Die Eltern werfen die große Sängerin und Liebe ihres Sohnes als deutsche Arierin kurzerhand aus dem Haus. Ich sollte die Mutter spielen.

»Ich fahre nicht für einen Drehtag nach Südafrika. Ist doch absurd. Der Aufwand steht in keinem Verhältnis zur tatsächlichen Arbeit. Außerdem bin ich krank«, erklärte ich damals aufgebracht meiner Agentin.

»Sie können sich niemand anderen vorstellen«, antwortete sie ruhig.

»Aber bitte, jeder ist ersetzbar, sogar ich.«

Ausführlich schilderte mir meine Agentin, dass die Produktion sich mein gesamtes »jüdisches Œuvre« angesehen habe. Ich solle die jüdische Mutter spielen und niemand sonst.

»Mein jüdisches Œuvre, dass ich nicht lache! Erinnere dich bitte ans letzte Mal!«

Ich sollte eine Jüdin spielen, die aus Theresienstadt entlassen wird. Dafür sollten mir die Haare abrasiert werden.

Eine schlaflose Nacht, dann sagte ich den Film ab:

Es geht nicht, erkläre ich dem Regisseur. Ich kann mir nicht die Haare rasieren lassen, wie damals. Ich kann nicht Monate lang wie ein Häftling herumlaufen, bis die Haare nachwachsen. Es soll eine Komödie werden, aber ich würde über die Tragödie nicht hinwegkommen. Ich weiß, ich sollte. Ein guter, professioneller Schauspieler müsste das können, abstrahieren von der Rolle. Ich kann es nicht, nicht in diesem besonderen Fall. Dann erfahre ich, dass die Hauptdarstellerin in der Rolle der Eva Braun eine schicke Perücke bekommt. Warum bekommt sie, die Arierin, eine Perücke, wird fein gemacht und als Herrenmensch ausstaffiert? Ich kann und will nicht mehr der Untermensch sein. Entweder ich bekomme auch eine Perücke oder Eva Braun werden die Haare abrasiert! Ich will die Perücke von Eva Braun! Soll doch Eva Braun glatzköpfig herumspazieren. Das nenne ich Wiedergutmachung!

Glücklicherweise behielt der Regisseur die Nerven, wir einigten uns auf eine 3,5-cm-Rasur.

»Ich finde, du hast die Rolle damals sehr gut gespielt, auch ohne Glatze«, sagte meine Agentin, »Sie wollen nur dich. Auch wenn du nur einen Satz zu sprechen hast.«

»Einen Satz?«, wiederholte ich ungläubig. »Das wird ja immer besser! Für einen Drehtag und einen Satz um die halbe Welt fliegen? Schönen Gruß, ich bin verhindert.«

»Aber sie zahlen gut.« Meine Agentin blieb eisern.

»So gut kann niemand zahlen, damit ich für 24 Stunden nach Südafrika fliege.«

Drei Wochen und 100 Telefonate später lag mein Flugticket zur Abholung bereit. »Einsatz in Südafrika!«, frotzelte meine Familie. In Kapstadt angekommen, brauchte man mich noch nicht. Ich wurde im feudalsten Hotel der Stadt untergebracht, mit Flamingos im Garten und kolonialschwarzer Bedienung rund um die Uhr. Kurz meldete sich ein Hauch schlechten Gewissens, Reste meines Arbeitsethos' – aber nur sehr kurz. Man finanzierte mir, ohne dass ich einen Handschlag getan hätte, einen vollgültigen Südafrikaurlaub. Und all das, nur weil ich Jüdin war?

Ich konnte meinen Text, diesen einen Satz: »Und Sie, was haben Sie während des Krieges gemacht?« Ich übte mal diese, mal jene Betonung. War gut vorbereitet, ich hatte meine Rolle verstanden. Ich hatte ja auch noch fünf Tage Zeit zum Üben. Mein Honorar setzte ich inzwischen sinnvoll ein und gönnte mir eine Safari. Was ist schon ein Film gegen den Aufmarsch der Giganten. Die Tiere waren imposant und für ein paar Tage vergaß ich vollkommen den eigentlichen Zweck meiner Reise.

Endlich war der letzte Drehtag da – der gleichzeitig mein erster sein sollte. Mein Partner, der Filmehemann, war mittlerweile auch angekommen. Wir hatten gemeinsame Kostümprobe. Als wir aus der Garderobe traten, sahen wir unseren Vorbildern aus Ulm zum Verwechseln ähnlich, jüdische Emigranten 1949 in L.A. Wir sahen klein und verloren aus, passten unglaublich gut zusammen und wirkten sehr jüdisch. Wir waren irritiert. Alle behandelten uns betont höflich – als hätten sie etwas wiedergutzumachen. Wir drehten in einem kleinen Häuschen inmitten eines schwarzen, muslimischen

Viertels. Statisten in orthodox-jüdischer Ausstattung liefen auf der Straße umher. Die Nachbarn starrten aus den Fenstern auf uns herab. Die Szene spielte am Sabbat, elektrische Geräte und alle Arten von Maschinen waren verboten, unser Film-Wohnzimmer war dunkel und schummrig, einzig von Kerzen erleuchtet.

Dann wurde gedreht. Es ging sehr schnell.

»Unser Sohn« kommt. Wir begrüßen ihn. Dann begrüßen wir stumm seine deutsche Frau. Es kommt zu einem sehr kurzen Streit, an dessen Ende der Sohn mitsamt seiner schönen deutschen Frau aus dem Haus fliegt, ihre Koffer fliegen hinterher.

Mir kam es vor, als spielten wir gar nicht, mein Film-Mann und ich. Als würden wir nur kurz etwas wiederholen, was wir schon einmal getan hatten. Vor langer Zeit. Alles ging sehr schnell. Es war kaum Mitternacht, da waren wir »abgedreht« und das Abschlussfest konnte steigen. Das war er: Mein Satz in Südafrika. Ich war verwirrt. Hätte ich nicht vor wenigen Tagen zumindest die Giraffen und Elefanten gesehen, alles wäre mir unwirklich vorgekommen.

Ein halbes Jahr später rief mich der Regisseur an. Der Film war schon überall plakatiert, sollte auf der Berlinale voraufgeführt werden. Die Szene sei aus dem Film herausgeschnitten worden. Vorauseilend fiel ich ihm ins Wort, wollte ihm und mir die Peinlichkeit der Wahrheit ersparen, dass ich schlecht gespielt hatte:

»Das macht doch nichts, ist doch ganz normal. Ein Regisseur hat immer das Recht zu schneiden, aus welchen Gründen auch immer.«

»Nein, nein, ganz und gar nicht. Ihr wart prima. Im Gegenteil, ihr wart sehr überzeugend. Eure Szene war stark, sehr authentisch – vielleicht zu authentisch. Es war einfach zu viel. Ich habe befürchtet, ihr würdet zu hart wirken und man würde euch als Juden nicht mehr mögen.«

»Na ja, wir haben gerade den Holocaust überlebt, da ist man vielleicht ein bisschen hart«, antwortete ich vorsichtig.

»Eure ganze Szene war gut. Wirklich sehr gut, alle sagen das, die Produktion, der Redakteur ... Aber weißt du: Ihr habt irgendwie die Stimmung verdorben. Die Stimmung des Films gestört, verstehst du?«

»Tja, wenn man dem Holocaust entkommen ist, kann die Stimmung schon mal auf dem Nullpunkt sein ...«

Absurd. Wir waren dem deutschen Kino zu viel! Das hätten sie sich aber vor dem Holocaust überlegen müssen, dass es einem irgendwann zu viel damit werden konnte: die ganze Brutalität und so. Obwohl, bis jetzt waren wir kein schlechtes Geschäft gewesen – there is no business like shoahbusiness. Ganze Legionen von deutschen Schauspielern bezogen ihre Monatsgagen von ihren Drehs als Hitlerjungen, Offiziere, SS-Männer. Und war es nicht der große Traum eines jeden deutschen Darstellers, endlich einmal Hitler geben zu dürfen ...?

Was war das für ein Film, in dem die Juden störten, die Stimmung verdarben? Der Holocaust als Stimmungskiller. Tja, unsere große Zeit im Kino war wohl vorbei, man brauchte uns Juden nicht mehr. Jetzt kam eine neue Zeit, die der guten Deutschen und der bombenwerfenden Terroristen. Wir hatten das geschichtliche Verfallsdatum überschritten. Wir waren out and over. Ab jetzt würden wir aus den Filmen herausgeschnitten. Auch aus schon bestehenden: »Schindlers Liste« judenfrei! Ich war gespannt, wie sie das hinbekommen wollten. Ich wünschte, ich könnte mich auch herausschneiden aus meiner Geschichte, einfach so: cut! Mir ging es ja nicht anders: Auch meine Stimmung wurde nicht sonderlich gehoben, wenn ich in der Geschichte meiner Vorfahren wühlte. Aber ich hatte keine Wahl. Die Überlebenden und ihre Kinder und Kindeskinder haben Wunden, die sich nicht herausschneiden lassen. Die Stimmung heben – tun sie auch nicht.

Am Ausgang des Kinos hole ich uns allen ein Eis. Meine aktuelle Stimmungslage ist eigentlich ganz gut. »Schade, Mama«, sagt der Kleine, »dass sie dich rausgeschnitten haben, der Film war gar nicht so schlecht.« – »Viel zu kitschig, völlig unpolitisch!«, meint David, der nicht in der Lage ist, sein Eis zu essen, ohne sich zu bekleckern. – »Die Musik taugt gar nichts«, grummelt Georg. »Seife. Traumschiff ...«

Na gut, es war ein bisschen zu bunt, ein bisschen zu einfach gestrickt, aber sympathisch. Ich habe mich amüsiert. Wir hätten wirklich nur gestört.

Vor dem Kino stolpern wir über Raffi. »Was machst du denn hier?«, rufe ich. »Warst du etwa auch in dem Film? Sag nichts, ich kann mir denken, wie du den Streifen fandest.«

Ohne darauf einzugehen, bittet er uns in sein Stammcafé. Er ist blass, seine Augenringe sind tiefschwarz. Er nippt wie ein Vogel an seinem Cranberrysaft, und ich fürchte, er wird gleich losheulen. Mir wird selbst ganz flau. Nur Georgs westfälischer Teint ist rosig und gesund. Die Kinder bekommen Cola und die Gala. Raffi legt los.

»Es war wie im Bilderbuch, nein, wie in der Bibel. Das Hohe Buch der Liebe im Berliner Alltag, die Kastanienallee leuchtete unter unserem Glück. Wir sprachen, aßen, schliefen, alles miteinander. Gestern ist sie abgereist, eine Stunde vorher hat sie Schluss gemacht. Sie könne keine Fernbeziehung aushalten, hat sie gesagt. Das war's.«

Das war's? Ich komme nicht ganz mit. Ich rekapituliere. Richtig: Paris! Große Liebe, amerikanische Jüdin, die zu ihm nach Berlin zieht, damit die beiden einen gemeinsamen Alltag zustande bringen. Irgendwas scheint schiefgegangen zu sein. Raffi hat Tränen in den Augen. »Soll ich ihr vorschlagen Prag im späterbstlichen Nebel? Ihr zeigen, wo ich herkomme. Wo sie herkommt?« Zärtlich streichelt er Sammy über den Kopf, der nur kurz von seinen Promigeschichten aufschaut.

Was für ein mutiger und poetischer Vorschlag! Einige Sekunden lang bin ich neidisch, lasse mir aber nichts anmerken. Der kleine europäische Jude führt die »große Schwester Amerika« zu ihren Wurzeln zurück. Ich sehe sie auf dem verwunschenen Jüdischen Friedhof in Prag Steine auf die Gräber ihrer Ahnen legen, durch die Galerien streifen, Palatschinken essen. Sie wird ihre Großeltern verstehen, und dass es ein Leben vor Amerika gab. Ihre Liebe zu ihm wird niemals aufhören.

»Wo liegt eigentlich Prag?«, fragt Sammy. »Können wir mitfahren?« Der Vorschlag wird einstimmig angenommen.

»Ich finde, wir können jetzt endlich nach Hause«, nölt David, dem jede romantische Ader fehlt.

Eine Woche später erhalte ich eine SMS: »Fliege heute zu ihr nach L. A. Sie wollte nicht mit nach Prag kommen. Habe mir bis April freigenommen. Bitte gieß meine Blumen. Dein Raffi.«

Vier Tage später ist Raffi zurück in Berlin. Er ruft mich an.

»Es ist aus, aber in Ordnung so, ehrlich. Eine wunderbare Frau. Aber beziehungsunfähig. Lebt koscher und weiß nichts vom Judentum. Nichts von Europa. Nichts. Amerika hat sie kaputtgemacht. Das Land der unbegrenzten Möglichkeiten geht schlecht mit seinen jüdischen Kindern um. Sie wissen nichts …« Er klingt feierlich und abgeklärt. Er ist um den Globus geflogen, um jüdische Kinder zu zeugen. Nun sitzt er wieder in seiner Wohnung in Prenzlauer Berg, im so gehassten, geliebten Deutschland und telefoniert.

»Europa ist gar nicht so verkehrt«, sind seine letzten Worte. Dann legt er hastig auf. Er erwartet Besuch, Damenbesuch.

Ich bin Sieger nach Punkten. Keine seiner jüdischen Liebschaften hat bislang gehalten, geschweige denn ihn glücklich gemacht. Aber mein Sieg fühlt sich schal an.

milch und honig

Ich treffe Raffi auf der Rosenthaler Straße wieder. Er wirkt gehetzt. Es ist fünf Uhr und stockfinster. Ich hätte ihn um ein Haar nicht erkannt. Wir haben uns einige Wochen nicht gesehen und uns etwas auseinandergelebt. Da er gleichzeitig alle beleidigen und allen gefallen will, hat er einen vollen Terminkalender. Ich bin inzwischen in mehreren deutschen Städten mit dem Vorbereiten von Inszenierungen beschäftigt gewesen. Meist Operetten. Ein aussterbendes Genre, das Tempo und Humor erfordert und einen dennoch nicht ins Feuilleton bringt. Tja, wenn die Juden noch leben würden ... Das sage ich natürlich nicht, sondern starre Raffi an, der mich anstarrt.

Was unsere Abmachung betrifft, passiert gerade auch nichts Neues. »Wer jetzt kein Haus hat, baut sich keines mehr ...« habe ich beim letzten Mal am Telefon zu Raffi gesagt, er hat pikiert aufgelegt.

Nun sind wir ineinandergerannt und müssen etwas sagen. »Wie geht's?«, fange ich an und bereue es sofort. »Wie soll's gehen?«, ist die Antwort. Dann eine Pause. Mir tropft der Regen in den Nacken, Raffi hat einen Schirm. »Ich werde gehen«, sagt er, ich sage: »Na klar!« »Nein«, insistiert er, »ich wandere aus – für immer! Nach Israel, nächsten Monat. Dort werde ich glücklich sein. Das weiß ich!« Er sagt das so bitter, als zöge er an die Front und nicht ins »Hotel Ramada« nach Tel Aviv.

»Schon allein das Gefühl des Glücks wird mich glücklich machen, verstehst du? Ich werde dort die wirklich wichtigen Berichte machen können. Nicht so fadenscheinige Berichte aus dem jüdischen Abseits wie hier!«

Ich nicke, obwohl ich nicht ganz sicher bin mit dem »Glücklichsein« und so. Er muss übertreiben, das ist klar, sonst bringt er nicht einmal den Mut auf, zum Flughafen zu fahren.

Ich denke an Tel Aviv, an den Busbahnhof, und dass es dort wahrscheinlich nicht leiser geworden ist. Aber klar – kein Grund, nicht auszuwandern. Ich schäme mich ein bisschen – aber ich bin auch erleichtert. Raffi geht. Mit ihm gehen die melancholischen Mittagessen, aber auch sein vorwurfsvoll beleidigtes Gesicht. Ich werde wieder frei sein zu glauben, dass nicht 80 % der Deutschen Antisemiten sind, sondern einfach nur ...

»Ignorant sind sie alle«, sagt Raffi. »In einem Land, in dem 80 % der Menschen Antisemiten sind, hat es keinen Sinn«, murmelt er und ich nicke beflissen.

»Wann, ehm, wann genau geht's denn los?«, frage ich. »Bald«, sagt er, lächelt mir zu, küsst mich ausgesprochen flüchtig und verschwindet mitsamt Schirm in der Menge.

Im Starbucks finde ich noch einen Platz am Fenster. Natürlich geht man nicht zu Starbucks, aber nach so einem Schock würde ich sogar im Führerhauptquartier einen Espresso bestellen. Ich bin nass bis auf die Haut, rieche nach feuchtem Pudel und die Wimperntusche klebt auf meinen Wangen. Als hätte ich geweint. Ich beneide ihn. Was ist schon eine alte Welt gegen eine neue? Er, der Tscheche, verwandt mit Kafka, Miloš Forman und Pan Tau gibt den Käfer auf, den Feuerwehrball, die Melone, für das Land, wo Milch und Honig fließen. Verlässt die Relativitätstheorie, den Penisneid für die Hatikwa. Beginnt ein neues Kapitel seiner Geschichtsschreibung – geschichtsfrei, geschichtslos. Denn das kann man sein in Israel. Dort bieten sie einem einen Neuanfang, heißt es immer in den glänzenden Annoncen des Gemeindeblattes. Aber gibt es einen selbst überhaupt ohne Geschichte? Wie frühstückt ein geschichtsloser Mensch? Kann er überhaupt sein Ei köpfen oder hat er auch das vergessen? Alles verlassen, alles vergessen! Geht denn das, »alles hinter sich lassen«? Mein Kopf wird schwer. Ich merke, ich komme in einen Bereich, wo die metaphysische Luft extrem dünn wird. Was für eine Verlockung. Milch und Honig ... Zu dumm nur, dass mir von Milch immer übel wird und der Honig zwischen den Fingern kleben bleibt. Zu dumm.

Auch die Jeans, die ich mir im Schuppen um die Ecke mühsam überziehe, steht mir überhaupt nicht. Raffi hat nicht recht. Es gibt nicht für jeden die passende Jeans. Für mich jedenfalls gibt es keine, so viel ist klar. Das 20-jährige Girl an der Kasse schaut mir mitleidig hinterher. Hierher komme ich nie wieder, schwöre ich mir.

Es ist dunkel, als ich nach Hause fahre, aber es hat aufgehört zu regnen – immerhin –, so übel ist Berlin doch gar nicht.

Mir bleibt nichts anderes übrig, als mich dem wahren Abenteuer zu widmen: dem Alltag. Tag für Tag schleppe ich mich auf den Markt, kaufe tapfer den deutschen Bodenapfel, erziehe die Kinder. Aber Alltag ist auch keine Alternative.

»Mama, willst du dir nicht mal ein Kochbuch kaufen? Im ›Austria‹ schmeckt das Schnitzel irgendwie anders«, mäkelt Sammy.

»Halt das Messer richtig und iss auf!«

Ich weiß auch nicht. Die Panade, die aufs Schnitzel gehört, klebt an der Pfanne, das Fleisch ist hart – warum das alles?

»David, wie lange sind deine feuchten Sportklamotten schon in der Tasche? Die ganze Wohnung stinkt nach Biotop!« Mein ältester Sohn ist inzwischen fast unbemerkt 12 geworden. Seine Stimme krächzt, seine Hosen hängen in den Kniekehlen. Er hat in einem Ferienlager israelische Tänze gelernt und erklärt mir großkotzig Ben Gurions Kriegsstrategien; über kurz oder lang wird auch er an der Strandpromenade Milch und Honig schlürfen. Dafür spezialisiert sich der Kleine auf Kirchen, rennt in jede offene Kathedrale, erinnert mich an Kardinal Lustiger, Star der Übergetretenen. Ich habe sie zu lange außer Acht gelassen, so viel ist klar. Nun gut, sie gehen in jüdische Schulen, sind als Erste informiert, wer wem im Nahen Osten gerade unrecht zugefügt hat. Aber wann haben wir das letzte Mal einen Sabbat zusammen gefeiert? Außer an den hohen Feiertagen zwinge ich sie höchstens einmal im Monat am Freitagabend in die Synagoge. Sammy kommt nur mit, weil er eine Riesentafel Milka-Schokolade vom Gabbai, dem Synagogendiener, bekommt. David, weil wir im Anschluss beim Chinesen abendessen und er dort alle anderen Juden treffen kann.

Ich habe mit dem Judentum zu spät angefangen!

»Bin ich eine schlechte Mutter oder nur eine schlechte Jüdin?«, frage ich am Abend meinen Mann. »Das Judentum wird über die Mutter weitergegeben, ist das nicht jüdische Mütterlichkeit genug?«, antworte ich mir vorauseilend selbst. Georg grinst und hält sich klugerweise raus. Er erträgt den Gottesdienst nur schwer. Der Gesang des Kantors, die Reden des Rabbiners gefallen ihm. Aber warum alle Gemeindemitglieder während des Gottesdienstes gleichzeitig reden müssen, kann er nicht nachvollziehen. Schweigen scheint keine jüdische Stärke zu sein.

Georg spricht generell wenig. Als sei Reden unanständig. In Westfalen haben sie wohl Kommunikation mit Prostitution verwechselt. Momentan ist er noch stiller als gewöhnlich. Vor einiger Zeit ist sein Vater gestorben. Auch bei den Deutschen wird gestorben. Ein freundlicher Mann mit einem schweren Oberkörper, in dem noch eine Kugel aus Norwegen steckte, 1943. Jedes Mal, wenn er mich sah, drückte ihn der Einschuss, und er gab kleine scherzhafte Kriegsepisoden zum Besten. Ich mochte ihn. Er war klug, belesen, und er schämte sich. Er holte sich auf einer Kreuzfahrt in Norwegen eine Lungenentzündung und starb wenige Wochen später daran. Und da soll mir noch einer sagen, es gebe keinen Gott.

Seine Frau blieb allein mit dem roten Backsteinhaus und den Rabatten im Garten. Über dem Klavier hängt ein Porträt von ihr aus den 30er-Jahren. Ein hübsches BDM-Mädchen mit flachsblonden Zöpfen. Manchmal versuche ich herauszufinden, ob sie unter Einsamkeit leidet. Sie redet in einem fort, singt, kichert beherzt dazwischen, und ich fürchte, dass eher ihre Zuhörer verrückt zu werden drohen als sie selbst.

»Deine Mutter singt, völlig unmotiviert, merkst du das«, frage ich meinen Mann häufiger. Ihm ist es bisher nicht störend aufgefallen. Sie hat fünf Kinder zur Welt gebracht und mit eisernem Willen erzogen. Zu den jährlichen Familientreffen in Westfalen fehle ich meistens. Ich habe Premieren, einen wichtigen Drehtermin, eine Nierenbeckenentzündung ...

»Deine Tante wohnt monatelang bei uns und du kommst nicht mal mit zum Achtzigsten von Mutti!«, durfte ich mir schon anhören. Warum wohl? Aber er hat recht.

Wenn mir die Ausreden ausgehen, muss ich mit. Vollkommen naiv plappert sie dann aus ihrer Jugend als Lehrerstochter.

»Da gab es plötzlich so viel Platz in den Schwimmbädern, den Juden war es doch jetzt verboten zu baden, uns aber nicht ...«

Ihre Erzählungen sind völlig wertfrei: »Mein Vater ist nie in die Partei eingetreten – sondern war sehr musikalisch ...«
So war das eben. Manchmal spüle ich, während sie redet. Manchmal dreht es mir den Magen um. Ich mag sie irgendwie, aber ist so viel Naivität möglich?

Ich habe mich nie bemüht, ein Treffen zwischen unseren

Familien zu organisieren. Meine Fantasie genügte völlig, um es mir in den grellsten Farben auszumalen: Wehrmachtssoldat trifft auf Kommunistin, BDM-Mädchen auf Partisan ... Nein. Solange alle lebten, taten wir einfach so, als gebe es die jeweils anderen Eltern nicht. Als seien alle tot. Irgendwann würden sie sowieso sterben. Nach dem Tod ihres Mannes folgte sie unserer Einladung und kam nach Berlin. Die Kinder und mein Mann freuten sich – sie sich auch. Es wurde eine Katastrophe. Alles, was ihr nicht schmeckte, kam von unten »aus dem Süden«. Wobei der Süden kurz nach Tirol begann. »Euereins ist eben von Geburt aus nervös«, erklärte sie mir, als ich nach und nach begann, die Fassung zu verlieren. Schon bald weigerte ich mich, auch nur einen einzigen deutschen Eintopf zu mir zu nehmen, den sie für uns kochte. Erklärte, dass Eintopf faschistisch sei, und trat in den Hungerstreik. Ich erlebte mich von einer völlig neuen Seite.

Das Ganze ging sieben Tage lang, dann fuhr sie zurück nach Hause, nach Westfalen. Mein Mann, ihr Sohn, schwieg. Was blieb ihm auch übrig zwischen Mutterkreuz und Jewish princess? Er verschanzte sich in seinem Tonstudio und tagelang war außer Bachs wohltemperiertem Klavier nichts mehr von ihm zu hören.

»Mama, es sind nur noch zwei Tage bis Chanukka«, weckt mich Sammy am nächsten Morgen. Er steht im Schlafanzug vor meinem Bett. »Ich wünsche mir einen neuen Hockeyschläger für die Halle, einen gestreiften Mundschutz, und David will die *Sopranos* haben. Alle Folgen.«

Chanukka? Noch zwei Tage bis zu Chanukka! Warum hat mir das keiner früher gesagt? Fest der Lichter, der Freude, der Geschenke! Geschenke sind nicht obligatorisch, aber im assimilierten deutschen Judentum ist man, um den Kindern eine Freude zu machen, dazu übergegangen. Da Chanukka und Weihnachten fast zeitgleich im Dezember stattfinden, will man in der christlichen Umgebung nicht auffallen, und so hat sich in Deutschland der Brauch durchgesetzt, für die Kinder kleine Chanukkakalender zu basteln, für jeden Tag ein Geschenk. Bei acht Tagen und zwei Kindern 16 Geschenke. Wir haben noch zwei Tage bis zum Festbeginn, mir fehlen noch 14 Geschenke.

»Mama, David will doch nicht die *Sopranos*, sondern alle Staffeln von 24«, brüllt es jetzt aus dem Flur.

Ich muss sofort in die Stadt, einkaufen!

Beim Rausgehen öffne ich dummerweise den Briefkasten: Ein Brief aus Israel, an meine Eltern adressiert, hat eine Odyssee hinter sich und ist bei mir gestrandet. Es ist eine Einladung von den nach Israel ausgewanderten Partisanen und endet mit den Worten: »Liebe Thea, lieber Jakob, unser sechzigjähriges Jubiläum wird wahrscheinlich unser letztes sein. Wir sind nicht mehr viele, bitte kommt!«

Es hat keinen Sinn, ihnen zu sagen, dass meine Eltern tot sind und nicht kommen können. Sie wollen es nicht wahrhaben. Es bleibt mir nichts anderes übrig, als selbst an ihrer Stelle zu fahren. Ich könnte auch Raffi besuchen ... Falls er schon ausgewandert ist. Ich verspreche den Kindern, nur drei Tage zu bleiben und herrliche Chanukkageschenke aus dem Heiligen Land mitzubringen.

Mein Verhältnis zu Israel ist – gelinde gesagt – schwierig. Früher, wenn ich mit meinen Eltern nach Israel reiste, begannen uns unsere Verwandten direkt am Ben-Gurion-Flughafen zu beschimpfen: Wie wir nur in Deutschland leben könnten? Im Land der Täter! Mit ausschließlich SS-Leuten als Nachbarn! Wir schwiegen und fühlten uns ertappt. Fortan bemühten wir uns, alles an Israel besonders schön zu finden – was nicht ganz leicht war. Schon auf dem Weg vom Flughafen in die Stadt bewunderten wir lauthals die potente Klimaanlage, obwohl sie uns armen Nordeuropäern wahrscheinlich eine dicke Lungenentzündung bescheren würde. Nannten die Umgebung belebt, obwohl es einfach nur laut war. Und der Hummus, den man uns in einem Plastikbehälter zur Begrüßung reichte, der bestimmt sehr gesund war, und den wir in den allerhöchsten Tönen lobten, schmeckte schlichtweg nach Tonerde. Wir wussten, dass wir das Land zu lieben hatten, aber nicht genau, wie das gehen sollte.

Ich hatte nie viel Glück mit Israel, meine Reisen waren stets mehr als merkwürdig.

Nach dem Abitur wollte ich zum ersten und einzigen Mal nach Israel auswandern. Ich erreichte Israel per Schiff, wie ein richtiger Profi: Ancona – Piraeus – Haifa. Die Überfahrt sollte das Beste bleiben am Auswandern. Ich hatte drei Liebhaber an Bord, denen ich versprach, meine Zukunft mit ihnen zu verbringen. Sie stiegen, wie praktisch für mich, nacheinander aus.

Der Erste, Basti aus dem Allgäu, transportierte Lkws in den Iran. Warum er diese Route wählte, weiß ich nicht. Er war blond und praktisch veranlagt, ein echter Mechaniker eben. Der Zweite, Jossi, Diskothekenbesitzer aus München, wollte eine Dependance in Tel Aviv aufmachen. Er war geistreich und reich, eine glückliche Kombination, und von unschlagbarem Zynismus. Der Dritte hatte die meisten Chancen bei mir. Er wanderte aus wie ich, Medizinstudent aus Koblenz, der bis zur Abfahrt Robert Kahn, auf dem Schiff aber schon Robbi Cohen hieß. Ich teilte im Wechsel mit ihnen die Kojen, mein Geld hatte nur für einen Platz an Deck gereicht. Wir sangen und lachten viel, meist alle zusammen – und ich fand, dass der Zionismus Spaß machte und eine richtig gute Sache war.

Die ersten Lichter von Haifa waren überwältigend. Meine Freiheitsstatue, dachte ich an jenem frühen Morgen. Ich sollte es nie wieder denken. Wir umarmten uns an der Reling.

Ich wurde von einem Freund meiner Eltern abgeholt, einem ehemaligen Bürgermeister von Netanya. Ein alter Jecke, so um die achtzig. Er war gebürtiger Gießener und hatte die Stadt noch mehrmals besucht, immer dann, wenn »Gießen seine Juden einlud«. Ein Besserwisser vor dem Herrn, der mit seiner rechtzeitigen Flucht aus Nazideutschland selbst vor den Toten noch angab.

Er hielt mir einen kurzen Vortrag über die Wichtigkeit des Immigrierens. Dann brachte er mich zu seinem Lieblings-Kibbuz, in der Nähe von Haifa – so weit, so gut. Von jetzt an standen meiner Begeisterung für den Zionismus wie auch meiner Liebe zu Israel schwere Prüfungen bevor.

Der Kibbuz, ebenso ehemalig wie der Bürgermeister, war auf Hühnerzucht und Baumwolle spezialisiert. Das Durchschnittsalter betrug an die siebzig, mit geringen Ausnahmen. Die wenigen Jugendlichen des Kibbuz waren bei der Armee. Außer ein paar Kindern gab es nur verbitterte, alte deutsche Juden und angeheiratete Israelis. Ich hatte gehört, dass man in den Kibuzzim den sozialistischen Geist, die *aliyah*, leben und lieben lernen sollte. Hier aber war tote Hose, Arbeit, Verbitterung und Stillstand. Ein alter Mann gab mir Unterricht in Hebräisch, er war streng und grundsätzlich übel gelaunt. Erst später erfuhr ich, dass er aus Berlin stammte und Deutsch sprach. Nicht einmal, wenn ich vor den Buchstaben zusammenbrach, weil ich nichts, aber auch gar nichts verstand, half er mir aus. Er starrte mich an, rächte sich an mir und an der deutschen Sprache, wo wir beide doch so wenig dafür konnten. Früher war Neve Yam, so hieß der Kibbuz, ein junger, aufblühender Kibbuz gewesen. Jetzt waren die Jugendlichen beim Militär und die *volunteers* halfen bei der Baumwollernte oder der Versorgung der Hühner. Es gab neben mir noch fünf weitere. Sie waren allesamt aus Südafrika, sehr blond und vollkommen zugekifft. Israel war ihr Drogen-Mekka. »So günstig wie hier bekommst du nirgends einen guten Afghanen«, predigten sie mir. »Alles frische 1A-Ware direkt aus dem Iran über Syrien, Jordanien, oder direkt aus

Ägypten ... vom grünen Libanesen ganz zu schweigen.« Zu einem intensiveren Gespräch kam es mit ihnen nicht.

Man übertrug mir die Aufsicht über das Kinderhaus. Es stand im Mittelpunkt des Kibbuz, direkt neben dem Gemeindehaus. Alle Kinder mussten in sozialistischer Tradition dort abgegeben werden, sogar nachts blieben die Größeren zum Schlafen. Natürlich waren die Mütter den ganzen Tag da, sorgten dafür, dass ihre Kinder bevorzugt wurden, und machten mir unmissverständlich klar, dass ich nichts zu melden hätte. Als die Kinder den Kibbuzesel in die Küche führten und dieser auf Biegen und Brechen nicht mehr hinauszubekommen war, wurde allen klar, dass ich der Aufgabe nicht gewachsen war. Ich war neunzehn, die ältesten Kinder fünfzehn Jahre alt. Ich wurde zu den Hühnern versetzt. Morgens um vier, wenn es noch kühl war, begannen wir, die Hühner in Käfige zu stopfen, damit sie zum Verkauf auf den Markt gebracht werden konnten. Die Hühner pickten einem in die Hände und Arme, sie wehrten sich – verständlicherweise. Alle zwei Tage rief mich mein Vater an. Ich wurde über Lautsprecher im ganzen Kibbuz ausgerufen, dann stand ich an der offenen Telefonkabine unter der Büste von Ben Gurion und versuchte, die Enttäuschung über das Gelobte Land vor meinem Vater so gut wie möglich zu verbergen. Nach sechs Wochen konnte ich die Buchstaben des hebräischen Alphabets unterscheiden und hatte zehn Kilo zugenommen. Es gab immer Huhn mit Quark, stark gezuckerte Säfte gegen den Durst und Nutella zum Nachtisch. An manchen Wochenenden kamen die »Kinder« des Kibbuz nach Hause: junge Soldaten und Soldatinnen, zu früh erwachsen geworden. Sie lagen herum, machten zynische Bemerkungen und sonntagabends fuhren sie wieder. Sie erinnerten mich an meine letzten Jahre im Internat, wenn wir sonntags zurückkamen und uns zynisch benehmen mussten aus lauter Leere und Einsamkeit. Mir gefiel das Gemeinschaftsleben, obwohl es in Neve Yam auf ein Minimum reduziert war. In Haifa, der nächstgrößeren Stadt, traf man sich. Am Sabbat tanzten die Jugendlichen gemeinsam die ganze Nacht Volkstänze. Die Stimmung war gewaltig, und die Soldaten, die am heftigsten tanzten, vergaßen alles um sich herum. Einen Augenblick lang. Dann fuhren alle zurück zu ihrem Dienst, ich in meinen Kibbuz.

Schließlich kam meine Kajütenbekanntschaft Robbi Cohen zu Besuch. Er schwärmte vom Land, der Natur und den Leuten. Als er fort war, nahm ich meinen gesamten Kibbuzjahresurlaub und verschwand nach Jerusalem. Neve Yam sah mich nie wieder. Ich habe es nicht vermisst.

Vielleicht fällt es leichter, das Land zu mögen, wenn man ARD-Korrespondent in Israel ist. Wenn etwas passiert, hat man ordentlich zu berichten. Und es passiert immer etwas. Eine ausgewogene Beziehung.

Wenn neben mir im Bus ein Israeli seine Uzi auf den Knien hielt und schlief, war ich mir sicher, sie war entsichert, würde bei der nächsten Bodenwelle losgehen und ein Massaker anrichten. Natürlich passierte das nie.

Dennoch stieg ich, als ich damals zu meinem Onkel fuhr, schweißgebadet in Jerusalem aus. Auch die leckeren Käsekuchen in den Auslagen konnten mich über Stunden nicht beruhigen.

Ich mochte die Ben-Jehuda-Street. Sie war altmodisch und belebt. Sie zeichnete sich durch eine Vielzahl an Miederwarengeschäften aus. Keine Dessous, eben Miederwaren. In den Auslagen hingen enorme, vergilbte Büstenhalter, mit Nadeln an die samtene Unterlage geheftet wie Schmetterlinge. Einige wenige sogar mit Blümchen. Im Halbdunkel der Läden saßen Orthodoxe, die schweren Köpfe auf die Hände gestützt, traurige Augen über Brüsseler Spitze.

Ich hatte mich nach der überstürzten Flucht aus dem Kibbuz bei meinem Onkel Miko einquartiert, dem Bruder meines

Vaters. Er war früher als Schiffsingenieur zur See gefahren, verkaufte jedoch mittlerweile seit über 30 Jahren *miz*, süßen Saft, an der Klagemauer. Er war ein zufriedener alter Herr, auch wenn seine Frau Thilda schweres Rheuma hatte und aus dem Bett heraus mit quäkender Stimme fortwährend Befehle erteilte. Die Wohnung war winzig, feucht und lag im Parterre. Über dem Ehebett hing ihr Hochzeitsfoto. Zwei kleine stattliche Personen auf der Uferpromenade in Split.

An den Nachmittagen kamen stets Leute zu Besuch, auch um mich zu sehen. Sie sprachen Spaniolisch, das Spanisch der sephardischen Juden, und Serbokroatisch, aßen Burekas und gingen wieder. Wenn ich mich heimlich davonstahl, um über die Plätze und Märkte von Jerusalem zu streifen, merkte ich, wie mein Onkel Miko mir in gesichertem Abstand folgte. Er wollte mich beschützen, auf mich aufpassen, ohne mich einzuschränken.

Onkel Miko starb, als ich für einen Tag ans Tote Meer gefahren war. Er fiel einfach um und war auf der Stelle tot. Ich rief an, um meine Rückkehr anzumelden, seine Frau schrie in den Hörer, es dauerte eine Weile, bis ich begriff, was passiert war. Schon am nächsten Morgen war die Beerdigung, meine erste israelische Beerdigung. Auf einem Hügel wurde er beigesetzt, der Wind trieb uns den Sand in die Augen. Es ging sehr schnell, der Kaddisch wurde gesprochen. In einem weißen Leinentuch sah ich meinen Onkel in die Erde sinken, dabei hatte ich ihn doch gerade erst kennengelernt.

Wenig später reiste ich zurück nach Deutschland. Man hatte mich zum Schauspielstudium zugelassen. Meine *aliya* hatte genau drei Monate gedauert. Damit legte ich meine zionistische Zukunft zu den Akten, das mit dem Auswandern hatte sich erledigt. Ich war eigentlich ganz froh über diese Wendung des Schicksals. Ein Jahr brauchte ich, um die zehn israelischen Kilos wieder loszuwerden. Übrig blieben Eindrücke von den Volkstänzen am Freitagabend auf den Dächern der Universität in Haifa, von den heimlichen unkoscheren Fressgelagen am Strand von Akko, vom Toten Meer und den Roten Bergen in Eilat, die aussehen, als könne sie nichts mehr erschüttern, auch nicht die Gegenwart Israels. Die Eindrücke wirkten lange nach, aber sie waren nie stark genug, um mich zu einer echten Zionistin zu machen.

Es ist trotz Dezember noch heiß in Eretz Israel, als ich aus dem Flugzeug steige. Zwei noch rüstige Greise in voller Partisanenmontur halten ein Schild hoch mit der Aufschrift: »Adriana, Tochter von Jakob und Thea«. Ich möchte im Erdboden versinken. In einem winzigen Wagen fahren wir sofort zum Partisanentreffen. Zwischen Tel Aviv und Jerusalem halten wir an. Im Halbschatten eines Waldes werden Klappstühle aufgestellt. Es ist ihr Wald. Ihr Wald der Gerechten. Sie haben ihn gespendet bekommen oder sich selbst gespendet. Alles der Erinnerung wegen. Manche nicken während der langen Ansprachen ein, andere atmen schwer, fächeln sich Luft zu. Sie sehen gar nicht wie Krieger aus. Sie sind alt, faltig und müde. Ihre Augen aber sind sehr wach und jagen mir Angst ein.

Nach der Veranstaltung laden sie mich zu sich nach Hause ein. Sie lassen mich nicht mehr gehen. Von morgens bis abends höre ich dem Singsang ihrer Heldentaten zu, während sie sich hoffnungslos mit Soße bekleckern. Ich bestelle Ärzte, weil sie sich schwach fühlen, um sie wieder abzubestellen, weil es ihnen plötzlich wieder besser geht. Ich schnauze die Putzfrau an, weil sie angeblich klaut, um sie dann mit 20 Dollar zu trösten und zu bitten, sie solle aufhören zu weinen. Ich bin ihrer aller Tochter, denn ich bin die Tochter von Thea und Jakob, die mit ihnen im Widerstand gekämpft haben. Bei guten Nachbarn essen wir süßen Kuchen und bei Feinden noch süßeren. Sie zeigen mir, wem sie alles misstrauen, und singen die Hatikwa, die aus dem Radio tönt, zahnlos mit. Bei den Nachrichten schlafen sie ein und wissen hinterher alles besser, denn sie sind Reserveoffiziere der Geschichte.

Alles geschieht in einem Mischmasch aus Kroatisch, Spaniolisch und Hebräisch, bis mein Kopf zu platzen droht. Dann lasse ich mich beschimpfen, dass meine Generation nichts versteht und alles ganz anders war, als wir jetzt glauben. Wenn ich dann abends vor Erschöpfung den Tränen nahe in ihren winzigen Wohnungen auf schmuddeligen Sofas hocke, zeigen sie mir ihre Schwarz-Weiß-Fotos, auf denen sie an der Seite von Tito unter der roten Fahne die Brigaden anführen, Hvar und Rab befreien und den Lageraufseher bei lebendigem Leib vergraben.

Auf der Rückfahrt werde ich eskortiert: Alle Partisanen begleiten mich zum Ben-Gurion-Flughafen. Sie haben mir einen Koffer voller Geschenke eingepackt, Badesalz vom Toten Meer, Nachtcremes aus Avocado, tanzende und singende Rabbi-Puppen. Ich habe genug Geschenke für drei Chanukkajahre. Sie bedanken sich feierlich für mein Kommen, ich habe meine Eltern würdig vertreten, ich habe sie ernst genommen, ihre Taten geehrt, Israel hat nicht so viel Zeit für alle seine Helden.

panzerglas

Nur wenige Tage nach meiner Rückkehr brechen erneute Unruhen in Israel aus. Das Fernsehen überträgt Bilder von Siedlern, die sich an ihre Häuser gekettet haben. Und von Palästinensern, die durch den Zaun dabei zusehen. Die Sicherheitsstufe in Berlin ist erhöht. Vor den Schulen der Gemeinde und anderen jüdischen Einrichtungen wird das Polizeiaufkommen verdoppelt. Absperrgitter werden aufgestellt, neue Betonpfeiler werden eingelassen. Die Berliner Öffentlichkeit ist nervös. Ich bemühe mich, gar nicht erst Panik aufkommen zu lassen, und schicke die Kinder in die Schule, als wäre nichts Besonderes. Dennoch durchsuche ich die Zeitungen nach den neuesten Meldungen aus dem Nahen Osten. Ich rufe meine Cousine Nili an, die im Auswärtigen Amt in Tel Aviv arbeitet.

»Ken?«, raunt sie ins Telefon und freut sich in israelischer Lautstärke, mich zu hören.

»Nili, was ist los bei euch?«, falle ich mit der Tür ins Haus.

»Bei uns? Was soll sein? Nichts. Alles wie immer. Be' Emet! Ganz sicher! Nicht mehr und nicht weniger als sonst.«

Wahrscheinlich brennt die Wüste, aber dort hat man sich daran gewöhnt. Ich denke an meinen Freund Ruben aus Ramat-Gan in Tel Aviv – also ganz nahe bei Gott –, der sich am dritten Gebot versündigte und einen anderen Gott neben unserem duldet: das Fernsehen. Bei der letzten Intifada verbrachte er Tage und Nächte vor dem Fernseher, um alle Nachrichten zu hören, allenfalls unterbrochen von Fußballmeldungen – Fußball: sein dritter Gott.

Er rief regelmäßig an, um uns zu beruhigen. Aus dem Fernsehen, aus sicherer Quelle, wusste er, dass die Pershings der Araber nicht über die nötige Reichweite verfügten, um in Tel Aviv einzuschlagen. Konzentriert auf den Fernseher und die Nachrichten, bemerkte er nicht, wie die Hälfte seines Hauses einstürzte. Noch im Keller, in dem er die Nacht verbrachte, konnte er es nicht verstehen. Ruben rufe ich nicht an. Er würde mich beruhigen, aber es würde mir nichts nützen.

Im Grunde bin ich kein panischer Typ. Ich habe mich an das Panzerglas in der Jüdischen Oberschule gewöhnt, auch wenn ich an schwachen Tagen die schweren Türen gar nicht erst aufkriege. Dann warte ich unauffällig, bis russische Väter ihre Kinder abholen. Gebaut wie die Klitschkos ist es für sie ein Leichtes, die Türen aufzudrücken – und ich schlüpfe hinein.

Die Grundschule heißt »Heinz-Galinski-Schule«, benannt nach dem ersten Nachkriegsvorsitzenden der Jüdischen Gemeinde. Er war ein griesgrämiger Überlebender, man munkelte, er sei ein Kapo gewesen, aber sicher war sich keiner. Sicher ist nur: Er brachte die Nachkriegs-Gemeinde auf Vordermann. Im Eingang des Gemeindehauses in der Fasanenstraße hängen Fotografien von ihm und Willy Brandt, von ihm mit Helmut Schmidt, mit Helmut Kohl, Strauß, Genscher und natürlich Kennedy. Er roch streng, ich mochte ihn nicht sonderlich, mir ging seine Politik der Angst und des Vorwurfs auf die Nerven. Den Gemeindemitgliedern gefiel er und alle hatten Respekt vor ihm – vor allem die nichtjüdischen Politiker.

Die Schule aber mit seinem Namen ist schön, ihr Architekt ein fantasievoller Mensch. Inzwischen schmückt sich Berlin sogar mit vier weiteren Jüdischen Schulen. Von semi- bis ultraorthodox. Die Lubawitscher aus Brooklyn, die Lauder aus Paris ... Da ist unsere Gemeindeschule noch das aufgeschlossenste Etablissement. Vor der Schule stehen zwei ältere, gemütliche Polizisten, die wiederum von acht jungen, entschlossenen Israelis des Geheimdienstes bewacht werden. Sammy, mein jüngerer Sohn, wird von allen begrüßt, wenn er mit dem Schulbus ankommt. Er möchte Polizist oder israelischer Soldat werden. Am liebsten beides.

Als ich zum ersten Elternabend in Sammys Klasse kam, war ich wie vor den Kopf gestoßen: Von vierundzwanzig Kindern waren zweiundzwanzig russischer Abstammung, dementsprechend waren die Eltern. Alle schwiegen den Lehrer verbissen an, der verzweifelt nach den richtigen Worten suchte. Wenn dennoch einer von ihnen sprach, tat er es auf Russisch. Eine rothaarige Frau war zum Übersetzen abgestellt. Ob es im Ostblock nur eine Farbe zum Haarefärben gegeben hat?, schoss es mir unnötigerweise durch den Kopf. Sie übersetzte unwillig und nur Bruchstücke. Es herrschte Kalter Krieg. Irgendwann platzte mir der Kragen. »Sind wir hier beim KGB, oder was?« Man schmunzelte gleichmütig, asiatisches Schweigen.

Bald wurde Sammy zu Geburtstagsfeiern eingeladen. Sie fanden in riesigen Bowlinghallen oder auf gemieteten Indoor-Fußballplätzen statt. Die Kuchen waren von enormem Format, ebenso wie die Mütter und Großmütter. Ich erfuhr, dass von den 22 Familien ganze 20 bei ein und demselben Hotelbesitzer arbeiteten, der einen brutalen und hinterhältigen Jungen in der Klasse hatte. Er hatte gedroht, jedem zu kündigen, der sich über seinen Sohn in irgendeiner Art kritisch äußerte. Ich wollte es nicht glauben. Doch dann sah ich diesen Sohn auf dem Schulhof. Er war gerade damit beschäftigt, seine goldene Montblancfeder im Auge eines Mitschülers zu versenken. Diesmal wurde die Polizei eingeschaltet und Anzeige erstattet. Der Sohn kam auf eine andere Privatschule, und die Klassenlage entspannte sich. Die restlichen Familien entpuppten sich als ausgesprochen herzlich und gebildet. Wir begannen uns anzufreunden, und heute kann ich aus Wassergläsern Wodka trinken.

Auf der Jüdischen Oberschule sind die Hälfte der Kinder Nichtjuden. Warum christliche Eltern ihre Kinder auf eine jüdische Schule schicken, ist mir nicht ganz klar. Vielleicht haben sie irgendeine Affinität zum Judentum, vielleicht sind sie nur besonders furchtlos, ihnen ist langweilig oder die Schule ist die nächstgelegene. Die Lehrer sind überdurchschnittlich jung und engagiert, auch sie scheinen freiwillig hier zu sein. Nach dem Mauerfall landeten viele Lehrer aus Ostberlin bei der frisch gegründeten jüdischen Schule. Sie geben fast alle Fächer, außer Religion, Bibelkunde und Hebräisch. Gefühlvolle, chaotische Israelis treffen im Kollegium nun auf engagierte, pragmatische Ostdeutsche. Diese Mischung gefällt mir, sie entspricht meinem Alltag.

Was die Erziehung betrifft, scheinen die Unterschiede zwischen einem Kibbuznik und einem Pionier nicht allzu groß zu sein.

Ich fahre wie zufällig an der Jüdischen Oberschule in Mitte vorbei, halte auf dem Seitenstreifen. Alles scheint wie immer, vom erhöhten Terrorrisiko ist nichts zu spüren. Die israelischen Sicherheitskräfte lehnen rauchend an der Hauswand, die Touristen fotografieren sie. Genauso stelle ich mir die Vorbereitung auf die jüdische Weltherrschaft vor.

David liebt seine Schule und vor allem den Geschichtsunterricht, in dem man stundenlang diskutieren kann. In seiner pubertären Bescheidenheit hat er sich vor Kurzem als Referatsthema Goebbels vorgenommen. Tagelang lagen überall in der Wohnung Informationen und Internetseiten über Goebbels herum. Goebbels jung, Goebbels hinkend, Goebbels redend. Neben dem Frühstücksbrötchen die Fotografien der Familie Goebbels nach ihrem Selbstmord im Führerbunker aus unterschiedlichen Perspektiven. David probte seinen für fünfzehn Minuten geplanten Vortrag vor uns, wir am Küchentisch, er im Türrahmen. Wir bekamen Tonaufnahmen der Sportpalastrede zu hören, erfuhren psychologische Details aus Paul Joseph Goebbels' komplexer Persönlichkeit. Nach einer Dreiviertelstunde waren wir erst bei der Machtergreifung angelangt. Müßig, David bremsen zu wollen. In der Schule würde man ihm eine Doppelstunde zur Verfügung stellen müssen. Wie mein Vater, dachte ich, als mir David glücklich das komplizierte Verhältnis zwischen SA und SS erläuterte. Politik ist für ihn spannend wie Fußball. Sammy war auf meinem Arm eingeschlafen, als die Familie Goebbels endlich die tödlichen Kapseln schluckte.

David war neun Jahre alt, als ihm angeboten wurde, bei der Verfilmung des Lebens von Michael Degen, »Nicht alle waren Mörder«, den jungen Michael zu spielen. Michael, der in Berlin und Umgebung in Verstecken überlebt, Michael, versteckt von Kommunisten oder einfach engagierten Leuten, Michael, der den Kaddisch für seinen Vater spricht.

David bekam einen gelben Stern an die Wolljacke genäht und spielte frisch drauflos. Er musste sich im zerbombten Berlin verstecken, verkleidet in der Uniform eines Hitlerjungen. Ich arbeitete daran, nicht an »Übertragung« zu erkranken. Realität und Fiktion begannen, sich fatal zu überlappen. Wie mein Vater damals, wie viele von uns, dachte ich und ging lieber selten zum Drehort. Die Crème de la Crème der deutschen Schauspielriege wurde aufgefahren, sie berlinerten, sie waren schnoddrig. In ihren Originalkostümen lagen sie so sehr auf ihren Rollen, dass der Abstand zwischen damals und jetzt immer kleiner wurde. Und David war Michael Degen. Der stand eines Nachts am Drehort neben mir und wir schauten stumm zu.

Die Geschicklichkeit der deutschen Filmindustrie in Sachen Nazizeit war enorm gestiegen. Seit einiger Zeit waren die

Deutschen auch nicht mehr nur Mörder, sie wurden gute und immer bessere Menschen. Im Film jedenfalls. Sie versteckten Juden und halfen, sie waren unschuldige Opfer in Dresden und hilflose Invalide auf der »Wilhelm Gustloff«. Die Filme waren opulent, Dresden brannte, und der arme Hitler hatte jede Menge unverarbeiteter Gefühle.

Aber das alles dachte nur ich – und vielleicht Michael Degen. Die anderen kopierten uns und unsere Vorfahren, so genau, dass es uns selbst fast nicht mehr brauchte. David ging durch die Thematik wie Moses durchs Meer. Ich suchte nach Traumata oder Ähnlichem, aber er sprach über den Film mit dem gleichen Ernst wie über die Bundesliga. Er bewunderte den Regisseur, kannte die Vor- und Zunahmen aller Teammitglieder und sorgte dafür, dass der hebräische Kalender an der Wand richtig herum hing.

»Chag Sameach, was machen Sie denn vor der Schule? Haben Sie Sorge, wir werden heute in die Luft gejagt?«

Davids Hebräischlehrerin hat mich erwischt. Fröhlich lächelt sie mich an, plappert munter weiter. »Haben Sie unseren großen neuen Chanukkaleuchter am Brandenburger Tor gesehen? Ich finde, er macht sich prima neben all der überflüssigen Weihnachtsdeko, nicht wahr? Und heute ist im Eisstadion Chanukkaschlittschuhlauf, mit allen drei Rabbinern. Kommen Sie doch auf einen Glühwein vorbei, das wird amüsant. Chag Sameach.«

Weg ist sie. Verschwunden auch meine Befürchtung eines Luftangriffs auf die Schule. Geblieben ist die Frage, wer am Sabbat amtieren wird, wenn alle drei Rabbiner im Gips liegen.

happy new world

Am 1. Januar spätnachts rief mich meine Cousine Klara an, die älteste Tochter des Bruders meines Vaters, die Tochter von Reverend Albert. Sie lebt in Miami mit ihren drei erwachsenen Söhnen und einigen Enkeln. Sie sagte:

»Happy New Year. Did I wake you up? We all miss you so much.«

Dann legte sie auf. Ich hätte diesen Anruf fast vergessen, hätte nicht Deborah, die jüngere Tochter Alberts, Klaras Schwester, aus New York einen Brief geschrieben, in dem sie mich und meine Familie feierlich zur Bat-Mizwa ihrer Tochter June einlädt. Als PS steht unter der rosafarbenen Einladung: »Please come, we are your only living relatives. Debby«.

Ich bin gerührt. Es stimmt natürlich. Von der kleinen Familie sind nur noch wenige übrig. Echte, leibliche Cousinen! Keine Brüder, aber immerhin Cousinen! Ich schreibe sogleich zurück: »Thank you so much! We are coming!« und kaufe Flugtickets nach Miami für die ganze Familie.

Dich haben wohl die diversen Beerdigungen mürbe gemacht, sonst hättest du dir doch nicht all die Kosten und Mühen gemacht, nach Amerika zu reisen. Schließlich kennst du sie ja kaum! Aber recht so, recht so. Wie viele Verwandte haben wir denn noch? Und wie viele haben Bat-Mizwa? Schließlich ist David auch bald dran! Also pass lieber auf.

Dibbuks sind sehr fürsorglich, sie folgen einem auch über den Atlantik ...

Klara, die uns am Flughafen abholt, hat ganz und gar amerikanische Formen angenommen. Sie hat Unmengen zugenommen und ihre Knie haben Mühe, mit dieser Last fertig zu werden. Das scheint niemanden zu stören, am wenigsten ihren Appetit.

Zur Begrüßung fährt man uns zum ältesten ihrer drei Söhne, der in einer gewaltigen Villa wohnt. Eine überdimensionale Vase steht im Flur mit wahrscheinlich genmanipulierten zwei Meter großen Orchideen. Das Toilettenpapier trägt das Familienlogo und es gibt zwei ganze Lämmer als Vorspeise. Nach und nach trudeln die anderen beiden Söhne samt Familie ein, von ebenfalls genmanipuliertem Format. Ich frage mich, womit Klara ihre Familie großgezogen hat, am manipulierten Babybrei allein kann es nicht liegen ... Vielleicht hat sich Amerika generell genetisch verändert? Ihr Ehemann, der Vater der Kinder, ist klein. Er ist gelernter Schneider. Sie haben zusammen mit einer Änderungsschneiderei angefangen und es mit unermüdlichem Fleiß zu einer florierenden Hemdenfabrik geschafft. »European Style« heißt jetzt ihr Familienbetrieb. Der maßgeschneiderte amerikanische Traum. Ich weiß nicht, was europäisch an ihren Hemden ist, aber das Wort »Europe« scheint in Amerika eine magische Wirkung zu haben: Sie haben es zu Millionären gebracht. Wir dagegen wirken wie europäische Zwerge, und die Portionen, die wir essen, bringen sie zum Lachen.

Klara beäugt mich, auch ich starre sie an. Vielleicht hat sie Angst, ich würde sie um eine Bürgschaft bitten, um nie mehr nach Europa zurückzumüssen. Vielleicht aber erinnere ich sie auch an ein Land, das für sie ein ganzes Leben zurückliegt. Sie war zehn, als sie Kroatien verlassen hat. Wie geht es dir, Klara? Fehlt dir Europa? Ist es gut in Amerika? Besser als bei uns? Bist du glücklich? Ich will sie fragen, aber ihre Augen bitten mich, es nicht zu tun. Sie sagen: Wie geht es euch im alten Europa? Kann man dort leben nach allem? Ruhig schlafen? Wärt ihr lieber hier? Bist du glücklich?

Die Dallas Mavericks spielen gegen die Miami Heats im Finale. Basketball: ein Rätsel für mich. Die Villa hat eine Art »Haus-Kino«, es gibt Kinosessel, Süßigkeiten. Wir starren auf die riesige Leinwand, ohne tiefsinnige Gespräche führen zu müssen. Die Kinder sind begeistert, stopfen sich bergeweise Marshmallows rein, während sie in den überdimensionalen Kinosesseln versacken. Georg geht es blendend. Sport ist ein Atlantik- und familienübergreifendes Ereignis. Er hat sich mit Cousin 2 und 3 zusammengetan. Sie röhren und brüllen. Es ist, da bin ich mir sicher, kein Englisch. Man mag ihn und er scheint sich wohlzufühlen. Ich habe Kopfweh. Die Popcornreserven würden bequem für ganz Bayern ausreichen.

»Dirk Nowitzki is in form«, sage ich, »at his best.«

»Yes«, sagt Klara und bietet mir ein ufogroßes Aspirin an. »You look like you could need one.«

»Es ist seltsam«, nuschelt sie jetzt auf Kroatisch, »seltsam mit der alten Welt. Sie ist klein, kompliziert und voller Geheimnisse.« Ihr Kroatisch klingt kindlich, wie meins.

Die Miami Heats haben gewonnen. Die Cousins küssen sich, und wir bekommen die amerikanische Flagge auf die Wange gemalt. Es lässt sich nicht ändern.

Dann reisen wir alle nach New York zum eigentlichen Ereignis: der Bat-Mizwa.

Kaum angekommen, sind alle pausenlos mit der Organisation und den Frisuren beschäftigt, sodass wir uns erst am nächsten Morgen vor dem Tempel wiedertreffen.

In der Synagoge hat man die Air Condition eingeschaltet, mir frieren vor Kälte die Finger ab. Meine amerikanische Familie sieht aus wie eine amerikanisch-jüdische Variante aus »Baywatch« oder »Dallas«. Ich hätte es nicht für möglich gehalten, dass sich auch jüdische Haare derart drastisch toupieren lassen. Der Gottesdienst nimmt kein Ende. In dieser Reformsynagoge darf jeder eine Anekdote zum Besten geben, sich bedanken, singen. Die Gemeinde macht reichlich Gebrauch davon. Das haben sie nun vom Reformieren. Deborah, die jüngere Cousine, lebt in New York und ist vielleicht dadurch europäisch geblieben. Sie ist schlank, wirkt nervös und ferngesteuert. Wir sind eine Familie, passen aber so gar nicht zusammen.

Die Bat-Mizwa-Party geht bis spät in die Nacht. Der dicke Entertainer hat seinen Job wirklich gut gemacht. Er hat gesungen, Spiele angeleitet, die Kids nicht aus seinen Klauen gelassen. Jetzt ist er komplett verschwitzt und seine gute Laune ist vertraglich beendet. Er nimmt Abschied, kündigt uns als letzte Nummer an. Als wir auftreten – mein Mann mit Akkordeon, David mit einer Trommel, Sammy schlägt die Triangel und ich singe –, starrt man uns an, als seien wir geradewegs aus dem Stetl entflohen. Wir beginnen zu singen. Unerbittlich altmodisch kommt die Musik direkt aus uns heraus. Wir singen ein altes jiddisches Lied: »Glick, du bist gekummen, aber a bisl zu speyt«. Eigentlich das einzige jiddische Lied, das wir können. Es ist so still, dass es zum Fürchten ist. Die Alte Welt bricht über die Neue herein, das lässt sich nicht leugnen.

Wir haben schon lange unser Lied beendet, als der Applaus einsetzt. Ich weiß nicht genau, ob er dem Staunen, der Rührung oder sogar dem Mitleid entspringt. Man gibt uns die Hand, hier und da einen Klaps, grinst uns an wie Tiere im Zoo. Ein Paar weint. Meine amerikanische Verwandtschaft ist fassungslos. Klara wirkt mitgenommen, als hätte unser Singen sie an eine Zeit lange vor dem Krieg und an ein Land erinnert, das sie zu vergessen versucht hat und das nun vor ihr steht. Man bedankt sich – manche überschwänglich. Sogar das kleine Bat-Mizwa-Mädchen nimmt meine Hand und sagt artig: »Thank you, it was nice – nice and strange.« Ja, mir geht es ähnlich. Es war schön hier – schön und merkwürdig. Die Neue Welt schmeckt wie ein Familienkuchen, von dem man das Rezept verloren hat und den man nach Gefühl backt. Alles ist süßer als geplant und mächtig aufgegangen.

»Take care«, und »viel Glück«, flüstert mir Klara zu, bevor wir uns trennen. Dann drückt sie mich kurz und fest an sich. »Maybe we will all meet again at Davids Bar-Mizwa.«

auf der suche nach dem afikoman

Vor einigen Tagen habe ich Raffis Geburtstag vergessen. Er hat mich angerufen, wegen einer Lappalie, wir haben diese lange erörtert und am Ende hat er gesagt, er gehe heute Abend zu einem Vortrag über Canetti. Schließlich habe er heute Geburtstag. Wie hatte ich den vergessen können! Tausendmal entschuldigte ich mich. Ich finde, Geburtstage sind heilig, man darf sie einfach nicht vergessen. Ich war bedrückt, Raffi tröstete mich, es sei völlig normal, Geburtstage zu vergessen. Er sagte, ich sei wie Levi. Levi riefe ihn immer zum Geburtstag an.

»Levi«, habe Raffi zu ihm gesagt, »wir sehen uns Jahre nicht, warum das Getue, warum rufst du mich am Geburtstag an?«

»Weißt du, Raffi«, habe dieser geantwortet, »ich bin im Krieg geboren, in diesem Krieg. Viele sind gestorben, ich lebe und deshalb haben Geburtstage für mich eine besondere Bedeutung.«

»Sag, Levi, wie viele Telefonnummern und Geburtstage kennst du denn?«

»Auswendig? 300, Raffi.«

»Ist das normal?«, fragte Raffi mich. »Ist Levi normal?«

Normal. Hm. Normalität muss so etwas sein wie »in sich ruhen« oder ein »Spartarif«. Alles Dinge, von denen behauptet wird, dass es sie gibt. Ich bin mir da nicht so sicher. Ich bin ihnen noch nie begegnet.

Ich weiß nur eins: Wir sind immer noch in Deutschland, nicht in Amerika und Raffi ist nicht in Israel. Nein, er ist dann doch nicht ausgewandert. Dafür ist er zu klug. Er schwärmt weiter vom Heiligen Land, von der großartigen Stadt Tel Aviv, ohne sie durch seine Gegenwart zu entzaubern. Das ist schlau. Die deutschen Fernsehzuschauer hängen nach wie vor an seinen Lippen und lassen sich in Sachen Deutsche und Juden, Liebe und Depression, jüdische Befindlichkeiten und deutsche Animositäten informieren. Ich finde es eine gelungene Symbiose. Beide Teile leiden zuweilen, genießen ihre Abhängigkeit voneinander und haben immer etwas zu diskutieren.

Keine zwei Tage später rief mich Raffi erneut an. Dieses Mal verzweifelt. Er bat mich, den Vorabend des Pessachfestes, den Seder, bei mir auszurichten, denn er hätte Heimweh. Wonach genau, könne er nicht genau sagen. Mit Heimweh lässt sich nicht spaßen. Ich ließ mich breitschlagen und ging einkaufen ...

Mein erstes Pessachfest war ein traumatisches Erlebnis und fand in Brüssel statt. Warum gerade in Brüssel? Wahrscheinlich hielten meine Eltern es irgendwie für exotisch. Was es auch wirklich wurde. Meine Eltern waren in einem Anflug von Religiosität mit mir dorthin gefahren. Ich war 12 Jahre alt und hatte bis dahin kaum jüdische Feste begangen, außer gelegentlich Chanukka. Und das auch nur, wenn wir nicht zeitgleich wegfahren konnten und somit »Handlungsbedarf« bestand. Dann stellten sie einen winzigen Chanukkaleuchter auf, kauften einen noch kleineren Plastikweihnachtsbaum und sangen mir rasch die nötigsten Chanukkalieder vor. Schenkten mir Briefmarken, Goldmünzen oder sonst etwas Nützliches und setzten sich erleichtert vor die Tagesschau. Erst später, im Alter, legten sie ihre sozialistisch bedingte Scheu vor der Religion ab.

Die Zeremonie damals in Brüssel dauerte 5 Stunden und

fand auf Hebräisch statt, mit belgischen Erklärungen. Noch Jahre danach wollte ich weder nach Brüssel fahren noch Pessach feiern.

Der Sederabend ist dem Auszug des Volkes Israel aus Ägypten gewidmet. Gemeinsam am Tisch sitzend wird die Haggadah gelesen, die an die Stationen und Wunder bei diesem 40 Jahre währenden Marsch erinnert. Da die Juden sehr plötzlich und heimlich loszogen, hatte das Brot keine Zeit zu gären. Im Gepäck also befand sich der Teig, der heute als Mazze berühmt geworden ist.

Eigentlich sind sich alle Juden einig, dass ihre Feiertage folgendermaßen aufgebaut sind: »Man wollte uns töten, wir haben gesiegt, kommt, lasst uns essen.« Dummerweise hält sich niemand daran, gerade das Pessachfest ist mit einem enormen Aufwand verbunden. Die Wohnung muss zunächst »koscherle-pessach« gemacht, das heißt geputzt und von allem Brot und Mehl befreit werden. Der geschickteste biblisch verordnete Frühjahrsputz, den man sich vorstellen kann! Dann wird der Sederteller vorbereitet, auf dem die an den Auszug erinnernden Speisen platziert werden: Unter anderem Salzwasser der geflossenen Tränen wegen, Bitterkraut, um an die bittere Zeit der Sklaverei zu erinnern, gekochte Eier als Zeichen für Vergänglichkeit und Fruchtbarkeit und noch einige symbolgeladene Nahrung mehr. Ein Jahresurlaub genügt kaum, um mit allem fertig zu werden.

»Gehören die alle zu ihm?«, fragt Sammy mich in der Küche leise. Raffi hat die Einladung zum Sederabend sehr wörtlich genommen und in biblischer Größe gleich vier Frauen mitgebracht: erstens seine aktuelle Geliebte, eine neue Israelin, wunderschön und ebenso kompliziert. Zweitens seine Ex, die Mutter seiner Tochter, eine Übergetretene. Sie stammt aus der Zeit, als er noch mit Nichtjüdinnen anbändelte ... Drittens eine sehr junge, ebenfalls sehr schöne und stille Frau mit einem Baby, die er zurzeit hofiert. Dazu seine Tochter. Ich habe zwei Nichtjuden eingeladen und Davids jüdischen Patenonkel Aron. Wir sind zu dreizehnt, der vierzehnte Platz ist für den Propheten Eliahu Ha-Navi reserviert.

Die ersten zwei Stunden der Gebete haben wir hinter uns und sind noch immer nicht aus Ägypten herausgekommen. Drehen und wenden Vers um Vers, die Bedeutung der Begriffe Sklaverei und Freiheit, zu jeder Erklärung gibt es eine geistreiche Alternative. Raffi versteift sich auf die These, die Juden seien in Ägypten gar keine Sklaven, sondern ganz normale Gastarbeiter gewesen. Es ist nicht leicht. Die übergetretene Ex kennt sich aus. Leider. Unter ihrer Kontrolle werden ausnahmslos alle Verse gesungen, kein Gebet abgekürzt, kein Ritual ausgelassen. Wenn es nach ihr ginge, wären wir wahrscheinlich noch immer in Ägypten und der Auszug hätte statt langer 40 Jahre noch längere 8000 Jahre gedauert: Armes Volk Israel!

Sie ist aus Liebe zu Raffi übergetreten, ist für den Unterricht über ein Jahr regelmäßig nach New York zu einem orthodoxen Rabbiner geflogen. Kaum hatte sie die Prüfung unter schwerstem rabbinischem Diktat bestanden, hat Raffi sie verlassen. »Mit einer Übergetretenen? Niemals!«, sagte er. Nun rächt sie sich und lässt uns für unsere Religion bluten.

Ich denke mir, das Meer wird sich schon rechtzeitig vor uns teilen und sie hinter uns verschlucken.

Die Kinder und mein Mann Georg sind heimlich im Arbeitszimmer verschwunden und schauen den UEFA-Pokal, die Israelin telefoniert laut und aufgebracht mit Tel Aviv, und die stille Schöne wickelt das Baby auf dem Wohnzimmerteppich, während Raffi ihr versonnen die Feuchttücher reicht.

Aron, Davids Patenonkel, ist einer meiner ältesten Freunde in Berlin. Er war früher Leiter des Jüdischen Jugendzentrums, unter ihm hat die Einrichtung an Format gewonnen. Alles, was ich über das Judentum weiß und mag, verdanke ich ihm.

Dem muffigen Galinski gefiel Arons aufgeklärte Haltung nicht, er musste gehen. Noch immer liebt er Israel, ohne zu indoktrinieren, glaubt an den jüdischen Berliner, an den Berliner Juden, der nicht totzukriegen ist. Darüber ist er fast 60 und sehr dick geworden. Arons Mutter Leah, eine resolute kleine Frau, polnische Jüdin, hat ihren Mann in einem Camp für Displaced Persons in Hessen geheiratet. Sie sind später nach Düsseldorf gezogen, wo sie auf dem Markt Kleider verkaufte, viermal die Woche. Leah spricht Jiddisch und Polnisch, etwas Russisch – und jiddisches Deutsch. Ihr gefilter Fisch und ihre Blaubeertaschen sind über die Grenzen Nordrhein-Westfalens hinaus berühmt. Eine Zeit lang gab sie immer mal wieder Kostproben ihrer jiddischen Küche im regionalen Fernsehen. Wenn Aron nicht aufaß, wurde sie schwermütig. Sie hatte im Lager gehungert. Sie würde auf der Stelle sterben, wenn er nicht aufaß. Arons Großmut ist bekannt. Er aß auf, immer und alles und überall – gesund ist das nicht.

Jetzt greift er langsam ein und bringt der Übergetretenen bei, dass Beten, ohne zu essen, über kurz oder lang zum Exitus und nicht zum Exodus führt und dass sie daran denken solle, was ihr orthodoxer amerikanischer Lehrer dazu sagen würde. Für eine Weile haben wir Ruhe.

Die beiden nichtjüdischen Freunde sind schwer beeindruckt, sie kommen vom Theater und sind somit für Dramen nicht unempfänglich. Eigentlich beten vor allem sie – gründlich und ernst. Ich fürchte nur, am Ende wollen auch sie übertreten, der Masochismus im Menschen ist unausrottbar. Ich stehe auf, renne herum, reiche allen Eier, Petersilie und sonstige Zutaten, während unter meinen Füßen – eigentlich schon überall – die Mazze bröselt und knirscht. Ein Stück Mazze, den sogenannten Afikoman, haben wir gut versteckt. Der Finder, so der Brauch, wird belohnt werden.

Nach gut drei Stunden sind wir endlich erschöpft bei der

Suppe mit Mazzeknödeln angekommen. Es ist ein schönes Fest. Keiner hat sich bisher gestritten, ja, es ist ein gelungener Sederabend. Es folgen drei mittelschwere Fleischgerichte mit Beilagen.

Der Reflex, sich schlafen zu legen, ist zu diesem Zeitpunkt am größten. Doch da erst am Schluss des Rituals die schönsten Lieder kommen, singen und beten wir tapfer weiter, während die Kinder in der ganzen Wohnung lauthals den Afikoman suchen. Wir haben dem Eliahu Ha-Navi Wein eingegossen, uns zur Tür gewendet und ihn gebeten, doch recht bald zu kommen, schließlich warten wir schon 5760 Jahre auf ihn. 5760 Jahre! Mangelndes Durchhaltevermögen kann man uns wahrlich nicht nachsagen. Und wir haben uns gegenseitig versprochen: »Nächstes Jahr, ja, nächstes Jahr in Jerusalem! Ganz bestimmt werden wir uns dort alle treffen! Dieses Jahr noch hier, nächstes Jahr im Gelobten Land. In der Freiheit, da, wo wir hingehören! Ja, Ja!«

»Jaaaahh!!!« Ein Schrei geht durch die ganze Wohnung! Die Kinder haben das Stückchen Mazze gefunden. Sofort beginnt eine brutale Schlägerei im Flur, an deren Ende erst die geerbte Porzellanschüssel zerbricht, dann die übergetretene Ex indigniert die Wohnung verlässt. Ich beginne langsam zu bereuen, dass ich mich zur Ausrichtung des Festes bereit erklärt habe. Nächstes Jahr in Jerusalem, meinetwegen, nur nicht wieder bei mir! Raffi versucht währenddessen, die stille Schöne zu küssen, das Baby schreit sofort los, die stille Schöne lacht, die Israelin hat sich im Bad eingeschlossen. Georg bringt seelenruhig die Kinder ins Bett, während Aron den beiden Nichtjuden die Notwendigkeit der 10 Plagen ausführlich erläutert. Und ich, die ich alles so brav organisiert habe, ich Unverwüstliche, fange an zu weinen. Es bricht aus mir heraus. Alles, was sich im Laufe der letzten Zeit angesammelt hat. Die Trauer um die Eltern, um den Vielleicht-Bruder, das Gezerre um das Testament, die rauchende Rote vom Friedhof in Zagreb, die Kroaten und die Restitutionsansprüche, der Holocaust und der Prophet.

»Der Prophet! Glaubt ihr wirklich, er wird noch kommen? Wieso ist er nicht schon längst da? Er ist in Miami, in Odessa oder sonst wo und kümmert sich einen Dreck um sein Volk! Sein auserwähltes. Wie sich nie jemand um uns kümmert, nie, nie, nie!« Ich sitze am Tisch, heule und trinke in großen Schlucken das Glas mit dem schrecklich süßen koscheren Wein des Propheten leer. In Notsituationen ist Raffi bekanntlich unbezahlbar. Aus seinem Boss-Jackett nimmt er einen silbernen Flachmann, reicht mir den Wodka. »Trink das. Ist garantiert koscher und wirkt sofort. Du nimmst den Propheten, fürchte ich, zu konkret, zu wörtlich. Vielleicht gibt es ihn. Vielleicht ist er in den USA. Vielleicht unter uns. Wahrscheinlich aber gibt es ihn gar nicht. Der Prophet ist sicher wesentlich für unsere Religion. Ob er noch kommt und wann, beschäftigt ganze chassidische Zirkel. Aber für den Seder heute Abend würde ich vorschlagen: Er kommt nicht. Wir nehmen einfach das Dessert.« Spricht's und wendet sich dem schreienden Baby zu.

Als ich den Tisch abdecke nach diesem einmaligen Sederfest, ist es schon fast zwei Uhr. Ich setzte mich und esse das Mazzestück, den Afikoman, langsam auf.

Manchmal wäre ich lieber das erlöste, nicht das auserwählte Volk.

bar jeder mizwa

Noch acht Wochen bis zu Davids Bar-Mizwa. Keine große Sache. Sechs Stunden Synagoge, anschließend Kiddusch für die versammelte Gemeinde. Abends zweihundert geladene Gäste, koscheres Büfett, sechsköpfige Band, Rede des Rabbiners und überhaupt: viele Tränen. Ich könnte mich tot stellen, behaupten, wir wären alle gestorben, urplötzlich an Malaria erkrankt, ausgewandert ans Kap der Guten Hoffnung, vor zwei Wochen übergetreten zu Papst Benedikt. Die Beschneidung war doch erst gestern, so kommt es mir zumindest vor. Sie war vor dreizehn Jahren. Nun gut, alle dreizehn Jahre ein großes Fest, das muss doch möglich sein. Ich schreibe auf unendlich viele Zettel, was zu tun ist. Es ist so viel, dass ich gar nicht erst anfange. Wenn ich mir jetzt ein Zeugnis ausstellen müsste, würde es in etwa so lauten:

»Frau Altaras hat in den letzten Jahren mehrere Beerdigungen unter schwersten Bedingungen erfolgreich absolviert. Sie hat Ausdauer und Widerstandsfähigkeit bei der Verarbeitung nachgelassenen Mülls unter Beweis gestellt. Sie ist nun befähigt, auch komplizierteste jüdische Zeremonien in Angriff zu nehmen.«

Mein Leben hat sich verändert, aber nicht wesentlich verbessert.

Es klingelt, der Postbote drückt mir ein Paket in die Hand. Eine eingeschriebene Sendung. Er verabschiedet sich schwitzend, Bar-Mizwa-Zubehör? Stattdessen halte ich überrascht unsere Vergangenheit in den Händen. Das Paket kommt aus Zagreb und enthält den gesamten Anwaltsverkehr zwischen meiner Mutter und den kroatischen Behörden. Ich habe in den letzten Wochen auf Erledigung der Angelegenheit gedrängt, das haben sie anscheinend zum Anlass genommen, den ganzen Fall einfach abzuschließen. Die Jewish Claims Conference hatte mich schon vorbereitet. Sie hat recht behalten: Es bestehe zwischen Deutschland und Kroatien kein Staatsvertrag, der die Kroaten dazu verpflichten würde, die geraubten, angeeigneten Besitztümer an in Deutschland lebende Juden zurückzugeben. Keine Restitution »whatsoever«. Im beigefügten Schreiben heißt es lakonisch: »Das Wohngebäude und die Fabrik mitsamt Gelände bleiben bis auf Weiteres Eigentum des kroatischen Staates.« Ich koche vor Wut.

Mit dieser Verweigerung leugnet der kroatische Staat jegliche Mitschuld. Es hat Hitler gegeben, den Krieg und auch den ein oder anderen Ustascha. Das ist schwer zu leugnen, hat aber mit dem jetzigen kroatischen Staat, mit der Gegenwart nichts zu tun. Das ist Geschichte. Jedenfalls für sie.

Sie haben sich den Besitz illegal angeeignet – uns aber bleibt keine Handhabe, an ihn heranzukommen! In einem kleinen Passus des Staatsvertrages wurde vermerkt: Sollte Kroatien in die EU aufgenommen werden, sei die Sache neu zu verhandeln. Ergebnis offen.

Das würde ihnen so passen! Alle Überlebenden wären dann gestorben, ihre Angehörigen weit fort – und der Staat Kroatien säße wie die Made im fremden Speck auf seinem unrechtmäßigen Besitz.

Mir fehlen die zwei Gebäude in Zagreb nicht, weder aus sentimentalen noch aus finanziellen Gründen. Ihr Zustand ist verheerend, es wäre vielleicht besser, sie ein für alle Mal zu vergessen. Ich kann sie aber nicht vergessen. Sie warten stoisch, die Kroaten, sie warten, bis ich tot bin. Das Haus wird der kroatischen Staatsbank überschrieben, alles ist geregelt und vergessen! Mein Wille zum kroatischen Nahkampf steigt merklich. Mal sehen, wer den längeren Atem hat! Ich werde den kroatischen Staat verklagen, auch wenn es Jahre dauern, ein Präzedenzfall werden wird. Stoisch und unerbittlich werde ich die Klage durchkämpfen. Ich, die Partisanentochter, muss in den Widerstand. Worauf warte ich noch? Es klingelt! Sehr gut. »FASCHISTEN!«, brülle ich in den Hörer.

Raffi ist am Telefon.

»Merkst du das jetzt erst?« Raffi in Plauderlaune, das hat mir gerade noch gefehlt. »Wie geht's?« Raffis Stimme klingt betont freundlich, was nichts Gutes verheißt. Ich weiß sofort, er will etwas von mir.

»Gut, prima.«

»Was machst du?«, singt er seelenruhig weiter.

»Nichts Besonderes, ich bastle eine Bombe, mit der ich den gesamten Balkan in die Luft sprenge.«

»Wenn's weiter nichts ist … Ich habe da vorher nur noch eine Frage …«

»Raffi, was willst du? Ich habe zu tun!«

»Wenn du keine Zeit hast, bitte, ich will dich nicht stören.«

»Nein, ist ja gut, was ist los?«

Ich höre ihn atmen: »Du lädst mich doch ein zu Davids Bar-Mizwa, nicht wahr? Mir ist es völlig gleich, aber für meine Tochter ist es wichtig, sie bekommt so wenig Jüdischkeit in ihrer Umgebung, verstehst du?«

»Natürlich wirst du eingeladen! Was ist das für eine Frage. Abgesehen davon, dass du mein Freund bist, bist du einer der zehn Juden, die ich kenne. Da darf praktisch keiner fehlen. Ich bin gerade dabei, die Einladungen einzutüten. Sobald ich Kroatien gesprengt habe, klebe ich die Briefmarken drauf.«

Schön wär's, wir haben noch nicht einmal mit dem Entwurf der Einladungen angefangen.

Vor genau einem Jahr hat der Rabbiner unserer Synagoge feierlich den Termin für Davids Bar-Mizwa festgesetzt. David hat fast zeitgleich mit dem Unterricht seiner Parascha begonnen, dem Gebetsabschnitt, den er allein, laut und vor allem auf Hebräisch in der Synagoge vortragen muss. Danach wird er ein vollgültiges Mitglied der Jüdischen Gemeinschaft sein und in Dubai oder Armenien Minjan halten können. Seit einem Jahr geht er jeden Montag zu seinem Bar-Mizwa-Unterricht und kopiert das Timbre seines Kantors, eines hochgewachsenen jungen Argentiniers mit einem dunklen Bariton. Sie diskutieren den Sinn jeder Bracha, was Gott damit wohl gemeint haben könnte … Es scheint ihnen Spaß zu machen.

Vor nicht allzu langer Zeit ist der amtierende Rabbiner mit Schimpf und Schande seines Amtes enthoben worden. Er hatte sich am Geschäft mit koscheren Lebensmitteln privat bereichert, Koscher-Lizenzen gegen Bezahlung verteilt und Prozente genommen – allerdings ist dies nicht der erste »Koscher-Mafia-Skandal« in Berlin. Ihm wurde mit einem gerichtlichen Prozess gedroht. Zwischenzeitlich hatte die Suche nach einem neuen Rabbiner begonnen und hielt die Gemeinde in Atem. Schon bald war der Vorstand über diese Personalfrage total zerstritten. Man legte uns nahe, uns einen eigenen Rabbiner zu suchen, wollten wir an der Bar-Mizwa festhalten. Die Personalfrage wäre bis zum errechneten Termin wahrscheinlich noch nicht abschließend geklärt, gab die Kultusabteilung zögerlich zu. Mir dämmerte, dass diese Bar-Mizwa keine leichte Sache werden würde …

Die Leiterin der Gemeindekultusabteilung, eine kleine, freundliche Russin, gab mir unterdessen wichtige Ratschläge: »Hören Sie: die Einladung! Vorne auf dem Blatt steht groß der Name des Bar-Mizwa-Jungen, dann der Ort, die Zeit, natürlich klar, und hinten das Ganze noch einmal auf Hebräisch.«

»Gut, danke!«, sagte ich.

»Die Gemeinschaft der Betenden wird nach dem Gottesdienst in den Kiddusch-Saal der Synagoge gebeten. Das Essen muss koscher sein. Aber nicht überteuert. Es gibt ein gemeindenahes Catering.«

Gemeindenah, verstehe. »Ja, das klingt gut«, sagte ich.

»Das Fest am Abend ist freiwillig, kein Muss, aber schön ist es schon ...«

Natürlich, schön ist es schon.

Ich versuche schon seit geraumer Zeit, David davon zu überzeugen, zu Hause zu feiern. David weigert sich kategorisch: »Das ist doch peinlich, so intim!«

Mein Computer wiederum weigert sich, Hebräisch zu übersetzen und zu schreiben. David sagt:

»Wir müssen es unbedingt von einem Übersetzer machen lassen, Computerprogramme übersetzen schlecht. Was meinst du, wie das klingt: »Wir ladet ein zu allgemeine Bar-Mizwa. Dürfen kommen alle die Freunde und die Verwandtschaft ... Ist doch peinlich.« Schon wieder peinlich, alles peinlich: die Wohnung, mein Computer, mir reicht's. Jetzt schon! Ich knalle die nächste Tür, zwei Tage passiert nichts, wir schweigen uns biblisch an.

Nach knapp einer Woche liegt die Einladung fertig gedruckt, in fehlerfreiem Deutsch und Hebräisch in 120-facher Kopie auf dem Küchentisch. Mein Mann hat sich darum gekümmert, stillschweigend und gewissenhaft.

»So ist das meistens bei uns, du machst die Welle, ich erledige die Dinge«, sagt er nur.

»Danke«, erwidere ich pampig.

Daneben liegt die Gästeliste in der nunmehr zwölften Fassung. Sie enthält augenblicklich 124 Namen: die Reihe der nächsten Verwandten, enge Freunde, Leute, die an Davids Erziehung und seinem Werdegang maßgeblich beteiligt waren.

Gelegentlich kommen neue dazu, andere werden gestrichen. David geht die Liste durch, streicht rigoros Namen:

»Wieso der Frauenarzt?«

»Ohne den gäb's dich nicht! Er hat dich rausgeholt!«

»Aber ich habe ihn dabei nicht mal gesehen!«

»Natürlich, nur warst du noch sehr klein ...«

»Wird gestrichen!«

»Aber hier, die müssen kommen!«

»Das sind deine Freunde aus dem Theater, nicht meine. Ist das deine oder meine Bar-Mizwa?«

Wir feilschen um jeden Namen, schließlich kommt es zur unvermeidlichen Schreierei: Diesmal knallt David die Tür. Wir landen letztlich bei einhundert Personen.

Einige werden von selbst absagen, es wird nicht zu groß, überschaubar. Wir sind zufrieden.

Zwar haben wir noch keinen Festsaal, aber ich beginne mit dem Eintüten der Einladungen, die Adresse werden wir eben nachreichen. Sammy klebt die Umschläge zu, David pappt die Briefmarken drauf.

Wie es genau passiert ist, kann ich nicht mehr sagen. Aber plötzlich haben wir drei Absagen und 144 Zusagen. Wie haben all die Leute davon erfahren? Mal abgesehen von denen, die eine Einladung bekommen haben. Nun gut, ich rede – statt zu planen – seit geraumer Zeit von nichts anderem mehr. Die Schauspieler der aktuellen Produktion wollen nach der Vorstellung »kurz eben vorbeikommen«, eine Freundin hat einen italienischen Freund zu Gast (– der müsse mit!), jede Familie mit Kindern fragt, ob das Au-pair-Mädchen mitkommen darf (und deren Freundin), fast alle nichtjüdischen Freunde und Bekannten haben zugesagt – schließlich sei es »ihre erste Bar-Mizwa«. Davids vier Schulklassen, die er durchlaufen hat, wollen geschlossen erscheinen ...

Außerdem wird die Frage nach dem Geschenk laut: Jüdischerseits ist klar, dass Geld ein sehr praktisches Geschenk ist, man braucht es einfach nicht umzutauschen. Das kommt den Nichtjuden dann doch sehr profan vor bei einem solch existenziellen Fest. Sie brauchen es einem ja nicht in das Strumpfband zu stecken, den Ausschnitt oder das Höschen. Das denke, sage ich aber nicht, denn weitere zwanzig Personen haben zugesagt, und ich beginne mir Gedanken über das Ausmaß des Festes zu machen.

Wir müssten einen Durchbruch zur Nachbarwohnung machen lassen oder – und das tun wir – einen größeren Veranstaltungsort suchen. Einen Ort, der nicht nur schön ist, sondern gleichzeitig nicht zu teuer, der zu Erwachsenen wie zu pubertierenden Jugendlichen gleichermaßen passt. Wo man orientalisch tanzen, gut essen und vielleicht sogar miteinander plaudern kann. Altersdurchschnitt 8–88 Jahre. Kein Problem.

Wir besichtigen alle in Berlin zur Verfügung stehenden Räumlichkeiten, im Wasser, auf Parkdecks, in Museen oder Zoos ... Schließlich finden wir eine wunderschöne Villa am Wannsee, die alldem entspricht. Es ist glücklicherweise nicht die Villa der Wannsee-Konferenz, aber wir haben Blick auf sie. Zwei Häuser weiter wohnen Brad Pitt und Angelina Jolie, »die kann ich doch auch noch einladen ...«, werfe ich ein. Keiner reagiert.

Alle meine Verwandten sagen zu. Aus Miami Klara und ihr Mann Mike, aus New York Deborah, aus Split mein Lieblingscousin Ben nebst Frau und Tochter Sanja plus Mann, aus Tel Aviv die Cousine Nili mit Mann und Tochter. Tja, was habe ich denn erwartet. Wenn man einlädt, muss man sich nicht wundern, wenn die Leute auch kommen. Gerührt und glücklich gerate ich in Panik. Sollten meine Verwandten wirklich alle kommen, wird das Essen nie und nimmer reichen ... Täglich rufe ich den Caterer aus Potsdam an, bitte ihn, das

Essen noch einmal aufzustocken. Gott sei Dank reagiert er nur bedingt, sonst könnte der gesamte Bundestag mitessen. Allerdings habe ich Mühe, ihn davon abzuhalten, koscher zu kochen. Er hat sich schlau gemacht, Rezepte aus dem Stetl besorgt. Ich habe ihn ausgesucht, weil er gut und *nicht* koscher kocht. In den grellsten Farben male ich ihm die Konsequenzen aus: Das doppelte Geschirr, die zwei Kühlschränke, die er bräuchte, die Preise des Schächters ... All das bringt ihn glücklicherweise bald von seinem Vorhaben ab, das Thema ist vom Tisch.

Die nichtjüdische Verwandtschaft meines Mannes will vollzählig anreisen: Alle haben sie zugesagt – und als gute Arier haben sie eine zahlreiche Nachkommenschaft. Immer wieder stelle ich mir vor, wie – als Höhepunkt des Abends – die erste Begegnung zwischen Georgs schon leicht dementer Mutter und meiner Familie, speziell meiner Tante, vor sich gehen wird. Ungebremst wird »Oma Maria« von der schönen Zeit als BDM-Mädchen berichten und wie sie für 500 »Jungs« Gulasch an der Westfront gekocht hat ... Gut, dass meine Tante inzwischen derart schlecht hört und all die anderen Verwandten kein Wort Deutsch sprechen. Es wird schon gut gehen ... Im Notfall muss die Band lauter spielen, sehr viel lauter. Wenn nur das Essen reicht!

Inzwischen sind wir bei 150 Zusagen angekommen. Wir haben 100 Sitzplätze. Wir werden alle zwei Stunden »Reise nach Jerusalem« spielen, das Sitzplatzproblem wird sich dabei einfach und spielerisch lösen. Egal, was soll's? Einmal im Leben eine Bar-Mizwa, ein richtig großes Fest. Ich schnappe mir das Sparbuch und hebe den Rest ab. Nichts ist peinlicher als zu wenig Essen. David bekommt einen Anzug, Hemd, Krawatte, neue Lederschuhe. Als er aus der Umkleidekabine kommt, sieht er nicht mehr aus wie mein kleiner Junge: Der Initiationsritus zum Mann hat schon hier stattgefunden.

Darüber haben wir die Kippot vergessen. Man muss sie zwei Monate im Voraus in Israel bestellen, damit sie sicher durch den Zoll und die Kontrollen kommen und nicht exemplarisch als Paketbombe in die Luft gejagt werden. Es sind die Hohen Feiertage. Bei welcher Firma auch immer ich in Israel anrufe, überall höre ich ein Band, das mir in drei Sprachen »Gute Feiertage«, »Happy Holidays«, »Chag Sameach«, »Shana Tova« wünscht. Bestellen unmöglich.

Die Stimmung im Haus wird immer angespannter. Ich drohe David, ihn taufen zu lassen, wenn er nicht sofort von seinem hohen Ross heruntersteigt und aktiv mithilft – bei was genau, bleibt unklar. Bei allem, irgendwie. Einfach mithelfen, sich kümmern. Nicht abwarten, bis das Essen nicht reicht … Ich erwarte von ihm, dass er sich genauso Sorgen macht wie ich. »Mizwa heißt: gute Tat. Wo bitte schön sind deine guten Taten? Wo???«, brülle ich ihm hinterher!

Als die 170. Zusage eintrifft, verschweige ich das vor dem Caterer, vor Georg, vor mir selbst. Die Kippot in Orange habe ich auf einen »heißen Tipp« hin über das Internet bestellt. Zweimal täglich schreibe ich dem anonymen Hersteller aus Kreuzberg, ob er auch wirklich pünktlich liefern wird. Geduldig antwortet dieser: »Natürlich, don't worry, shalom!«

Nach wie vor hat die Jüdische Gemeinde die Personalfrage mit dem Rabbiner nicht gelöst. Ab und zu amtieren Rabbiner zur Probe, die lispelnd, leise und stotternd ihren Weg durch den Gottesdienst suchen. Andere versteht man gut, was auch nicht unbedingt von Vorteil ist.

Ich habe Kontakt zu einem bereits älteren Rabbiner in Augsburg aufgenommen, einem Freund meiner Eltern, der ein guter Redner ist, etwas zu sagen hat, sogar auf Deutsch. Eine seltene Mischung. Er ziert sich: der lange Anfahrtsweg, sein voller Terminkalender, die schlechte Bezahlung …

Die schlechte Bezahlung?! Die Gemeinde hat mir versichert, die Kosten für den Rabbiner zu tragen, dazu sei sie verpflichtet – das scheint dem Rabbiner aber nicht auszureichen. Auch das noch! Wie bezahlt man einen Rabbiner? Einen Amtsträger, einen Heiligen, sozusagen Gottes verlängerten Arm: bar oder per Überweisung, in Naturalien oder nur mit Dank und Händedruck? Das ist doch immer die Aufgabe der Väter gewesen, mit dicken Umschlägen voller Geld an Rabbiner heranzutreten.

Raffi ruft an. Er hat seine Einladung verloren und kann sich an den Termin der Bar-Mizwa nicht mehr erinnern. Er will aber unbedingt versuchen zu kommen.

»Macht nichts, wenn du nicht kommst. Es kommen genügend andere!«, zische ich beleidigt.

Das Handy klingelt wieder. Ruth sagt ab. »Maseltov! Von Herzen!« Aber sie sei mit 94 Jahren so müde, so schrecklich müde. Sie wünsche uns alles Gute, aber leider könne sie nicht zur Bar-Mizwa kommen. Es bleibt die einzige Absage. Schade, dass gerade sie nicht kommen kann. Ich betrachte sie als eine Verwandte, ohne sie je um Erlaubnis gefragt zu haben. Sie wird mir fehlen.

Ruth habe ich bei meiner Arbeit für die Shoah-Foundation von Steven Spielberg 1996 kennengelernt. Ein riesiger Raum im Hotel Hyatt war angemietet worden. Drei Tage sollten wir geschult werden, Überlebende nach ihren Erlebnissen zu befragen.

Die Schulung war perfekt durchorganisiert, schließlich sind drei Tage enorm knapp. Wir waren circa 100 Personen jeden Alters, jeder Religionszugehörigkeit. Trotzdem hatten es die Nichtjuden schwerer. Ihre Motivation wurde mehrfach überprüft, aus schlechtem Gewissen allein durfte keiner bleiben. Die Foundation hatte ein System ausgearbeitet, das wir möglichst zu befolgen hatten, damit weltweit alle Interviews vergleichbar und katalogisierbar wurden. Effektiv, unsentimental, ergiebig, aber nicht herzlos. Ist so etwas überhaupt möglich: Menschen, die durch die Hölle der Lager gegangen sind, gleichförmig auf Video zu pressen? Kritik wurde laut, einige stiegen unter Protest aus. Ich blieb. Ich wollte wissen – wissen, wie solche Interviews möglich waren, wissen, was mir die Menschen zu sagen hätten, wissen, welche ihrer Erinnerungen sie preisgeben könnten.

»Auf dem Weg zu den Interviews schiebt alles beiseite. Nichts ist mehr wichtig, was euch, euren Alltag betrifft, es geht nur noch um die Person, die gefragt und gefilmt wird. Lasst euch Zeit. Lasst sie reden. Überprüft, was sie beim Vorinterview gesagt haben, was jetzt. Sie werden Dinge vergessen, bewusst auslassen. Wenn sie Zeiten, Orte verwechseln oder durcheinanderbringen, hakt nach, behutsam, eventuell auch mehrfach. Aber wenn sie nicht wollen oder können, lasst sie in Ruhe. Es sind ihre Erinnerungen, auch wenn sie ›ungenau‹ sind.«

Auch meine Eltern haben Interviews für die Shoah-Foundation gegeben. Wenn ich mir die Videos heute anschaue, wirken ihre Erzählungen seltsam distanziert, als würden sie vom Leben von entfernten Verwandten oder Bekannten berichten. Aber sie erzählen viel und bereitwillig. Sie scheinen froh zu sein, dass man sie überhaupt fragt.

Nach den Vorgesprächen ging ich in die Bibliothek der Jüdischen Gemeinde. Sie ist ungeheuer gut ausgestattet. Ich las über den Transport der ungarischen Juden, der in einem merkwürdigen Zickzackkurs verlief, durchs ganze Land. Ich las Briefe von Kindern, die nach England verschifft wurden mit dem Kindertransport. Ich fand alles. Es gab immer wieder etwas, das ich so nicht gewusst hatte, die Rolle der Gemeinde, die Katalogisierung der Wäsche der Juden und, und, und …

Ich begann mit Ruth, in ihrer Wohnung am Heidelberger Platz. Sie hatte eine Unmenge lockiger Haare, die sie hochsteckte, und kleine, wache Augen, die mich herausfordernd anblickten. Sie sprach sehr schnell, ich musste aufpassen, alles mitzubekommen, nichts zu verpassen. Es gab Käsekuchen von »Thoben«, die Tochter und die Enkeltöchter riefen immer wieder an. »Siete emozionati?«, fragte Oma Ruth, dabei war sie selbst aufgeregt. Sie sprach fließend Italienisch und Französisch, denn überall dort hatte sie gelebt und überlebt. Sie liebte dieses südliche Europa so sehr. Ruth erzählte von der Flucht nach Wien, wie sie mit ihrer Tochter, damals noch ein Baby, und ihrem Mann in einem Hotel haltmachten, das voller Nazis war. Dort fühlten sie sich sicher. Es war ein Risiko, natürlich, aber ein wohlkalkuliertes: Wer vermutete Juden in einem Faschistenhotel? Sie erzählte, wie sie ausgingen, um schnell etwas zu essen, in einem Lokal gegenüber. Als sie zurückkamen, war das Baby weg. Das Kind, das so friedlich auf dem Bettchen geschlafen hatte. Sie wollte sich aus dem Fenster stürzen, da hörte sie ein Jammern: Das Baby war aus dem Bett gefallen und daruntergerollt. Ich weiß, dass sie diese Geschichte oft erzählt hat. Mich rührte sie, Ruths flinke Hände krallten sich in meine, als sie davon erzählte. Dann ging sie rasch zum Spiegel, kämmte ihr dichtes Haar nach. »Ich will ja schick sein für die Nachwelt.« Ruth war in der Gegend um den Görlitzer Bahnhof geboren, Skalitzer Straße 46, da hatte ihr Vater eine Apotheke. Später waren ihre Eltern zu Wohlstand gekommen und in eine Villa nach Mariendorf gezogen. Gelegentlich sprach sie so schnoddrig, dass ich sie kaum verstand. Dann klang sie wie eine Straßengöre à la Heinrich Zille. »Aber berlinern durften wir nie. Das fand meine Mutter unfein! Ich war in der Schweiz, in Frankreich und Italien. In Assi im Piemont haben mich die Italiener beschützt. In Paris hat man mich nicht ausgeliefert. Und in Davos habe ich meinen Bruder wiedergetroffen und meine Tuberkulose geheilt. Nun bin ich wieder hier. Ich hab eben Glück gehabt, was soll ich dazu sonst sagen?« Sie war gut gelaunt, sparte Details aus und alles Bedrückende. Ihre Tochter kam. »Hast wohl Angst gehabt, dass ich was Verkehrtes erzähle?!« Aber im Grunde erzählte sie für sie und ihre Enkelinnen, die draußen warteten. Sie waren gierig nach Details, als würden sie ihnen helfen, irgendetwas besser zu verstehen. Auch in ihrer Familie häuften sich die Geheimnisse, vor allem, wenn es unangenehm und traurig wurde. Ich fragte vorsichtig weiter. Sie weinte leise und der Verlust vieler Familienangehöriger kam zutage. Unter Tränen wiederholte sie immer wieder: »Aber ich, ich hab Glück gehabt!«.

Ich umarmte sie, sie blieb untröstlich.

Wenige Tage später war ich bei ihrem Bruder Gerard. Er hatte dieselbe Mähne, nur in Weiß, den Sprachwitz, das Tempo. Ich kannte ihn aus der Gemeinde, eine Instanz in allen Haushaltsfragen. Er erzählte und streute Lügen ein, um mich zu testen. Er lachte, wenn es ihm gelungen war, mich aufs Glatteis zu führen. Er war Sozialist geworden auf seiner Odyssee durch Europa, damals, 1942. Und er war es immer noch. Seine Frau brachte uns Tee. Er zwickte sie in den Hintern, und sie lachte auf. Er war so fröhlich, dass ich mich fürchtete, hinter die Fassade zu schauen.

Ich wurde herumgereicht unter den alten Herrschaften, weiterempfohlen sozusagen, und nach und nach wurde ich Spezialistin für die Berliner Juden.

Günther, ehemaliger Leiter der Kultusabteilung der Gemeinde, war höflich und genau. Sein Blick war matt und von unendlichem Ernst. Als man ihn damals aus der S-Bahn herausholte, am Tag der Reichskristallnacht, fuhr er gerade an der brennenden Synagoge vorbei. Zwei Männer kamen, nahmen ihn fest. Alle Fahrgäste mussten denken: Aha, einer ohne Fahrschein!

»Aber ich hatte einen Fahrschein, ich hatte ihn in der Hand. Am 9. November 1938. Aber keiner wollte ihn sehen.« Das war seine größte Sorge: dass man ihn für einen Schwarzfahrer hielt. Man brachte ihn in die Große Hamburger Straße, dann nach Auschwitz.

»Ich war neunzehn. Ich habe gesagt, ich sei Ingenieur. Ich habe gelogen und überlebt. IG Farben, Auschwitz II, Monowitz. Und ich habe überlebt, weil ich nie etwas falsch gemacht habe, mir nie etwas habe zuschulden kommen lassen. Das müssen alle wissen, vor allem die Enkelkinder. Ich habe alles richtig gemacht. Und ich hatte einen Fahrschein.« Ich schaute ihn an und sah, wie man ohne Tränen weinen kann. Seine Frau saß dabei, sie reichte ihm die Tabletten für den Blutdruck, lächelte mich entschuldigend an. Sie sei »nur« vom Anhalter Bahnhof mit dem Kindertransport nach England gekommen. Ihr Vater habe sie, als sie sieben Jahre alt war, sicherheitshalber dorthin geschickt. Er selbst sei 1941 mit der Transsibirischen nach Moskau, dann mit dem letzten Schiff nach Japan. Aber dort hätten die Japaner bei Kriegseintritt die Juden weiter nach Schanghai verfrachtet. Die Mutter war währenddessen in Chile angekommen. Nach 9 Jahren England sei sie ihr 1947 nach Chile gefolgt. Sonst sei alles gut. Sie habe nicht so viel gelitten, nicht wie ihr Mann. Sie sei nur sehr allein gewesen.

Ich besuchte Miriam in der Wiesbadener Straße. Ich fragte sie, ob sie sich an den Namen ihres Vaters erinnern könne. Ich merkte, dass ich eine sehr dumme Frage gestellt hatte. Miriam starrte mich an und fing an zu weinen, weinte erst einmal den ganzen Nachmittag. Miriam wurde aus Ungarn verschleppt. Sie beschrieb die Reiseroute bis Auschwitz, zählte die Ortsnamen auf. Es klang absurd, aber alles stimmte, in der Gemeindebibliothek fand ich jedes Dorf wieder, von dem Miriam erzählt hatte. Ich trug ihre leeren Flaschen zu Getränke Hoffmann. Das verschaffte mir eine kleine Pause von der Hölle. Sie backte mir einen Kuchen und strickte kleine Söckchen für meinen gerade geborenen Sohn, der friedlich auf dem Teppich schlief. Ich ging sie noch eine ganze Zeit lang besuchen, einfach so.

Kahn hatte früher Cohn geheißen und wohnte im Grunewald in der »wilden Villa«. Das Wildeste an der Villa war jetzt der Efeu. Ansonsten war die Hecke exakt einen Meter und der Rasen einen Zentimeter hoch, wie bei den angrenzenden Nachbarn auch.

»Kahn!«, rief ich. »Wie geht's?«

Kahn brüllte zurück. »Ich fühle nichts mehr. Endlich.« Und starrte wieder auf den Fernseher.

Kahn hatte die Nummer 78193.

»Die Nazis haben im Zweiten Weltkrieg nur mitgenommen, was tragbar war. Die Kommunisten aber nach dem Krieg haben alles beschlagnahmt.«

Na, so stimmt das ja auch nicht, dachte ich, wollte Kahn aber nicht verbessern. Er machte unbeirrt weiter: »Fazit ist: Mein Vermögen ist weg, gestohlen oder enteignet, egal. Andere Menschen wohnen unser Leben ab!« Armer Kahn, gefangen im Kreisel der widerfahrenen Ungerechtigkeiten. Er konnte nicht mehr raus. Er wartete auf das Ende, das weitaus undramatischer sein würde als sein Leben.

Oranienburg, wo Kurt im Schrebergarten angrenzend an den Lagerzaun von Sachsenhausen überlebt hatte. »Wie Hänschen Rosenthal«, grinste Kurt. Er saß auf seinem Sofa unter einem großen Plakat, auf dem »Dalli Dalli« stand und ein kleiner Mann beherzt in die Luft sprang.

Gemeinsam war allen, dass sie froh waren zu reden, froh waren, endlich gefragt zu werden, ernst genommen zu werden in ihrer Geschichte, die täglich mehr verschwand.

Nicht einer, der sich weigerte, sich des Desasters zu erinnern.

Ich sammelte. Details über Details. Der stotternde Rabbiner bei der Bar-Mizwa 1935 in der Synagoge Oranienburger Straße. Das Wetter in Birkenau im Winter 1942. Die Farbe des Essnapfs in Bergen-Belsen.

Ich hätte die Interviews für die Shoah-Foundation nicht machen müssen. Ich weiß nicht, warum ich es tat. Vielleicht, um dem Grauen ein Gesicht zu geben, einen Namen. Genauigkeit, Detailwissen. Über ein Jahr fuhr ich in Berlin herum, von Schmargendorf zum Grunewald, von Wilmersdorf nach Moabit. Ich träumte davon. Ich schlief schlecht. Aber ich brauchte die Details, ich sammelte sie für später irgendwann, wer weiß.

Ab und an schicken mir die Kinder und Enkelkinder Einladungen zu den Beerdigungen ihrer Eltern und Großeltern. Manchmal gehe ich hin. Schließlich weiß ich Dinge, die die Familien oft nicht wissen. Ich weiß von Demütigungen und Folterungen, von denen sie mir erzählt haben, zwischendurch, immer dann, wenn beim Interview die Kamera nicht lief. Sie wollten wenigstens als Helden sterben. Eigentlich hätten sie alle einen Ehrenplatz auf der Bar-Mizwa verdient.

»In welcher Synagoge macht ihr Bar-Mizwa?« Diese Frage ist die Frage aller Fragen, so eine Art Lackmus-Test: Wie jüdisch bist du?

Als man einen Juden nach vielen Jahren auf der einsamen Insel, wo er nach einem Seeunglück hingespült worden ist, findet, ist er sehr glücklich, endlich gerettet zu werden. Er führt seine Retter auf der Insel herum, auf der er zehn Jahre alleine gelebt hat. Dem erstaunten Kapitän zeigt er zwei Synagogen, die er eigenhändig gebaut hat. »Wieso zwei?«, staunt der Mann. »Wo Sie doch alleine sind.«

»Nun, das ist doch eine klare Sache«, sagt der Jude und zeigt auf die nähere Synagoge: »Das da ist meine Synagoge, in die andere gehe ich auf keinen Fall.«

Berlin hat zehn Synagogen von orthodox bis schwer liberal. Für jeden etwas. In Mitte gibt es als Krönung eine übergetretene Protestantin als Rabbinerin, sie macht ihre Sache gar nicht so schlecht. Die Synagogen sind sich gegenseitig nicht grün, aber Konkurrenz belebt das Geschäft. Unsere Synagoge in Charlottenburg gilt als gemäßigt liberal: Im

Gottesdienst spielt eine Orgel, ein Chor singt. Ich mag Chor und Orgel nicht. So geht es schon einmal los. Da kann ich genauso gut in die Kirche gehen, spotte ich. Aber die Chance, eine interessante Predigt zu hören, ist dort am größten. Der große Kantor Estrongo Nachama hat schon dort gesungen, seine Stimme war legendär, ein weiterer Grund, dorthin zu gehen. Außerdem wohnen wir nicht allzu weit weg. Zum Abschluss des Gottesdienstes werden die Kinder nach vorne zur Thora gerufen, sie beten den Kiddusch, bekommen einen Schluck Wein und eine Tafel Milka Vollmilchschokolade. Das hat über Jahre wesentlich zu Davids Liebe zu dieser Synagoge im Speziellen und zur Religion im Allgemeinen beigetragen.

Als ich ihm andeute, dass ich mit dem Gedanken spiele, eventuell eine Synagoge mit amtierendem Rabbiner und vielleicht sogar ohne Chor und Orgel, sprich: eine andere Synagoge, zu wählen, ist er außer sich. Zähneknirschend gebe ich nach. Es bleibt bei der Charlottenburger.

Der Ritus der Bar-Mizwa verlangt vom Knaben unter anderem das erstmalige Anlegen der ledernen Gebetsriemen, der sogenannten Tefillin am linken Arm und am Kopf. An ihnen ist eine kleine lederne Kapsel befestigt, die einen hebräischen Segensspruch enthält. Meine liberale Synagoge empfiehlt diesen Brauch, kann aber leider wochentags keinen Gottesdienst anbieten, um ihn zu praktizieren. Wer hat diese Regeln erfunden? Konsequenz scheint keine jüdische Erfindung zu sein. Ich merke, wie ich langsam, aber sicher beginne zu hyperventilieren: Was habe ich mit orthodoxen Riten zu tun? Bräuche, die ich jahrzehntelang verabscheut habe, holen mich auf den letzten Metern vor dem Ziel ein! Am Ende lasse ich mir noch die Haare schneiden und einen Schejtl verpassen. Aber wahrscheinlich würde das meine Künstlerszene auch noch hip finden. Ich krame die Tefillin meines Vaters hervor. Sie stecken in einem kleinen, samtenen Beutel. Das Leder ist brüchig und abgenutzt. Vielleicht hat sie mein Vater schon von seinem Vater und der wiederum von seinem.

Davids Patenonkel Aron löst das Problem, er ist eine Kapazität im Umgang mit und Umgehen von jüdischen Regeln. Eine kleine orthodoxe Synagoge würde innerhalb ihres täglichen Gottesdienstes David zum ersten Mal die Tefillin anlegen. Wir müssten nachmittags um fünf Uhr zur Probe kommen, teilt er uns mit.

Die Synagoge ist sehr klein. Sie liegt im vierten Stock eines Altbaus mit Blick auf ein Einkaufszentrum. Die Renovierungswelle, die das Kaufhaus gegenüber mitgemacht hat, hat hier nicht stattgefunden. David und ich betreten den Betraum. Kleine dunkelhaarige Männer huschen hin und her. Eine Frau sitzt hinter einer Gittervorrichtung und betet. Sie trägt eine Perücke und darüber eine Mütze. Nur einmal jüdisch reicht wohl nicht – aber da kommt auch schon der Rabbiner. Er begrüßt David herzlich. Ohne mich eines Blickes zu würdigen, fragt er nach dem Gebetsschal.

»Falls David orthodox wird, kaufe ich ihm einen.« Der schwache Witz prallt wirkungslos am Rabbiner und seinen Schläfenlocken ab.

»Und die Riemen?«, fragt er kurz.

»Hier!«, antworte ich schon kleinlauter und reiche ihm die alten Tefillin meines Vaters.

Er prüft sie mit einem sehr kurzen Blick: »Nicht koscher!«, verkündet er und gibt sie mir zurück.

Es ist doch erstaunlich: Diese Gebetsriemen haben viele Jahrzehnte überlebt, zwei Kriege, den Holocaust, sind vielleicht aus den Flammen irgendeines Pogroms gerettet worden. Diese Gebetsriemen sollen nicht koscher sein?

»Sie sind von meinem Vater. Sie sind bestimmt koscher. Was sollen sie sonst sein?«

Der Rabbiner schmunzelt, aber nur leicht: »Was sollen sie sonst sein? Unkoscher. Was wissen wir schon? Ist der

Segensspruch so aufbewahrt, wie es sein sollte nach all den Jahren?«

Wo ist das Problem?, denke ich, das haben wir gleich.

»Ich schaue sofort nach!«, sage ich eifrig.

»Sie? Eine Frau? Nachschauen? Dann können Sie die Tefillin gleich wegwerfen! Und überhaupt: aufmachen, goyim naches! Sie kaufen neue. Kaufen Sie, sofort!«

Was für eine Religion, denke ich. Eine Regel- und Gesetzesfabrik. Frauenfeindlich und humorlos. Aber geschäftstüchtig! Ich würde gern gehen. Aber David rührt sich nicht. Sein Blick ist entschieden, geradezu zionistisch. Hätten wir ihn doch auf die Waldorfschule gegeben, dieses und einiges andere wäre uns erspart geblieben ... Der Rabbiner starrt David an. David starrt den Rabbiner an. Es fällt kein Wort. Aber sie sprechen miteinander. Ich weiß nicht, was die beiden da stumm verhandeln. Ich weiß nur: Ich bin draußen.

Im Auto platze ich: »David, wir lassen's! Wir lassen diese ganze orthodoxe Chose. Ob liberal oder nicht, die sind alle gleich! Ein Haufen chauvinistischer Männer, die seit Jahrzehnten, was sag ich, seit Jahrhunderten jede Form von Entwicklung verabscheuen und verhindern! Willst du so werden? Wenn ja, nur über meine Leiche! Frauen, was sind die für die? Hast du gemerkt: Der roch! Und überhaupt roch es da! Ungelüftete Religion! Aber Lüften hilft da schon nicht mehr! Da ist mir das Kaufhaus gegenüber tausendmal lieber. Lass uns abends die Party machen und den ganzen restlichen Mist vergessen! Dieser Schmock! Er schaut mich nicht an. Er gibt mir nicht die Hand. Wie will so einer Sex haben? Zum Beispiel mit einer Frau? Er muss doch irgendwie unzählige Kinder kriegen. Ist doch vorgeschrieben! Was ist schlecht an Reformen? An Veränderung? An Frauen? Wir leben schließlich nicht mehr im Mittelalter. Gut, diese übergetretene Rabbinerin in Mitte, ein bisschen sehr forciert! Aber das hier? Rückwärtsgewandt seit Jahrtausenden!

Ich lasse mir doch von dem keine neuen Tefillin andrehen, nur weil die meinen Vater für unkoscher halten! Da kauf ich dir lieber neue Schienbeinschoner für die nächste Sommersaison! Man muss sich nicht alles gefallen lassen! Wirklich nicht ...«

Ich mache meinem Ärger Luft. Meinem Ärger über das ganze vergangene Jahr, über die alten Regeln, die Gesetze, die Frauenfeindlichkeit. Und über alles, was ich nicht akzeptieren kann an meiner Religion. Im Rückspiegel sehe ich David, er trägt Kopfhörer, hört nicht mich, sondern ungerührt Musik aus seinem iPod. Diese Bar-Mizwa war ein Fehler. Ein intellektueller Rückschritt, religiöser Fanatismus und ein finanzielles Debakel. Zum Jahreswechsel werde ich konvertieren. Buddhismus schwebt mir vor.

Zwei Tage halte ich mich von jeder Form von Judentum fern. Ich brauche Abstand, Erholung. Dann fange ich an, die Wohnung aufzuräumen, für die anrückenden Gäste.

Natürlich behauptet jeder, der aufräumt, er suche nichts Bestimmtes. Ich habe wirklich nichts gesucht. Außer vielleicht Schmuck, Devisen, Wertpapiere, um die Party zu bezahlen.

Ich drehe das kleine Plastiktütchen hin und her, den Inhalt kann ich beim besten Willen nicht erkennen. Etwas glitzert. Einzelteile einer Kette oder eines Armbands, das auf Reparatur wartet. Vielleicht. Aber die grauen Stücke darin?

Unter dem Licht der Nachttischlampe identifiziere ich schließlich den Inhalt: Zähne. Es sind die ausgefallenen Zähne meiner Mutter – mit ihren sämtlichen Goldfüllungen. Die hätte ich lieber nicht gefunden, ich schwör's. Wie groß Zähne sind. Zähne eines ausgewachsenen Menschen. Nicht so wie diese kleinen Milchzähnchen, die man unter das Kopfkissen legt für die Zahnfee. Meine Mutter hatte riesige Zähne, die – wenn sie bemüht lächelte – ihr Lächeln noch falscher wirken ließen. Sie hatte enorm große Zähne. Und Parodontose.

Ich erinnere mich an ganze Sommerferien, in denen meine Mutter unter starken Zahnschmerzen litt und wir sämtliche Apotheken der italienischen Riviera nach Schmerzmitteln abfuhren. Nie waren die Tabletten stark genug. Meine Mutter litt furchtbar, ihre Laune und die Ferien waren dementsprechend. Mit knapp 50 Jahren war damit Schluss. Sie erhielt ein komplett neues Gebiss, ebenso riesig die Zähne, ebenso falsch das Lächeln. Wenn ich sie bat, nicht ganz so breit und ausladend zu lächeln, sagte sie: »Parodontose aus dem Lager Rab. Von einem Kapo angehängt.« – »Ihr hattet Zahnbürsten im Lager?«, wunderte ich mich. Dann grinsten wieder ihre Zähne, breit und erschreckend, aber sie sagte weiter nichts.

Ein paar Tage lasse ich die Zähne in ihrer Plastiktüte auf meinem Schreibtisch liegen. Wenn Sonnenstrahlen darauf fallen, glänzen sie verheißungsvoll.

Es ist seltsam, mit den Zähnen seiner Mutter in der Handtasche durch Berlin zu spazieren. Ohne Frage haben andere Leute noch ganz andere Dinge in ihren Taschen. So genau will ich das gar nicht wissen. Trotzdem. Mir ist nicht ganz wohl dabei, als ich mit diesen fremden Körperteilen in meiner Umhängetasche durch Charlottenburg gehe. Ich will mich lieber nicht erwischen lassen. Auf der anderen Seite: Ich tue nichts Unrechtes. Sie ist tot. Sie hat mir ja praktisch alles bereitgelegt in diesem kleinen Plastiktütchen, ich agiere quasi mit ihrem Segen. Für einen Moment, in dem ich gerade knapp bei Kasse wäre. Oder in noch weiserer Voraussicht der Finanzkrise, in der nicht Geld, sondern Gold Wert behält. Oder auch nur für die Reparatur ihres alten Renault Clio, den sie mir ebenfalls hinterlassen hat und der langsam anfängt, schlappzumachen.

Machen wir uns nichts vor: Zähne mit Gold dran, also Goldzähne nicht im Mund ihres Besitzers, sind Auschwitz und Mauthausen, Bergen-Belsen und Majdanek. Sind sechs Millionen Tote. Ausgenommen und wieder verwertet. Wie konnte meine Mutter so herzlos sein, mich wissentlich in eine derartige Situation zu bringen? Ich stehe vor dem Juwelierladen. Man muss klingeln, dann wird einem geöffnet. Ein vornehmer Juwelier in Charlottenburg. Im Schaufenster sieht es aus wie im Domschatz zu Aachen. Alles Charlottenburger Zahngold? Das Plastiktütchen brennt in meinen Händen. Nein, unmöglich! Kein Wochenende in einem Wellness-Hotel, obwohl ich gerade jetzt eines gebrauchen könnte, keine Goldkette, der Renault Clio wird nicht repariert, sondern verschrottet. Keine Wiederverwertung jüdischen Zahngoldes! Ich mache mich nicht mitschuldig. Niemals! Die Tür öffnet sich. Die Juweliersgattin, ein großes und schon geringfügig in die Jahre gekommenes Model, schiebt mich mit sanftem, aber entschlossenem Druck in den Laden und parkt mich direkt vor der Theke. Ihr Busen klemmt in einem sehr spitzen BH.

»Zeigen Sie doch mal«, sagt sie. Ich lege meine Faust, ohne sie zu öffnen, auf den Tisch. Das Verbrechen steht mir ins Gesicht geschrieben.

»Se sind doch nicht die Einzije mit so wat und wohl ooch nicht die Letzte.« Sie wird ein bisschen gemütlich. Berlinert enorm für Charlottenburg. Sie muss mindestens aus Spandau sein oder aus Staaken. Ich öffne meine Hand, mit schnellem Griff bringt sie das Tütchen an sich, bevor ich es mir anders überlegen kann.

»Det sind Hauer«, urteilt sie kennerhaft und verschwindet im Hinterzimmer.

Jetzt in Ohnmacht fallen oder wenigstens ganz vom Erdboden verschwinden!

»In eener Woche kommse wieder, jut? Denn is et fertich.«
Ich rühre mich nicht von der Stelle.

»Se jlooben ja nich, wie viel wir davon hier uffn Tisch kriejen. Berlin is voll mit Joldzähne. Se sind ja janz blass! Nicht doch! Zur Information: Schmuck wird det nich! Für ne Joldkette is det Gold nich akkurat jenuch! Det wird erst mal allet jetrennt voneinander und jewogen. Und ick zahl Ihnen det dann allet in eener Woche aus, mit'm Tagespreis. Saubere Sache, det is überhaupt nicht schmuddelich. Wird 'n schicket Abendessen draus.«

Ein Abendessen ist so ziemlich das Letzte, woran ich gerade denken kann.

»Wat se dann damit machen, is ja Ihre Sache. Aber wenn ick Ihnen eenen Tipp jebn darf.« Ich nicke reflexartig, diese Berliner Juweliersgattin ist nicht zu bremsen.

»Ham Se Kinder?«

Ich nicke wieder. »Zwei.«

»Zwee? Jut. Sehr jut. Also nehm Se sich det Jold und lassen sich Ihre eijenen Zähne verjolden. Oben und unten gleichermaßen is ne prima Wertanlage. Det untere Gebiss is für den einen, Kleenen, det obere kriecht der andere. Prima Erbanlaje. Können Se sich überall mit hin nehmen. Falls es mal wieder nötich wäre, Jott behüte! Aber weiß man's? Steckt man nich drin. Heutzutaje is allet unsicher. Aber Jold bleibt Jold!«

Eine Woche später liegt das Zahngeld, 253,– € in bar, in meiner Hand. Ganz normales Geld. Es sieht aus, wie Geld eben aussieht, und ich fühle mich auch nicht wie ein Leichenfledderer. Nicht richtig jedenfalls. Es ist doch eigentlich nur eine Art Recycling. Das Geld wird sofort in die Bar-Mizwa-Feier investiert.

Meine Tante, Teta Jele, ist die Erste, die eintrifft. Sie verschwindet beinahe in ihrem Nerz, so zart ist sie geworden. Sie nimmt Davids Hand und drückt ihm schon am Flughafen die goldene Uhr ihres Vaters, meines Großvaters, in die Hand. Damit erklärt sie die Bar-Mizwa-Feierlichkeiten für eröffnet. Nach und nach reisen alle an. Abends sitzen sie um den großen Küchentisch bei uns zu Hause und verschlingen die Pasta meiner Tante. Riesige Mengen. Alle sind da. Und mit ihnen sind alle anderen auch da. Meine Eltern, ihre Eltern, die Tanten und Großeltern, Cousins. Die Lebenden und die Toten. Niemand spricht die Sprache des anderen gut, jeder schreit deswegen umso lauter in der Sprache, die er gut beherrscht. Der Rabbiner sitzt mitten in dem Kauderwelsch und isst in aller Ruhe seine vierte Portion Pasta.

Am nächsten Morgen um 6.30 Uhr, der Countdown läuft, erscheinen David und ich pünktlich in der orthodoxen Synagoge neben dem Einkaufszentrum. Außer dem Rabbiner ist noch niemand da. Er schenkt David nagelneue Gebetsriemen, ein Gebetbuch und mir einen Tee ein, als sei nie etwas vorgefallen. Schlitzohr ... Ich werde hinter der Gitterwand platziert und warte. Es sieht nicht danach aus, als würden jemals zehn Beter zusammenkommen – aber ich will nicht unken, Gott ist groß. Nach einer halben Stunde sind es wirklich schon sieben erwachsene Männer. David wird feierlich begrüßt, der Rabbiner legt ihm die Tefillin an.

Aron kommt auch und legt ganz selbstverständlich einen wunderschönen Gebetsschal auf die Schultern seines Patenkindes. Rituale treffen mich doch immer wieder, ich beginne, vor Rührung zu schniefen. Georg kommt gehetzt an, er hat Sammy zum Schulbus gebracht. Sein Blick sucht mich. Sofort wird er vom Kantor abgefangen, der ihn freundlich, aber bestimmt auf einen Stuhl drängt und ihm einen Gebetsschal umlegt. Georg wehrt sich, aber außer Hebräisch scheint dieser Mann nichts verstehen zu können oder wollen. Er krempelt ihm den linken Ärmel hoch und schnürt den Gebetsriemen um seinen Arm. Georgs Arm sieht aus wie eine italienische Salami, vorwurfsvoll schaut er zu mir herüber. Ich zucke mit den Schultern, das alles ist wirklich nicht meine Schuld. Georg ist der fehlende zehnte Mann für ein vollständiges Minjan. Die rechtgläubigen Beter wissen nicht, dass Georg vieles, aber kein Jude ist. Er scheint innerlich zu kochen, wirkt katholischer denn je, übertreten wäre so ziemlich das Letzte, was ihm vorschwebt. Ich muss leider grinsen, Sohn und Vater, gleichzeitig in Fesseln – das hat was.

Davids Stimme tritt aus dem Singsang der Männer hervor. Inzwischen sind noch zwei echte Beter eingetroffen. Man singt die wichtigen Gebete.

Ich könnte beim besten Willen nicht sagen, ob wir in Berlin sind oder in Split, ob der Junge dort vorne David ist oder mein Vater. Sie wiegen sich hin und her, immer wieder legt einer der Männer seinen Arm um David. Die Thora wird aus dem Schrein geholt, man singt weiter.

Die Synagoge in Split, mein Vater, der die Thora aus dem Feuer holt, die alten Männer ... Plötzlich umarmen die Männer David, einer nach dem anderen, jubeln und tanzen. Er hat es geschafft. Er ist einer von ihnen. Sie schütteln ihm die Hand, gratulieren. An diesem Punkt soll ich durch die Schlitze des Gitters Bonbons werfen, aber die Tüte mit den koscheren Bonbons liegt schon im Auto bereit für die Feier in der großen Synagoge am Samstag. So werfe ich einige Ricola-Hustenbonbons durch die Schlitze auf den Kopf meines kleinen Jungen, der jetzt angeblich, nach den paar Gebeten, ein echter Mann geworden ist.

Ein Blick auf die Uhr: Do früh, 8 Uhr und David ist ein Mann?

Die Kippot treffen Freitag früh ein – welch ein Timing! Sie sind derart orange, dass es eine Freude ist. Sie werden mit kleinen Klämmerchen geliefert, um sie auf dem Kopf an den Haaren festzustecken. Eigentlich unnötig, denke ich, die, die wirklich oft in die Synagoge kommen, haben doch gar keine Haare mehr, an denen man eine Kippa feststecken könnte.

Unser religiöser Terminplan ist straff. Es ist der Vorabend des D-Day. David wird in der Synagoge für die anderen Kinder den Kiddusch sprechen. Noch vor einer Woche stand er selbst zwischen den Kindern und holte sich die Milka-Vollmilchtafel ab. Das ist ab heute vorbei. Er ist unglücklich. Seine Sorgen möchte ich haben ...

Als David dran ist, wird es merklich stiller. Er spricht den Kiddusch, die Dame neben mir stubst mich an: »Ihrer? Macht er gut! Bin gespannt auf morgen. Gid Shabbes.«

Shabbat schalom, wahrlich, ich bin auch gespannt. David bekommt trotzdem eine Tafel Schokolade und strahlt wie ein Kind, was er auch ist, Rituale hin oder her. Debby aus New York weint, Klara aus Miami tröstet sie. Wie soll das morgen werden? Von Mikes Hemd ist ein Knopf abgesprungen. Es ist maßgeschneidert und am Bauch extra großzügig geschnitten. Dennoch: Mein Cousin Ben aus Split rutscht am Boden herum und sucht den Knopf.

Am nächsten Morgen in der Synagoge sind alle schon richtig weich gekocht, als David nach zwei Stunden allgemeiner Gebete endlich mit seiner Parascha beginnt. Außer Raffi, der alles für schlechtes Theater für die zu vielen anwesenden Nichtjuden hält. Georg ist den Tränen nahe und hält sich an zwei Freunden fest, denen es nicht anders geht. Und ich denke alles gleichzeitig: ein Meer aus orangenen Kippot im Raum. Es sieht aus wie im Vatikan zur Ostermesse. Mein Vater fehlt mir. Und meine Mutter auch. Hoffentlich lässt David die Thora nicht fallen. Hoffentlich reicht wenigstens mittags das Essen. Bestimmt können die Toten bei der Bar-Mizwa zusehen – bei großen religiösen Akten werden weder Kosten noch Mühen gescheut und es gibt eine Direktübertragung. David strahlt und benimmt sich für kurze Zeit wie ein Mensch. Es ist wirklich wie im Theater hier, nur dramatischer. Ob meine Tante genug hört? Raffi hört nicht auf zu nörgeln, das sehe ich von Weitem. Wenn sie mich in den Männertrakt ließen, ich würde ihn erschlagen.

Erst nach einigen Minuten höre ich David singen. Er steht mit dem Rücken zu uns zur Thora gewandt, singt ruhig und laut, neben ihm der Kantor. Er macht es gut, und sein Gesang erfüllt die Synagoge. Als er fertig ist, dreht er sich um und grinst. Dann sagt er: »Danke!«

Er hat eine Rede vorbereitet, die seine Parascha erklärt und die er mühelos auf jedem Parteitag halten könnte. Seine Vorbilder müssen Willy Brandt oder Obama sein, wie er sich auf dem Rednerpult aufstützt und über das Mikrofon lehnt, mit den Händen gestikuliert. Er führt einen komplizierten Diskurs über Macht und Verantwortung, ein dreizehnjähriges Monster, denke ich, das schon jetzt Politik betreibt. Er versäumt es nicht, sich zu bedanken: bei dem Rabbiner, dem Kantor, seiner Familie, ja sogar bei seinem kleinen Bruder. Er ist so charmant, dass es einem die Sprache verschlägt. Die Gäste gehen mit, er hat alle in seiner Hand. Mir ist leicht unwohl bei so viel Perfektion. Und wieder zeigt sich, dass Gott gelegentlich auch in der Synagoge vorbeischaut. Diesmal in der Gestalt eines Rabbiners. »Komm mal her, David«, sagt dieser weise Mann und legt seinen Arm um ihn. »Gut hast du das gemacht, du bist ein kluger Bursche. Aber werde nicht zu schnell erwachsen. Ab jetzt musst du wirklich alles halten, was du versprichst. Du erinnerst mich an jemanden, den ich gut kannte und den ich sehr mochte. Deinen Großvater. Er wäre stolz auf dich. Aber lass dir Zeit, ihm nachzueifern.«

Mehr sagt er nicht, und der altkluge, coole David legt seinen Kopf an die Schulter des alten Mannes und weint. Und mit ihm weint der ganze Saal. Das hochbegabte kleine Monster wird plötzlich wieder zu einem Jungen mit Herz, die Anspannung der letzten Wochen fällt von ihm ab. Gott sei Dank, denke ich – denken alle: Er ist ein Mensch! Der Kantor legt seine Hand auf Davids Schulter, singt den Segen: Gott segne und beschütze dich! Sein samtweicher, dunkler Bariton hüllt alle ein. Sammy reicht orangene Taschentücher, die eine Freundin geschneidert hat. Ein Schniefen und Schnäuzen zieht durch den Raum.

Hast du gut gemacht, Nanuska, müssen wir zugeben. Durchgehalten bis zum Schluss.

Gut schaut der David aus, wie ich damals. (Mein Vater)

Du verwöhnst ihn. Und die Kippot sind viel zu orange! (Meine Mutter)

Ein paar wichtigere Leute hättest du schon einladen können, na ja, du musst es ja wissen ... Schade, dass wir nicht dabei sein können! Maseltov, Nanuska, kannst wirklich stolz sein ... (Beide)

Das Essen hat ausgereicht, morgens wie abends. Der Rabbiner und der Kantor haben Goldmünzen geschenkt bekommen: Schweizer Gulden von 1842. Sie sind von beständigem Wert und lassen sich mit leichterer Hand verschenken als Umschläge mit Banknoten. Sie waren beeindruckt. Das Fest abends lief mühelos wie von selbst. Es hat allen gefallen – außer Raffi, dem waren die Ansprachen zu unprofessionell, die Band zu laut, und überhaupt: die Garderobieren an der Mantelausgabe fehlten. Womit er völlig recht hatte: Die Garderobe brach unter der Last der 170 geladenen Mäntel zusammen, die wenigen Reden waren persönlich und nicht brillant, und die Sängerin der Band war hochschwanger. Wir haben getanzt, gefeiert, getrunken und geredet, als gäbe es kein Morgen. Die pubertären Mädchen aus Davids Schule in ihren Abendgarderoben, die sie nur knapp ausfüllten. Die Jungs, schlaksig wie junge Fohlen hinter den Mädchen her. Meine Tante, wie immer hofiert von meinen Freunden. Und natürlich David, der auf einem Stuhl von schwitzenden Männern in die Luft gehoben wird.

Das alles zeigen die Fotos, die vor mir liegen.

Tanzende Paare in unscharfer Bewegung. David und die dreizehn Kerzen: Er bittet seine Eltern, eine Kerze anzuzünden. Seinen kleinen Bruder, seine Tante. Zu jedem sagt er einen kurzen Satz. Zu seiner westfälischen Oma und Familie, zu den Verwandten aus Israel, Kroatien und Amerika, zu seinem Patenonkel Aron, zu dem er in der Pubertät gehen wird, wenn wir schwierig werden, zu Freunden und Freundinnen. Die dreizehnte Kerze ist für sein neues Leben, das jetzt begonnen hat.

Das alles zeigen mir die Fotos, die ich aufheben werde – auch wenn ich keine Tochter habe, die sie eines Tages finden wird.

gießen an einem sonntag

Mein Zug fährt durch Hessen, auf dem Heimweg von Bayern nach Berlin. Die Bar-Mizwa ist schon einige Wochen her, inzwischen habe ich den »Barbier von Sevilla« inszeniert, die Premiere war am Vorabend. Meistens nehme ich eine andere Strecke, ich bin überrascht, als die Landschaft plötzlich so vertraut wird. Durch Gießen fahren, ohne auszusteigen? Wehmut steigt in mir hoch, für Heimweh ist Gießen zu hässlich.

Nächste Station: Frankfurt. Aussteigen oder nicht aussteigen? Bad Nauheim. Wenn ich nicht aussteige, werden meine Dibbuks mich tagelang aufsuchen.

Wo warst du schon wieder so lange? Glaubst du, uns macht das Spaß? Das Grab, das Grab sieht so traurig aus. Wenn du uns hier nicht besuchst, grab uns doch aus und nimm uns mit auf den Berliner Friedhof.

An einem Sonntagabend liegt die Anmut Gießens im Verborgenen, im sehr Verborgenen. Die Häuser vom Bahnhof bis zur Innenstadt sind heruntergekommen, leer, unheimlich. Ein paar Fördermittel West könnten wirklich nicht schaden. Ich bin lange nicht mehr hier gewesen. Schon bald stehe ich vor unserem Haus. Es ist das heruntergekommenste Haus der ganzen Gegend. Die Rollläden hängen schief, aus dem rechten Fenster unserer einstigen Wohnung leuchtet grünes Licht. Vielleicht halten sie sich dort Alligatoren, tröste ich mich.

Im Erdgeschoss ist der Versuch eines Durchbruchs nun mit Brettern vernagelt. Das Eisentor ist ausgehängt. Mir kommt es vor, als ob ein unsichtbares Schild darüber schwebt: »Hier ruht die Wohnung Altaras 1966–2006«: Ein Jubiläum, und was für eins.

Das war also das Leben meiner Eltern, das man ihnen zugestanden hat nach dem Krieg. Kein Wunder, dass sie von einem anderen Leben träumten, das gewesen wäre, wenn nicht ... Wenn es nicht diesen Schnitt, diesen ... Wenn, wenn. Was für eine Idee. Was sollen die sechs Millionen Toten dazu sagen? Wir wären noch am Leben – sonst nichts. Das würden sie sagen.

Auf der kleinen Rasenfläche, dem »Oswaldsgarten«, ist ein Einkaufszentrum gebaut worden. Seine enorme Betonrückwand ist unserem Balkon zugewandt. Meine Mutter ist gerade rechtzeitig gestorben, um sich diesen trostlosen Anblick zu ersparen. Die Provinz hat ihre eigene Melancholie.

Die Nummer Dr. Nicks, des »ersten Israeli« aus der Gemeinde, habe ich im Handy gespeichert. Er gehört zu diesem Abstecher nach Gießen. Also rufe ich ihn an. Er freut sich und weiß von zwei Jubiläen zu berichten: »Heute vor 49 Jahren kam ich nach Gießen. Aber an diesem Tag vor 50 Jahren ging ich in den Sinai-Feldzug! Wie die Zeit vergeht.«

Ich frage, wie es geht, mit der Gemeinde und so weiter.

»Im Allgemeinen gut, nur haben sie gestern den Vater von Mischa verprügelt.«

»Einen Orthodoxen?«, frage ich.

»Nein.«

»Aber wie haben sie erkannt, dass er Jude ist?«

»Das ist er ja gar nicht, aber sie haben es gedacht. Er ist nicht arg verletzt. Das kann schon mal passieren, aber schön ist das nicht.«

»Nein, schön ist das nicht«, antworte ich.

Der Nachtportier des Hotels Kübel gibt mir meinen Zimmerschlüssel. Er ist wohlauf, denn er arbeitet gerne hier. »Nur frustrierte Menschen werden krank«, flüstert er mir schmunzelnd zu.

Wie recht er hat. Er ist klein, blass und vornehm. Ungar, k. u. k. Eigentlich unterscheidet er sich kaum vom Mobiliar des Hotels, das vor zwanzig Jahren noch das schickste der ganzen Stadt war. Auch mein Zimmer hat sich der Situation angepasst. Die Auslegware hat grüne und gelbe Blümchen. Es riecht nach den Siebzigern, sogar die Seife ist rosé. Was habe ich an diesem trostlosen Sonntag hier verloren? Der »Tatort« im Ersten gibt mir darüber auch keinen Aufschluss. Müde schalte ich den Fernseher aus. Meine Träume passen sich der Tapete an.

Am Morgen scheint die Sonne. Auch sie eher blass und zögerlich – aber immerhin. Alles halb so schlimm, scheint sie zu melden. Ich will zum Friedhof und dann nur noch nach Berlin.

Die Frühstücksdame weint, als sie mich sieht.

»Nicht doch! Nicht schon so früh am Morgen«, sage ich. Sie ringt nach Luft, während sie den Tee bringt. Elena ist aus der Jüdischen Gemeinde und hat mich erkannt. Man hat ihren Vater 74-jährig vor drei Monaten in der Einkaufsstraße erschossen. »Der Mörder war ein Russe. Kein Jude. Ein russischer Mörder«, wiederholt sie. »Ein Idiot ohne Motiv. Heute genau vor drei Monaten.« Noch eins dieser »Jubiläen«. Ich verspreche, einen Stein auf sein Grab zu legen. Gleich, oben auf dem Friedhof.

Seltsam, auf dem Friedhof ist es am schönsten. Die Bäume sind bunt, die Sonne beleuchtet sie perfekt, die Gräber ruhen in sich. Man bekommt Sehnsucht hierzubleiben, sich hinzulegen und auszuruhen. Ich spreche einen Kaddisch für meine Eltern und meine Großmutter, die daneben liegt, und beglückwünsche die drei zu der Ruhe, die sie hier gefunden haben.

epilog

Vor wenigen Wochen bekam ich Post aus Israel. Ein Anwalt schrieb mir, er habe bei einer Schweizer Bank Geld ausfindig gemacht, das dem in Auschwitz verstorbenen Ludwig Lausch gehört habe. Nach Unterzeichnung aller Unterlagen würde die mir zustehende Summe überwiesen werden. Ich war mir nicht sicher, ob der Anwalt wirklich seriös war. Meine Tante, die den gleichen Brief erhalten hatte, warnte mich in den schrillsten Tönen. Jetzt bekommen meine Tante und ich, nach Abzug aller Anwalts- und sonstigen Kosten, jeweils 3000 Dollar. Es ist nicht viel, was die braven Schweizer herausrücken, aber immerhin. »Liebe Großmutter Hermine«, rief ich in den Himmel, »wer hätte das gedacht?«

Was die Restitution der kroatischen Häuser betrifft, ist noch nicht viel passiert. Aber das Grab von Großvater Sigismund läuft jetzt auf meinen Namen. Nach monatelangem Briefverkehr zwischen mir und den kroatischen Behörden hatte es mir gereicht. Ich schrieb ihnen, dass ich innerhalb von 24 Stunden die deutsche Botschaft in Kroatien, die kroatische Botschaft in Berlin und die gesamte Presse über den Fall informieren würde. Was sie davon nun im Einzelnen beeindruckt hat, weiß ich nicht. Jedenfalls bekam ich ein Telegramm mit der Zusage, dass das Grab von Sigismund Fuhrmann von nun an auf meinen Namen liefe. Sie hätten das Kreuz entfernt. Und sie beglückwünschten mich. Heuchler!

Meine Schwester hat zu guter Letzt dem Anwalt gekündigt und das Erbe einfach fifty-fifty mit mir geteilt. Aus Erschöpfung wahrscheinlich. Meine Tante hat kurz vor ihrem neunzigsten Geburtstag die Manschettenknöpfe meines Onkels mit den Initialen »G.M.« im Safe gefunden. Sie behauptet allerdings immer noch, das seien nicht die Originale. Raffi und ich sehen uns selten. Er hat eine deutsche Freundin, die ihn sehr in Anspruch nimmt. Aron, Davids Patenonkel, ist gestorben. Die Ärzte sagen, es war Magen-Darm-Krebs. Ich glaube, es waren die Spätfolgen des Holocaust. Er fehlt mir so oder so.

In drei Jahren ist Sammys Bar-Mizwa. Ich beginne bereits, nervös zu werden.

Meine Dibbuks scheinen im Urlaub zu sein, es herrscht eine erstaunliche Ruhe.

Vielleicht ist es auch nur die Ruhe vor dem Sturm?

Wahrscheinlich tanken sie nur Energie, um beim nächsten Einsatz voller Elan zu sein.

Neulich kam Post von Deborah aus New York:

```
Dear Adriana
I'm still in the clouds from our trip to
you. I'm walking around with my memories.
This morning an amazing coincidence occured:
My synagoge had a breakfast and my friend's
mother brought with her to the breakfast
her new neighbor, his name is something
like Dranko. I asked where he is from and
he said Jugoslavia. I told our story and my
name Altaras and he said he trained in medi-
cal school with Adriano Altaras, an urolo-
gist. He is also from Zagreb. I'm not sure
if this is our Adriano or maybe some other
Altaras.
I cannot stop remembering your aunt's din-
```

```
ner at your house, with the pasta bolognese
and the chocolate pudding (and the rabbi
eating his fifth portion …).
Kiss her for me and everyone else too. Till
we see each other again
Love
Deborah
```

Mein Gefühl sagt mir, dass dieser Adriano Altaras mein Bruder ist. Aber so genau will ich das gar nicht wissen. Wenigstens ein Familiengeheimnis möchte ich behalten, denn wer wegwirft, ist ein Faschist.

danke, danke!

Regina Schilling, die dafür gesorgt hat, dass aus vielen kleinen Geschichten die Geschichte meiner Familie wurde.
Sandra Heinrici, die eine 1A-Lektorin ist.
Meiner Tante Jelka Motta, die mir seit Jahrzehnten immer zur Seite steht.
Lenny und Aaron, sie wissen schon, wofür.
Ilka Seifert, meiner ersten Manuskriptleserin. Robbi Waks, der auf alle Fragen eine Antwort findet.
Eli, Rencika, Esther, Nitza the best cousins you can have.
Helge Malchow, ohne den ich nie so lange still gesessen hätte.
Ulrich Schiller, einer Kapazität in Sachen Kroatien.
Dem Schreibbüro Kluge in Hamburg (das kommentarlos meine ersten hilflosen Seiten getippt hat), dem Künstlerhaus Lukas in Ahrenshoop (wo ich einen Monat lang in aller Ruhe und schönster Umgebung schreiben durfte).
Und natürlich: Arcady Fried, Karin Graf, Juliane Voigt, Simone Piecha, Mathias Zelic, Yashi Tabassomi, Annette Reber, Friederike Sauer, Johannes Herrschmann, Esther B. Scheidler, Katharina Felixmüller, Jobst Fiedler, Marion und Frank Takacs.
Allen Mitarbeitern des Verlages Kiepenheuer & Witsch.
Und Moishe Waks.

inhalt

- 5 prolog
- 11 mein vater, der held
- 35 der rabbi in der aldi-tüte
- 40 raffi
- 46 das jüdische massaker
- 56 die bestickte bluse aus bjelovar
- 65 trauer to go
- 92 »wer wegwirft, ist ein faschist«
- 104 heimweh
- 113 teta jele
- 136 der kroatische saftladen
- 152 der kotzbrocken
- 159 aktenberge
- 183 die macht der gewohnheit
- 188 ein satz in südafrika
- 195 milch und honig
- 209 panzerglas
- 215 happy new world
- 220 auf der suche nach dem afikoman
- 227 bar jeder mizwa
- 256 gießen an einem sonntag
- 259 epilog
- 263 danke, danke!

Leidenschaftlich, mitreißend und witzig.

»Hinter den Seiten dieses hinreißend unterhaltsamen Familienalbums verbirgt sich die ehrliche Auseinandersetzung, wie sich Zusammenleben heute gestalten kann – im Kleinen wie im Großen, in der Privatwohnung wie im Nationalstaat.« *Die Welt*

Leseproben und mehr unter www.kiwi-verlag.de

Kiepenheuer & Witsch

»Das Schicksal hat viel Humor.«

Mit hinreißender Tragikomik erzählt dieser Roman von den Absurditäten des Theateralltags und der abenteuerlichen Reise zweier Frauen. Von einer unverhofften Familienzusammenführung und davon, wie sich unvergessliche Geschichten des 20. Jahrhunderts mit jenen der Nachgeborenen verbinden.

»›Die jüdische Souffleuse‹ erzählt mit Witz und Wärme von den Schatten der Vergangenheit.«
Frankfurter Allgemeine Zeitung

Leseproben und mehr unter www.kiwi-verlag.de

»Ein Buch, das guttut!«

Elke Heidenreich

»Ein Leben lang mittags Pasta und man überlebt alles!« So bewegend wie komisch erzählt Adriana Altaras von ihrer Tante, der schönen Teta Jele. Von einer Frau, die 101 Jahre alt wurde, die spanische Grippe, das KZ und ihre norditalienische Schwiegermutter überlebte. Von einer so liebevollen wie eigensinnigen Beziehung. Und davon, wie man lernt, das Leben anzunehmen.

Leseproben und mehr unter www.kiwi-verlag.de

Kiepenheuer & Witsch

»Persönlich und geistreich, witzig und anregend«

Jüdische Allgemeine

Eine Ehekrise, die am gemeinsamen Bücherregal ausgetragen wird. Ein KZ-Gedenkstättenbesuch mit dem jüngsten Sohn. Eine Liebeserklärung an die jüdische Literatur und eine Kriegserklärung an die Angst. In ihren urkomischen und berührenden, ihren stets überraschenden und scharfsinnigen Geschichten vermisst Adriana Altaras unsere Gegenwart. Sie erzählt von Mut und Zivilcourage, vom Älterwerden und dem Umgang mit Erinnerung.

Leseproben und mehr unter www.kiwi-verlag.de